LES
OGM

Ingeborg Boyens

**Comment la science de l'industrie biotechnologique
altère secrètement nos aliments**

*À la mémoire de ma mère,
qui a toujours été sensible aux merveilles de la table*

BERGER

D1348074

Titre original :
Unnatural Harvest : How corporate science is secretly altering our food
© 1999 Doubleday Canada Limited
ISBN 0-385357-49-x

Traduction : Communication Berger, avec la collaboration de Nathalie Monast
Couverture : Pierre Desbiens, concepteur

© **Éditions Berger A.C.**
Tous droits réservés
C.P. 48727, CSP Outremont
Montréal (Québec) Canada H2V 4T3
Téléphone : (514) 276-8855
Télécopie : (514) 276-1618
Ligne sans frais : 888-276-8855

Dépôts légaux : 3ᵉ trimestre 1999
Bibliothèque nationale du Québec
Bibliothèque nationale du Canada

ISBN 2-921416-18-2

Distribution au Canada : Flammarion (Socadis)
350, boul. Lebeau, Saint-Laurent (Québec) Canada H4N 1W6
Téléphone : (jour) 514-331-3300; (soir) 514-331-3197
Ligne sans frais : 800-361-2847
Télécopie : 514-745-3282

Distribution en France : D.G. Diffusion
rue Max Planck, B.P. 734 31683 Labège Cedex France
Téléphone : 05-61-000-999; télécopie : 05-61-00-23-12

Imprimé au Canada
 2 3 4 5 IT 2003 2002 2001 2000

Table des matières

Remerciements

C'est tout un défi d'écrire un livre, notamment quand il concerne la science et que vous ne pouvez pas vous réclamer d'une liste de doctorats en la matière. Je suis redevable à tous ces gens qui ont accepté que la manipulation génétique des aliments soit autant une question d'éthique et de choix politique qu'un enjeu scientifique.

J'offre ma reconnaissance à ceux qui ont ouvert la voie à ce livre par d'excellents ouvrages sur l'agriculture, l'alimentation et la biotechnologie. Merci aussi à ceux qui, souvent non reconnus, entretiennent des services d'information sur Internet. Merci aussi à Nancy Westaway qui a soutenu la recherche par vents de panique, ainsi qu'à Arthur Schafer, Ann Clark, Murray McLaughlin et bien d'autres qui m'ont fourni de précieuses interprétations de l'avalanche d'information disponible.

Ma gratitude va aussi à ceux qui m'ont partagé leurs idées et leurs histoires pour m'aider à donner un tour personnel à un sujet parfois aride. Dans ces temps de changement, Dot Wilson, Dean Moxham et Michelle Brill-Edwards défendent vaillamment leur autonomie, autant sur le plan personnel que sur le plan éthique.

Mes remerciements vont à la SRC qui m'a appris qu'il ne suffisait pas qu'un sujet soit important; mais qu'il fallait aussi qu'il soit pertinent. Quelles qu'aient été leurs opinions, mes collègues de Country Canada ont passé outre à ma naïveté et ont soutenu mes efforts, notamment John Drabble et Nigel Simms.

Le Conseil des Arts du Manitoba a apporté son soutien financier à ce projet. À Doubleday Canada, John Pearce et Kathryn Exner m'ont inlassablement encouragée. Merci à Kathy Vanderlinden qui a assuré la mise en pages du livre.

Ce livre n'aurait pas vu le jour sans le calme soutien de mon époux et éditeur maison, Gregg Shilliday. Merci Gregg pour avoir supporté mes commentaires sur la nourriture, habituellement durant le dîner, surtout que souvent, ils n'étaient pas attendus.

Introduction

La science ne meuble parfaitement
la chambre d'en haut que si l'ameublement
du rez-de-chaussée est fait de bon sens.

Oliver Wendell Holmes, 1872

Pendant des milliers d'années, sur toute la planète, les denrées ont été cultivées sur des fermes semblables à l'établissement agricole de mon grand-père. L'exploitation de ce dernier était très modeste, facile à mener selon ses critères, mais inefficace selon ceux de l'agriculture industrialisée d'aujourd'hui. À l'époque, chacune des vaches avait un nom, les porcs fouillaient la terre de leur groin et la main-d'oeuvre était assurée par des fils et des filles se plaignant régulièrement de leur sort. Les aliments, autant leur culture que leur récolte, leur préparation et leur consommation, étaient l'obsession de tous. Plus tard dans sa vie, comme plusieurs autres de sa génération, mon grand-père a vendu la ferme et émigré à la ville. Même s'il a continué de se lever à l'aube, la démarcation faite par son chapeau sur son front bronzé s'est lentement estompée.

De la même façon, la ferme familiale s'est aussi évanouie. De 1976 à 1996, plus de 75 000 fermes canadiennes de petite et de moyenne taille ont disparu. Aux États-Unis, les chiffres sont tout aussi impressionnants : en 1917, on y comptait 6,5 millions de fermes; en 1993, il n'y avait déjà plus que 500 000 fermiers qui travaillaient encore la terre. Dans les années 1970, quand Earl Butz, ministre américain de l'Agriculture, disait aux fermiers : « Croissez ou disparaissez », il prédisait l'avenir.

De nos jours, comme la plupart, je vis en ville, loin des lieux de production des aliments. Et, comme eux, je n'ai plus de lien direct avec l'agriculture. C'est ainsi que le cycle de production alimentaire est devenu pour moi un objet d'étonnement et une énigme. La magie moderne des agents de conservation, de la réfrigération et du transport sur de longues distances fait désormais que les pêches et les tomates apparaissent au supermarché même quand une couche de neige rebelle couvre les campagnes. Ce n'est qu'occasionnellement, les jours où je laisse mon esprit vagabonder, que je me rappelle les pots de conserve remplis de poires, de pommes sauvages et de pêches qui s'alignaient en belles rangées sur les rayons de la chambre froide du sous-sol pour nous aider à survivre au long et dur hiver.

En ce nouveau millénaire, ceux d'entre nous qui ont la chance de vivre dans un pays développé ne se voient à peu près rien refuser sur le plan alimentaire. Nous n'avons pas à conduire un tracteur sous l'implacable soleil des prairies pour rapporter à la maison le boisseau de blé nécessaire à la confection du pain. Nous n'avons pas à retrousser nos manches au-dessus d'une cuve d'eau bouillante remplie de pots de conserves par une journée humide du mois d'août. Et pourtant un large éventail de produits exotiques que nos grands-parents n'ont jamais vus sont à notre portée dans les allées de denrées du supermarché local.

Dans le langage du progrès, la ferme est devenue une entreprise agricole et la culture de la terre, une industrie agroalimentaire. La migration des gens de la campagne à la ville a certes occasionné des coûts mais, depuis la Seconde Guerre mondiale, la productivité de l'agriculture a fait des bonds prodigieux. Dans les premières années du XXe siècle, en attendant anxieusement et en récoltant diligemment ce que la nature lui apportait au gré des saisons, mon grand-père a réussi à faire vivre environ dix personnes; il s'appuyait uniquement sur la générosité de sa terre. Une ferme moderne d'Amérique du Nord nourrit jusqu'à 100 personnes. En 1930, la production d'un boisseau de blé demandait une heure de travail agricole; dans les années 1990, ce même boisseau est produit en moins d'une minute.

Du même coup, de produits de première nécessité cultivés et préparés amoureusement qu'ils étaient, les aliments ont rejoint les autres marchandises sous emballage. Après les pertes et le rationnement des années de guerre, le supermarché typique a séduit les consommateurs en leur offrant un choix d'environ 1 000 produits, la plupart étant frais, traités ou mis en conserve. Désormais, les nouvelles technologies de transformation des aliments requièrent des chaînes de montage pour la production massive. Les tablettes de muesli, les boissons énergétiques prêtes à boire, les sauces à pâtes déshydratées et les autres trouvailles du prêt-à-l'emploi arrivent maintenant sur les tablettes des épiceries au rythme des campagnes de promotion. En 1995, on pouvait dénombrer 15 000 produits dans les allées d'un supermarché canadien régulier. Les grandes surfaces alimentaires ont même innové davantage : en 1989 seulement, elles ont mis sur le marché 12 000 nouvelles denrées.

À l'endos de la boîte d'aliments la plus courante, on peut lire en petits caractères une kyrielle de mystérieux ingrédients artificiels comportant d'impressionnants noms chimiques : phosphate tricalcique, phosphate dipotassique, diglycérides, bioxyde de silicone et, bien sûr, les omniprésents arômes artificiels. De plus en plus, les produits comestibles sont faits de substances qui n'offrent qu'une vague ressemblance avec les aliments traditionnels. On croit généralement qu'une pizza surgelée est faite de farine de blé moulu, de pâte de tomate faite de tomates broyées mûries sur le pied, de mozzarella fait de lait de vache et de saucisson de viande. En fait, la farine peut résulter d'un mélange chimiquement restructuré de soja et de blé, la pâte de tomate a pu être allongée de fécule colorée, la mozzarella peut n'être qu'une imitation faite d'huile végétale, et le saucisson sec a pu être fabriqué à partir de fibres de soja protéiques.

Ce sont là les nouveaux ingrédients essentiels des denrées manu-facturées, une sorte de carburant alimentaire conçu pour accommoder la vie moderne. Dans notre monde urbain trépidant, la plupart des gens accordent peu d'importance à l'alimentation. Contrairement à nos mères au foyer qui servaient de la viande et des pommes de terre avec une régularité prévisible, les mamans d'aujourd'hui compressent habituellement le repas du soir entre leur travail à l'extérieur et leur soirée d'entraînement au foot. Il est plus probable qu'on s'arrête à un restaurant *drive-in* pour y manger un hamburger qu'on ne prépare un repas à partir d'ingrédients qui doivent être pelés, coupés en dés et bouillis. Une enquête récente a montré que les consommateurs américains consacrent 52 % de leur budget alimentaire à manger au restaurant. Dans la plupart des cuisines nord-américaines, on réchauffe bien plus souvent que l'on ne cuit. Le micro-ondes est devenu l'appareil culinaire indispensable dans lequel on peut toujours balancer une pâte surgelée, une *pizza-pocket* ou un *burrito* disponible à l'épicerie du coin. Les denrées manufacturées rendent possible le mode de vie harassant des concentrations urbaines en pays industrialisés.

Il n'y a pas que la commodité des aliments prêts-à-l'emploi qui compte; leur prix joue également un rôle capital dans nos habitudes alimentaires. Les circulaires du supermarché, qui mettent en vedette les prix les plus bas pour tous les produits, du cantaloup au pop-corn, viennent épaissir nos journaux. Les services de livraison des pizzerias annoncent du deux-pour-un, du trois-pour-un, et même dans certains cas quatre pizzas pour le prix d'une. Les Nord-Américains dépensent moins pour leur alimentation que tout autre société industrialisée. En 1950, la famille américaine moyenne consacrait le quart de son budget à se nourrir; en 1990, cette proportion est tombée à un dixième. En Europe, les denrées et les boissons sont deux fois plus chères qu'en Amérique du Nord; pourtant, les consommateurs semblent accepter ces coûts.

En ce début de XXIe siècle, notre société recherche la commodité, le bon marché, les aliments exotiques venant de tous les coins de la planète, ainsi qu'une alimentation saine. Ces exigences ont réuni les conditions propices à la production des aliments par la science, et non par la nature. Stimulées par l'appât du gain, les sociétés commerciales font actuellement appel au génie génétique, c'est-à-dire au transfert de gènes d'une espèce à une autre, pour créer des organismes génétiquement modifiés (OGM). La science, récupérée par la libre entreprise, profite totalement de notre indifférence et de notre désir de créer une vie nouvelle.

Les réconfortants souvenirs de la ferme d'antan font actuellement place à la froide réalité de plantes et d'animaux conçus dans les boîtes de Petri de nos laboratoires. Déjà 60 % des aliments transformés industriellement, des biscuits à la crème glacée en passant par les aliments pour bébé, contiennent des graines de soja génétiquement modifiées. Dès les prochaines décennies, la plupart des aliments résulteront du génie génétique. Au rayon des légumes du supermarché, on trouvera des tomates transgéniques dont la durée de vie se mesurera en mois plutôt qu'en jours. Au rayon des produits laitiers, on trouvera du lait provenant de vaches droguées à des hormones de croissance conçues pour assurer d'énormes rendements laitiers. Au rayon des viandes, on offrira des poulets résultant de manipulations génétiques et qu'on aura contraints à une intolérable vie en cage.

C'est en 1996 que la première vague de produits alimentaires et de récoltes transgéniques a commencé discrètement à poindre sur les marchés internationaux; des centaines sont actuellement en voie de développement et d'approbation. Au milieu de 1998, 64 récoltes de plantes génétiquement modifiées ont été approuvées aux États-Unis et au Canada, berceaux de la biotechnologie. Dans l'Union européenne, où une nouvelle génération d'activistes de l'alimentation a lancé une attaque généralisée, seules quelques récoltes de plantes transgéniques ont été approuvées. Roger Doucet, un phytogénéticien québécois écrit dans son livre *Génétique végétale et plantes transgéniques* : « Deuxième producteur mondial de plantes transgéniques en 1997, la France est une pionnière dans le domaine de l'évaluation du risque et son système d'évaluation est considéré comme un modèle dont s'inspirent d'autres nations ».

En quelques années seulement, c'est-à-dire depuis la première apparition de récoltes transgéniques, le rythme de croissance des applications biotechnologiques a été stupéfiant. En 1996, aux États-Unis, des graines de soja génétiquement manipulées pour résister à l'herbicide *Round Up* ont été cultivées sur plus de 400 000 hectares. En 1997, la superficie est passée à plus de 3 millions et demi d'hectares et, en 1998, à plus de 10 millions.

On s'attendait à ce qu'en l'an 2000, les récoltes transgéniques couvrent près 60 millions d'hectares sur l'ensemble de la planète, soit 81 % des terres arables en Amérique du Nord, 10 % en Asie, 8 % en Amérique latine et 1 % en Europe. Comme le *New York Times* l'a révélé en mai 1998 : « La machine du savoir biotechnologique roule au rythme de Silicon Valley ».

L'industrie qui vise à mettre en marché cette version du progrès scientifique est dominée par d'énormes concentrations d'entreprises multinationales spécialisées dans les nouvelles sciences de la vie. Cette industrie opère à l'échelle internationale et comprend quelques conglomérats européens, mais elle est généralement dirigée par des compagnies américaines. Ces compagnies, autrefois spécialisées dans la production de produits chimiques synthétiques, se sont progressivement recyclées dans la production de denrées à la faveur d'un environnement réglementaire et économique favorable aux États-Unis.

Les nouvelles applications biologiques du génie génétique mènent la société moderne au seuil d'une révolution fondamentale, que certains comparent à la révolution industrielle du XVIIIᵉ siècle. Dans une interview accordée à la télévision en 1994, Richard Godown, ancien lobbyiste de la Biotechnology Industry Organization (BIO), a déclaré : « L'avènement de la technologie de l'ADN recombinant est comparable à la découverte de la physique quantique. » En 1998, lors du US National Forum on Agriculture, Sano Shimoda, président de BioScience Securities, une firme californienne de recherche biotechnologique, s'est vanté de ce que les biotechnologies agroalimentaires allaient « se retrouver sur l'échelle de Richter au rang d'autres technologies majeures de transformation telles l'engin à vapeur, le transistor et l'ordinateur. » Au début de 1997, le magazine *Business Week* a exprimé son appui à cette industrie en déclarant que les 100 prochaines années seraient connues comme *Le siècle de la biotechnologie*, une époque de révolution technologique faite en laboratoire qui propulsera « le grandiose et tumultueux cortège de l'histoire humaine. »

Les changements révolutionnaires annoncés par *Business Week* sont discrètement effectués dans des laboratoires industriels, à l'abri de ceux à qui ils sont destinés. Contrairement aux autres révolutions où le contrôle de l'état passait entre les mains d'une classe dominante inexpérimentée, celle-ci est conduite par une classe d'affaires performante au service de ses profits et de celui de ses actionnaires. En 1997, lors d'une conférence faisant partie d'une série intitulée *La science au travail*, David Ehrenfeld, professeur de biologie à l'Université Rutgers, a déclaré sans ambages : « Hormis les budgets militaires alloués à des systèmes d'armements à la fois boiteux et outrageusement onéreux, il n'existe pas de plus grande tragédie que l'exploitation des besoins des gens dans le but de s'enrichir, quelles qu'en soient les conséquences. »

Avec le consentement des inspecteurs gouvernementaux, de nouveaux aliments conçus en éprouvette parviennent sur les tablettes des magasins, et ce particulièrement en Amérique du Nord où la biotechnologie est vue comme une industrie importante en pleine croissance. Cependant, la plupart des consommateurs n'ont pas pris conscience de cette révolution alimentaire, et ne se sont même pas demandé : « Est-ce bien ce que je veux ? Cette technologie est-elle sécuritaire ? Devrait-il y avoir une limite à ce qu'on permet à la science de faire ? » Jusqu'à ce que le débat éclate en 1999 en Europe, peu de consommateurs américains et canadiens se sont demandé si les aliments préparés biotechnologiquement devraient être identifiés sur l'emballage. Comme l'a écrit le rédacteur scientifique britannique Nigel Calder : « Nous avançons vers la révolution comme des somnambules ».

L'imagination des auteurs de science-fiction a souvent évoqué un monde où la vie est manufacturée. En 1932, bien avant que la science ne reconnaisse l'ADN comme pierre angulaire de la vie, Aldous Huxley, dans *Le meilleur des mondes*, nous prévenait contre la déshumanisation que comporte tout progrès scientifique débridé. Dans le monde utilitariste de Huxley, on trouvait un morne sandwich à la carotène, une tranche de pâté à la vitamine A et un verre de succédané de champagne.

Bien avant que Frankenstein ne devienne un classique du cinéma d'épouvante, Mary Shelley avait raconté l'histoire d'un brillant savant oeuvrant à une époque de progrès scientifique rapide, soit au début des années 1800. En sondant le destin du créateur et de sa création, elle soulevait une question qui se fait encore plus pressante à l'aube d'une nouvelle ère : jusqu'où la science peut-elle modifier la vie ?

Les médias ont surnommé « aliments Frankenstein » ces nouvelles nourritures terrestres qui commencent à garnir nos tables. Toutefois, ils ne ressemblent en rien à des monstres. Quoiqu'ils soient issus du laboratoire, ils ne se distinguent généralement pas de ce que nous considérons comme des produits de la nature. Il n'y a pas d'étiquette ou d'autres marques indiquant qu'ils sont les créations comestibles d'une moisson artificielle.

Nous vivons à une époque d'immenses progrès scientifiques à côté desquels les élucubrations des auteurs de science-fiction paraissent inoffensives voire insignifiantes. Nous sommes régulièrement assaillis par des nouvelles relatant la création de clones, d'embryons de grenouille sans tête, de souris vertes luminescentes et d'essais soi-disant réussis de culture d'oreille humaine sur le dos d'une souris. Hollywood tente de nous amuser avec des histoires de dinosaures ressuscités à partir d'un brin d'ADN (*Le Parc Jurassique*) et de populations futures créées génétiquement à partir d'embryons parfaitement façonnés en boîte de Petri (*Gattaca*). La science est en train de nous propulser de plein fouet dans un monde où la plupart des aliments seront conçus en laboratoire, ce qui entraînera des conséquences effarantes sur l'environnement, sur la santé des humains et des animaux, sur l'ensemble de la production alimentaire et sur la biodiversité de notre planète.

L'industrie biotechnologique soutient que l'environnement n'a pas été contaminé par des virus mutants ou des bactéries issus des deux dernières décennies de génie génétique et que les individus qui y travaillent n'ont pas non plus été accablés de maladies dues au voisinage de formes de vie artificielles. Et les défenseurs de cette industrie insistent pour nous dire que des vérifications rigoureuses assurent l'absence de tout risque pour la santé des humains. À ceux qui remettent en question ces prétentions, les chercheurs et les vérificateurs répliquent : « Voyez nos résultats. Faites-nous confiance. »

Cependant, malgré ces affirmations, personne ne peut prédire les effets à long terme du génie génétique. La science s'est déjà trompée. Autrement, comment expliquer l'existence d'un trou dans la couche d'ozone, de la thalidomide et de Chernobyl ? À témoin cette réclame parue dans le numéro du 30 juin 1947 de la revue *Time* célébrant les vertus d'un produit chimique qui allait quelques décennies plus tard être universellement condamné pour son impact désastreux sur l'environnement : « Les grandes attentes par rapport au DDT se sont concrétisées. Durant l'année 1946, des tests scientifiques complets ont montré que, s'il est utilisé de façon appropriée, le DDT tue un grand nombre d'insectes nuisibles et qu'il constitue un bienfait pour toute l'humanité ». Cette publicité révèle de manière troublante les dangers d'une foi aveugle en l'avenir.

La science n'est ni bonne ni mauvaise en soi. Toute la question est de savoir comment l'utiliser. Par exemple, le recours à la biotechnologie pour développer de nouveaux produits pharmaceutiques peut être la clé de percées significatives dans le domaine médical. Mais quand elle sert à la manipulation génétique des aliments, les bénéfices, au delà de ceux des actionnaires, sont éphémères. Elle semble en effet comporter de véritables risques. Mae-Wan Ho, chargée d'enseigne-ment au département de biologie de la Open University du Royaume-Uni et membre de la US National Genetics Foundation, a déclaré aux participants de la Conférence verte sur le génie génétique de Bruxelles en mars 1998 : « La science n'est pas mauvaise, mais il y a de la mauvaise science. Le génie génétique est de la mauvaise science qui travaille de concert avec de grandes entreprises visant des profits rapides, et ce à l'encontre de l'intérêt public ».

Arthur Schafer, biodéontologue et directeur du Centre for Professional and Applied Ethics de l'Université du Manitoba, au Canada, constate que les défenseurs de toute nouvelle technologie ont tendance à exagérer les avantages et à sous-estimer les risques. Les décisions vont dans le sens d'une marche rapide vers ce qu'on croit être un monde meilleur. Toutefois, cette nouvelle révolution biotechno-logique est particulièrement dangereuse à cause de sa rapidité. « Nous avons bénéficié de plus d'un siècle pour nous adapter à la révolution industrielle, à la vapeur et au charbon », dit-il. « Les changements actuels arrivent à une telle vitesse que notre flexibilité, notre capacité d'adaptation, est bouleversée », ajoute-t-il.

Même si les premières années de ma vie ont été marquées par les cycles naturels de la vie sur une ferme traditionnelle, je me suis également laissée prendre au jeu de la révolution biotechnologique. À l'âge adulte, tout au long de ma carrière de journaliste, j'ai carburé aux aliments conditionnés réchauffés dans l'inévitable micro-ondes. Ce n'est qu'en 1992, alors que j'ai produit un documentaire télévisé pour la Société Radio-Canada, Country Canada, que j'ai mis les pieds dans l'univers moderne du commerce des aliments. Ignorant tout des procédés de l'agriculture d'aujourd'hui, j'ai dû apprendre que les porcs sont gardés dans d'énormes bâtiments ressemblant à des usines, qu'on n'utilise plus de tabouret pour traire les vaches et que ces larges récoltes sans mauvaises herbes ne sont obtenues qu'au prix d'une pluie de pesticides.

Et j'ai découvert que la science fait de façon routinière ce qu'Aldous Huxley n'avait même pas imaginé, à savoir mêler et assortir les espèces pour créer une vie nouvelle. Il est facile de céder à l'exaltation suscitée par une nouvelle technologie, de se laisser emporter par l'enthousiasme de la communauté scientifique. Après tout, il est frappant de voir un plant de pommes de terre génétiquement modifié repousser fermement les assauts d'une invasion de doryphores provoquée en laboratoire. Il est tout aussi étonnant qu'une tomate soit, un mois plus tard, aussi rouge et charnue qu'au jour de sa cueillette.

Mes recherches sur les enjeux de l'agriculture m'ont toutefois fourni l'occasion unique d'observer ce qui se passe derrière les portes closes de la biotechnologie multinationale. Ce livre ne prétend pas faire l'analyse des procédés de la science; d'autres ouvrages le font. Il tente plutôt d'évaluer les implications d'une nouvelle technologie qui, discrètement, presque secrètement, révolutionne la production du bien le plus fondamental de l'existence : la nourriture.

La biotechnologie augmente le pouvoir de l'humanité sur les forces de la nature plus que toute autre technologie au cours de l'histoire. Ses défenseurs font miroiter des avantages, mais ils minimisent les risques qu'elle comporte pour la santé humaine, l'environnement, le bien-être des animaux et la biodiversité. Avec le génie génétique, nous prenons le contrôle des schémas héréditaires de la vie elle-même. Devrions-nous croire que ce nouveau pouvoir de modifier la vie est sans danger ? Les chercheurs oeuvrant dans les laboratoires des grandes industries agroalimentaires devraient-ils poursuivre leur course effrénée sans cadre éthique ? Quels sont les avantages réels de cette révolution ? Ce livre vise à susciter un débat sur ces questions et sur bien d'autres questions importantes, questions auxquelles il faudra répondre avant de plonger plus avant dans l'inconnu.

Les jongleurs de gènes 1

A vec le détachement coutumier du milieu scientifique, il a été appelé N° 6707. Il est né par une journée étouffante de juillet et, sinistre présage, en l'an 1984[1]. Il est arrivé au monde décharné, pesant moins d'un kilo. Il était trop léthargique pour se frayer un chemin à travers ses cinq frères et soeurs jusqu'aux mamelles de sa mère. Mais tous ses mouvements étaient surveillés par une équipe de biologistes moléculaires et de généticiens en sarrau. C'est que N° 6707 n'était pas n'importe quel cochon voué à l'abattoir et au comptoir des viandes. Il était le triomphal aboutissement de neuf années de travaux scientifiques menés par le ministère de l'Agriculture des États-Unis dont le projet était de franchir la frontière entre le porc et l'humain.

N° 6707 et ses frères et soeurs sont nés sur la route du nouvel élevage et leur venue a eu peu de choses à voir avec les bébés qu'on trouve dans les choux ou qui sont livrés par la cigogne. Ils ont été conçus par des scientifiques du centre de recherche de Beltsville, en banlieue de Washington. Ces derniers ont extrait les ovules d'une truie traitée avec des médicaments fertilisants et, dans une boîte de Petri, les ont mêlés à du sperme de verrat. À l'époque, il s'agissait d'un procédé relativement courant des sciences de la reproduction. Mais l'étape suivante allait établir de nouvelles bases. Dr Vernon Pursel et son équipe ont prélevé un gène responsable de la croissance chez les humains et l'ont injecté sous microscope dans le pronucléus d'un embryon porcin unicellulaire. Puis, ils se sont croisé les doigts, espérant que le gène humain s'installerait au coeur de l'ADN (code génétique) du porc et qu'il en résulterait un animal à caractéristiques humaines, c'est-à-dire à la viande plus maigre et de plus gros volume.

C'était le début d'une nouvelle science révolutionnaire appelée génie génétique. Il n'y avait aucune certitude que les gènes humains injectés dans les cellules de l'animal allaient se fixer à l'ADN de la truie et s'intégrer à son code génétique. Ainsi, lors d'un essai antérieur, le porc, aussi créé en laboratoire, n'avait manifesté aucun trait relié à l'hormone de croissance humaine. Le génie génétique semblait une affaire de chance.

Les auteurs du second essai allaient à leur tour vivre une attente remplie d'anxiété. Des échantillons de tissus des porcelets avaient dû être expédiés à un laboratoire de Philadelphie pour qu'une analyse de l'ADN détermine si le gène humain s'était incorporé quelque part dans le génome (matériel génétique) de l'animal. Les résultats leur sont parvenus deux semaines plus tard et ils se sont empressés de sabler le champagne. Deux des six nouveaux-nés montraient des signes du gène étranger, l'un de façon sporadique alors que le génome de l'autre avait complètement intégré le gène humain. C'était N° 6707. Il représentait un progrès énorme de la science. La structure génétique des souris et des lapins avait déjà été manipulée en laboratoire. Pour la première fois, des scientifiques réussissaient à modifier artificiellement un animal de ferme, c'est-à-dire un animal de structure génétique complexe potentiellement lucratif. « Nous avions l'impression de dominer le monde », s'est rappelé Pursel.

Mais l'autosatisfaction n'a pas duré. Il y avait plutôt de quoi s'inquiéter. Ces supposées réussites, autant N° 6707 que ses congénères, avaient une peau épaisse s'apparentant au cuir et des soies exceptionnellement longues. Ils étaient moins gras que leurs cousins naturels — en fait, tout à fait maigrichons —, mais ils n'ont jamais augmenté de volume. Plusieurs d'entre eux sont devenus aveugles, stériles, ou ont tellement souffert d'arthrite qu'ils avaient peine à se tenir debout. Ils sont morts ou ont dû être euthanasiés au terme d'une courte vie de douleur. Il semble que leurs savants créateurs ne pouvaient contrôler l'expression du gène de l'hormone de croissance à des niveaux appropriés aux différentes étapes du développement de l'animal. Tout se passait comme si le robinet d'hormone de croissance demeurait toujours ouvert. Un scientifique a fait le commentaire suivant au Washington Times : « Si on se compare au 747, nous sommes à l'époque des Frères Wright[2]. Nous allons nous écraser et prendre en feu pendant quelques années. »

La nouvelle de ces expériences ratées est passée de la presse scientifique aux médias de masse et elle a provoqué un tollé de protestations publiques. Les récits semblaient confirmer les craintes qui avaient amené Mary Shelley[3] à prédire que, dans l'avenir, des scientifiques allaient préparer des aliments « monstrueux » dans le secret du laboratoire. Les gens étaient alarmés à l'idée qu'on puisse utiliser des gènes humains pour développer du bétail. Si le procédé avait réussi, manger du porc aurait-il été un acte de cannibalisme ? Que penser moralement de ce qui semblait être de la torture porcine ? « Des gens nous ont démolis, nous ont taillés en pièces, disant que nous avions fait subir des choses terribles aux animaux », avait affirmé à la presse un Pursel perplexe. « Eh bien, ce n'était pas notre intention. » (Pursel avait transporté de nuit les porcelets les plus frêles et en avait pris soin dans le placard de sa chambre à coucher.)

Ce n'est que 25 échecs plus tard que les scientifiques de Beltsville ont abandonné leur projet, reconnaissant enfin que le public n'accepterait pas qu'on trangresse les frontières entre les espèces. En 1988, ils ont renoncé à utiliser des gènes humains pour la manipulation génétique des porcs. De nos jours, on s'ingénie à ignorer cette période de recherche. Les brochures de luxe du centre de recherche ne font que mentionner que le laboratoire « a produit les premiers animaux de ferme transgéniques », omettant tout détail embarrassant. Il est injuste de s'en prendre à Pursel et son équipe. Ils n'ont fait que bâtir sur les fondations de la science d'alors, dans la direction qu'une éducation moderne leur disait de prendre. Tel qu'ils le concevaient, le progrès les poussait à découvrir quelque chose de nouveau et à se lancer dans cette voie sans se préoccuper des conséquences de leurs actions.

Les chercheurs de Beltsville ont suivi les traces de travaux révolutionnaires lancés dix ans auparavant. En 1973, deux biologistes cellulaires de la Californie, Herbert Boyer et Stanley Cohen, avaient été les premiers à franchir la frontière entre les espèces. Ils l'avaient fait en remodelant les composantes essentielles de la vie.

La forme et la fonction de tous les êtres vivants sont déterminées par les gènes, c'est-à-dire par de minuscules segments d'ADN (acide désoxyribonucléique). Une molécule d'ADN est constituée d'une longue chaîne — la familière double hélice ou échelle tordue — sur laquelle sont distribuées des milliers de bases. Un gène est un brin d'ADN comportant de mille à deux mille bases.

L'ADN ressemble à une long collier de perles. Chaque perle, c'est-à-dire chaque gène, occupe une place spécifique qui assure le bon fonctionnement de l'ensemble. De plus, chacun des gènes possède son propre interrupteur et enclenche (ou stoppe) la production d'une protéine au bon endroit, au bon moment et en bonne quantité, ce qui assure à l'organisme une structure et une fonction appropriées. Chaque cellule d'un être vivant, qu'il s'agisse d'une cellule du cerveau, du sang ou de la feuille d'une plante, contient une double hélice composée de milliers de gènes.

Constitué des quatre mêmes unités moléculaires fondamentales, le langage chimique de l'ADN est le même chez tous les êtres vivants. Mais les gènes d'un organisme donné sont disposés de façon à déterminer son code génétique propre, son empreinte génétique. Leur séquence détermine si telle cellule est celle d'une rose ou d'un éléphant. Toutefois, ce qui a intéressé Boyer et Cohen, ce sont les similarités entre les codes génétiques de tous les êtres vivants. En recourant à des enzymes, ils ont réussi à couper des tranches d'ADN ou de gènes provenant de deux bactéries différentes et à les « coudre » ensemble, créant ainsi une toute nouvelle forme de vie. Le procédé a été appelé recombinaison génétique ou génie génétique, et le produit, forme de vie transgénique.

Ces travaux ont lancé un tout nouveau domaine scientifique. L'étape suivante a eu lieu en 1982, quand des scientifiques ont développé une version génétiquement conçue de la souris commune. La couverture de la revue *Nature* a proclamé l'exploit en montrant une supersouris dont l'ADN avait été supplémenté par l'addition d'un gène humain. Sur la photo de la page couverture, la vedette apparaissait aux côtés d'une chétive souris « normale ». Le souffle coupé, *Business Week* a prédit que cette science miraculeuse allait créer « une vache laitière aussi grosse qu'un éléphant » et capable de produire 6 000 gallons de lait par année. Il y aurait aussi des bovins aussi gros qu'une limousine, des poulets aux formes angulaires et sans plumes qui ne seraient constitués que de viande de poitrine, des dindes aussi grosses que des moutons.

Aussi fantaisistes qu'aient pu être ces prédictions, la recherche sur la recombinaison génétique a rapidement progressé de la souris au lapin et à l'infortuné porc, passant ainsi en une décennie de la bactérie aux mammifères complexes. Et de nos jours, après plus 20 ans d'expérimentations en modification génétique, il est possible de couper, d'insérer, de lier, de produire et de programmer à peu près n'importe quelle combinaison de formes de vie. Sur une base routinière, les scientifiques d'aujourd'hui remodèlent la structure de la vie, transférant des gènes d'une espèce à une autre. Ils ne créent pas tous des porcs « humains », mais ils ont conquis un pouvoir que la nature leur avait interdit jusque-là.

Les chercheurs utilisent maintenant des gènes tirés d'embryons de poulet et de systèmes immunitaires d'insectes pour produire des pommes de terre résistant mieux à la maladie. Ils espèrent utiliser le gène du flet arctique qui règle le mécanisme de protection du poisson contre les eaux glacées pour aider les fragiles plantes à baies à se protéger contre le gel. Et des chercheurs chinois ont déjà réussi à transférer un gène d'un poisson de Mongolie dans une betterave. Ce légume peut ainsi être planté plus tôt et récolté plus tard.

Pourtant, aussi bizarres ou répugnantes que puissent paraître ces manipulations, les scientifiques continuent de prétendre qu'il n'y a rien d'épouvantable ou d'anormal à mélanger les gènes de différentes espèces. La biotechnologie, disent-ils, n'est qu'un outil moderne de la vieille science de l'amélioration des plantes et des animaux. C'est une façon d'utiliser les instruments de la nature pour répondre aux besoins des humains. Somme toute, une simple application des connaissances scientifiques ! Et le génie génétique ou l'épissage de gènes ne sont qu'un des outils de l'arsenal biotechnologique !

Les scientifiques avancent que la biotechnologie est aussi vieille que l'agriculture elle-même. Bien avant que l'on sache ce qu'étaient les gènes, disent-ils, les gens recouraient à la biotechnologie pour améliorer leurs plantes et leurs animaux et, aussi, pour préparer et conserver les aliments. Il y a 10 000 ans, à l'origine de l'agriculture, les fermiers ont noté de légères variations chez les plantes de culture et les animaux d'élevage. Avec le temps, ils ont appris que ces différences étaient transférées des parents à leur progéniture. Les fermiers allaient donc choisir les graines des meilleures plantes pour produire de meilleures récoltes, et accoupler leurs meilleures bêtes pour développer un bétail en meilleur santé et plus fertile. Selon ce point de vue, les gens ont aussi utilisé des processus biologiques pour préparer des aliments. Par exemple, on utilise depuis des siècles des levures et des bactéries de culture pour faire du pain, de la bière et du fromage.

Ce n'est qu'au XIX⁰ siècle que cette connaissance empirique des processus de reproduction a été scientifiquement expliquée. Gregor Mendel, un moine autrichien à la fois biologiste et botaniste, a mené des expériences avec des pois et conclu que les caractéristiques étaient transférées par ce que nous appelons aujourd'hui les gènes. Sortant de l'ordinaire pour un homme d'église ayant vécu à cette époque, les théories de Mendel ont pavé la voie à la science moderne de la reproduction sélective.

La science de la reproduction sélective a donné plusieurs des variétés familières et aussi des hybrides que nous trouvons dans nos potagers, nos fermes et nos supermarchés. Toutefois, cette façon de faire peut s'avérer lente et laborieuse car, dans la reproduction animale par exemple, les nouvelles créatures doivent parvenir à leur maturité sexuelle avant qu'on puisse les accoupler. Même dans le règne végétal, où la nature n'a pas posé de limites temporelles si contraignantes, la culture sélective est longue à pratiquer. Quand il s'agit de deux plantes complètes, l'ensemble de leurs gènes doit se mêler. Les producteurs doivent mettre des années à recroiser la plante résultante avec la plante d'origine pour la purifier de nombreux gènes indésirables. À ce rythme, même la reproduction traditionnelle des plantes peut exiger beaucoup de temps, souvent de 10 à 12 ans.

Le génie génétique est manifestement plus rapide et plus précis, disent les scientifiques. En recombinant les gènes de l'ADN, seul le gène qui confère le trait désiré est introduit dans un organisme qui en comporte par ailleurs jusqu'à 100 000. Le génie génétique a en fait libéré les producteurs de céréales et de bétail des hasards de l'agriculture. L'hérédité, le processus naturel fondé sur le hasard de transmission des traits génétiques des parents à leur progéniture, a été transformé par le génie génétique en un processus artificiellement contrôlable et exploitable.

À regret, les scientifiques font aussi remarquer que la reproduction conventionnelle a ses limites, des limites jusque-là imposées par la nature. Les croisements sexuels ne sont possibles qu'entre des espèces identiques ou voisines, ce qui restreint les sources génétiques auxquelles les producteurs peuvent recourir pour accentuer certaines caractéristiques. Par exemple, un âne et un cheval peuvent produire une mule, mais un cheval et un chien ne produiront rien du tout. Le génie génétique permet maintenant aux scientifiques d'ignorer les contraintes génétiques inhérentes à la nature. « L'homme peut créer, et les bienfaits de son action sont évidents », disent ces chercheurs. Et si quelqu'un ose suggérer que le procédé a quelque chose d'anormal, il est tout simplement accusé de laisser ses émotions prendre le dessus sur les faits scientifiques.

Par ailleurs, il est carrément abusif de laisser entendre que la biotechnologie ne change pas profondément la façon dont la vie a évolué jusqu'à maintenant. Quand ils parlent de biotechnologie, la plupart des gens n'ont pas en tête un paysan du XVe siècle en train de concocter un barillet de bière. Comme moi, ils réfèrent plutôt à cette nouvelle habileté qu'ont acquise les humains de franchir la frontière entre les espèces, même entre des espèces appartenant les unes au règne animal, les autres au règne végétal. Tout le long de la vie de la planète, la frontière entre les espèces a toujours été consciencieusement respectée. Quand, dans la nature, avons-nous vu l'ADN d'un poisson, d'une araignée, d'un virus ou d'une bactérie s'introduire de lui-même dans l'ADN d'un légume ? C'est comme si la nature avait démarqué la frontière que les humains ne devraient pas franchir.

Nous domestiquons, élevons et hybridons des plantes et des animaux depuis des siècles. Mais tout au long de ce bricolage, nous avons été restreints par les frontières naturelles entre les espèces. Les biologistes moléculaires d'aujourd'hui semblent penser qu'il n'y a rien de particulièrement sacré dans le concept d'espèce. À leurs yeux, l'unité de vie importante n'est plus l'organisme mais le gène. Ils voient la vie selon leur parti pris, à savoir qu'elle n'est qu'une composante chimique au plan génétique. La vie semble n'être rien d'autre que la somme des éléments chimiques qui lui donnent naissance.

Les bienfaits et les risques de la biotechnologie peuvent être considérés soit du point de vue de la science, soit selon l'éthique. L'industrie biotechnologique se méfie de l'éthique, prétendant que les discussions de cet ordre sont quelque peu déplacées dans un monde moderne. Elle se cramponne plutôt au terrain scientifique, qui lui paraît plus sécuritaire, clamant qu'il lui appartient et braquant l'irréfutable évidence de ses « faits » scientifiques.

Toutefois, la biotechnologie est loin d'être la science exacte à laquelle cette industrie veut que l'on croit. La carte génétique (le génome) d'innombrables plantes et animaux n'a pas encore été décodée. Jusqu'ici, seules les séquences de gènes d'ADN d'organismes extrêmement rudimentaires, telles les bactéries, ont été complètement identifiées, et pourtant le fonctionnement de ces dernières n'est pas encore totalement connu. Le gène de l'hormone de croissance humaine a été introduit dans des organismes allant de la souris au porc parce que c'était un des premiers gènes à être identifié et cartographié. Vers la fin des années 1990, après 10 ans de travail, des scientifiques participant au colossal projet international de trois milliards de dollars appelé Projet du génome humain, n'ont catalogué que la moitié des 100 000 gènes dont le corps humain est composé.

De plus, les recherches récentes montrent qu'aucun gène ne fonctionne indépendamment des autres. Les gènes sont groupés par familles le long de la chaîne d'ADN. La fonction d'un gène d'une famille dépend de tous les autres gènes de cette famille. Les gènes et les protéines qu'ils produisent ont évolué ensemble et forment un réseau complexe de fonctions finement équilibrées, d'une complexité que nous commençons à peine à comprendre.

La biotechnologie, disent ses opposants, revient à lancer un livre par la fenêtre d'une bibliothèque en imaginant qu'il tombera exactement au bon endroit sur les rayons. Plus précisément, la science peut réussir à introduire un gène étranger dans le génome d'un autre organisme, mais elle ne sait pas encore comment diriger ce gène à un endroit précis. Dans plusieurs cas d'application de cette science supposément exacte, les généticiens ont tout simplement été chanceux. Par exemple, une compagnie qui a développé une tomate à durée de vie prolongée cherchait à découvrir le mécanisme qui lui permettrait de créer un pétunia bleu. Des chercheurs allemands ont créé une pomme de terre de deux kilos, c'est-à-dire assez grosse pour nourrir une famille de six personnes. Il s'agissait en fait d'une retombée accidentelle de travaux d'analyse du métabolisme des sucres dans les pommes de terre.

Les chercheurs ne sont pas toujours aussi chanceux. Par exemple, ils ont créé un poisson duquel jaillissent des excroissances, de la laitue sans tête, des carottes dures à casser les dents. Bonne comme mauvaise, la chance joue un important rôle dans cette science dite rationnelle.

En fait, la biotechnologie sait peu de choses ou, si l'on veut, elle ignore à peu près tout. Chaque étape de la plus simple manipulation génétique comporte des difficultés et des risques, notamment l'utilisation de vecteurs. Il ne suffit pas que les scientifiques identifient un gène intéressant; ils doivent aussi trouver la façon de l'introduire dans l'organisme hôte. Pour y arriver, ils utilisent régulièrement comme vecteurs des parasites génétiques particulièrement actifs, ces derniers agissant comme des chevaux de Troie[4] moléculaires. Ces gènes proviennent de virus et, contrairement à la plupart des virus qui peuvent survivre et se multiplier dans un nombre limité d'espèces, ces vecteurs sont fabriqués en laboratoire pour agir dans une variété d'environnements d'ADN. Ils sont essentiellement créés pour faire obstacle aux défenses naturelles qu'une cellule éleverait normalement pour résister à l'invasion d'un ADN étranger.

Les vecteurs les plus couramment utilisés par le génie génétique résultent de combinaisons transgéniques de parasites génétiques naturels provenant de sources diverses. Le porteur le plus fréquemment utilisé en biotechnologie des plantes est dérivé d'un plasmide agissant comme inducteur tumoral, lui-même tiré de la bactérie de sol *Agrobacterium tumefaciens*. Dans les applications animales, les vecteurs sont produits à partir de rétrovirus, ces derniers pouvant causer des cancers et d'autres maladies. Par exemple, un vecteur couramment utilisé chez le poisson est tiré de la structure du virus marin Moloney, qui cause la leucémie chez les souris, mais peut infecter toutes les cellules des mammifères. Il contient des composantes provenant du virus du sarcome de Rous, qui cause des sarcomes chez les poulets, et du virus de la stomatite vésiculaire, qui cause des lésions orales chez le bétail, les chevaux, les porcs et les humains.

Mae-Wan Ho, une biologiste de la Open University du Royaume-Uni, affirme que le bas niveau de réussite de la recombinaison génétique montre que le recours à des vecteurs est souvent fatal. Elle remet en question ce que plusieurs généticiens voient comme une pratique scientifique de routine. Dans le numéro de juillet et août 1997 de *The Ecologist*, elle écrit : « Le génie génétique évite le recours à la reproduction conventionnelle en utilisant des éléments génétiques parasitaires conçus artifiellement, incluant des virus. Ces vecteurs transportent des gènes et les introduisent dans les cellules-hôtes. Une fois à l'intérieur, ces vecteurs s'intercalent dans le génome de l'hôte. Or, il est connu depuis longtemps que l'insertion de gènes étrangers dans le génome d'un hôte a des effets nuisibles et létaux, incluant le developpement du cancer chez l'organisme. »

Malgré ses incertitudes et ses difficultés, la recherche biotechnologique progresse à une vitesse vertigineuse. La capacité d'identifier et d'utiliser l'information génétique double chaque année ou tous les deux ans. Comme la plupart des gens ne connaissent rien de ses activités, elle avance à pas de géants pratiquement sans opposition.

Il est devenu courant de croire que la science doit pouvoir travailler sans entraves à l'avancement de l'humanité. Une des caractéristiques marquantes de notre époque moderne est de croire aveuglément que la science et la technologie peuvent améliorer notre vie. Une enquête menée en 1989 a montré que 98 % des Américains pensaient que le monde serait meilleur grâce à la science et à la technologie. Toutefois, ces gens ne comprenaient pas nécessairement ce qu'est la science (la même enquête a montré que 21 % des répondants pensaient aussi que le Soleil tournait autour de la Terre).

Dans la culture nord-américaine, largement laïcisée, la science a remplacé la religion. Même si peu d'entre nous en sommes conscients, nous lui rendons hommage tous les jours par notre dépendance à l'égard d'ordinateurs que nous ne comprenons pas, de magnétoscopes que nous ne savons pas programmer et d'appareils ménagers que nous ne pouvons pas réparer. Mais, malgré notre impuissance à comprendre la science, nos enfants sont censés devenir des informaticiens et le remède contre le cancer devrait venir sous la forme d'une belle pilule rose. Et la biotechnologie accélère son rythme, soutenue par une population qui croit que la science sait ce qu'elle fait.

« Dolly » a été le premier mammifère cloné à partir de cellules adultes. Elle a été créée au Scotland's Roslin Institute et un reporter a interrogé un des scientifiques, Ian Wilmut, sur l'éthique du clonage. Sa réponse fut : « Je ne suis qu'un scientifique ». Même si plusieurs chercheurs en biotechnologie aiment prétendre que leurs travaux n'ont pas de dimension éthique ou, s'ils en ont, que cela ne les concerne pas, cette nouvelle science soulève un éventail de questions éthiques et morales. Les théologiens disent qu'elle viole gravement l'ordre naturel et qu'elle contrevient aux principes fondamentaux de la plupart des religions. Ces dernières ont des points de vue très différents sur le développement de la vie, mais elles partagent une même croyance, à savoir que la Terre n'est pas un phénomène accidentel mais un système intelligemment structuré. Les frontières entre les espèces constituent un élément structural essentiel de ces systèmes.

Au printemps 1998, des représentants de diverses religions (hindouiste, bouddhiste, chrétienne et juive) se sont unis pour intenter des poursuites contre la U.S. Food and Drug Administration (FDA), l'agence américaine de surveillance de la qualité des aliments et des médicaments, pour la forcer à étiqueter les denrées dérivées de la manipulation génétique. Ils ont avancé que sa décision en sens contraire violait les droits religieux fondamentaux définis par la constitution. Dans leurs conclusions, ils affirmaient que « la religion amenait une partie importante de la population à éviter tout aliment produit par manipulation génétique parce que ce procédé est incompatible avec la responsabilité de préserver l'intégrité de la création divine. » En effet, en l'absence d'étiquetage indiquant que des aliments résultent de l'introduction de gènes étrangers, les végétariens et ceux qui suivent une diète prescrite par leur religion ne savent pas s'ils mangent du matériel génétique provenant d'animaux, voire d'humains.

Plusieurs scientifiques ont prévenu de dangers encore bien plus grands. Erwin Chargaff, le biochimiste qu'on présente souvent comme le père de la biologie moléculaire, a écrit dans son autobiographie, *Heracliteon Fire* (1978) : « J'ai l'impression que la science a transgressé une frontière qui aurait dû demeurer inviolée. » Et au cas où son propos n'aurait pas été clair, il renchérit en qualifiant le génie génétique d'« Auschwitz moléculaire » qui, selon lui, fait peser sur le monde une menace plus grande que celle de la technologie nucléaire. « Tenter d'interférer avec l'homéostasie de la nature constitue un crime inconcevable », concluait-il.

George Wald, le lauréat du prix Novel de médecine de 1967, a aussi conseillé à la science d'y aller lentement dans l'exploitation de cette nouvelle technologie. En 1976, il a écrit dans la revue *The Sciences* : « Tout cela est trop gros et va trop vite. Le problème principal a été occulté; cette technologie soulève sans doute la plus importante question d'éthique à laquelle la science a été confrontée. Jusqu'à maintenant, pour comprendre tout ce que nous pouvions de la nature, nous nous sommes moralement justifiés de foncer en écartant toute entrave. Mais, remodeler la nature n'a jamais fait partie de l'enjeu. Persévérer dans cette voie pourrait non seulement être peu sage, mais aussi dangereux. Cela pourrait potentiellement provoquer de nouvelles maladies chez les plantes et les animaux, de nouvelles sources de cancer, de nouvelles épidémies. »

Mais qu'elles viennent de la religion ou de la science, les incitations à la prudence ne contribuent guère à ralentir le rythme actuel du progrès de la biotechnologie. Ce progrès est actuellement entre les mains d'un nouvel ordre économique mondial. La capacité qu'a acquise la science de déplacer l'ADN d'une espèce vers une autre est arrachée des mains des chercheurs de laboratoire par des profiteurs qui ne pensent qu'en termes de production.

NOTES

1. En référence au roman d'anticipation de George Orwell, intitulé *1984*.
2. Pionniers de l'aviation aux États-Unis.
3. Auteure du roman de science-fiction *Frankenstein*, déjà mentionné dans l'introduction.
4. Dans l'Antiquité, le siège de la ville de Troie aurait été remporté par les Grecs grâce à un habile stratagème. Les Grecs construisirent et laissèrent aux portes de la ville un gigantesque cheval de bois abritant des fantassins que les Troyens introduisirent dans l'enceinte de leur cité.

Du laboratoire à l'épicerie 2

Partout en Amérique du Nord, souvent au nez d'une population qui ne soupçonne rien de cette révolution, on crée une vie nouvelle dans des laboratoires, des fermes expérimentales et des serres. La campagne entourant Calgary, en Alberta (Canada), en est une illustration parfaite. Un automobiliste qui passerait par là remarquerait à peine un troupeau de vaches et de veaux marchant dans un taillis sur la crête d'une colline et le cowboy coiffé d'un stetson qui le suit au petit galop. Un autre cliché de la vie dans l'Ouest canadien, pourrait-on penser. Pas de scientifiques déments à l'horizon, ni de monstres enchaînés aux tables de laboratoire, ni même d'écriteau avertissant que des chercheurs sont à l'oeuvre.

Pourtant, ce décor bucolique occulte une histoire digne d'un thriller de Michael Crichton. Le code génétique d'une de ces vaches et de 20 de ses rejetons contient un gène d'interféron humain qui procure au bétail une immunité contre la fièvre du transport. Cette maladie frappe le tiers des veaux au cours de leur déplacement vers le pâturage. La vache mère résulte d'un procédé semblable à celui des porcs de Beltsville. Par chance, elle n'a développé aucune des difformités qui ont affligé ses lointains cousins de la race porcine. Une fois sa croissance achevée, ses ovules ont été fertilisés en laboratoire, manipulés dans une boîte de Pétri, puis introduits chez quelques mères porteuses. Certains des veaux avaient le gène humain transmis par la mère naturelle, si bien qu'en 1996, six générations étaient nées avec une immunité à la fièvre du transport génétiquement provoquée. Aucun signe extérieur ne révélait la manipulation génétique dont ce bétail avait été l'objet. Somme toute, un bétail mutant qui n'affiche que les calmes allures de la vache satisfaite.

Quant au cavalier, il se définit comme un cowboy dans l'âme. Pourtant, il s'agit du généticien moléculaire Bob Church, qui a dirigé le programme de recherche médicale de l'Université de Calgary et qui, à ce titre, a créé le programme avant-gardiste de recherche transgénique à l'origine de ce nouveau bétail. Plusieurs membres de la communauté scientifique canadienne le voient comme le père de la biotechnologie, mais il parle sur le ton terre-à-terre de l'éleveur de bétail des prairies. Raclant le sol de la pointe d'une de ses bottes, il laisse entendre que pour produire une vie nouvelle, l'épissage de gènes n'est guère plus compliqué que d'utiliser « les ciseaux de la nature, le scotch et le photocopieur ». Ses manières décontractées ne laissent pas du tout transpirer les trois années d'efforts qu'a demandées la production d'un embryon viable porteur d'un gène étranger. C'est cet embryon qui allait devenir la mère d'une nouvelle forme de vie.

La vie transgénique se développe aussi sur une parcelle d'une luxueuse propriété de Vancouver-Ouest. Installé dans un édifice moderne construit hâtivement, le laboratoire du ministère des Pêcheries et Océans du Canada de Vancouver-Ouest offre une vue imprenable sur *Marine Drive*. Derrière une clôture barrée avec une chaîne et un autre dispositif de sécurité, Bob Devlin et son équipe protègent les produits de leurs efforts en recombinaison génétique. Au lieu d'emprunter un gène du génome humain, ils ont remanié des gènes d'hormones de croissance provenant de la truite et du saumon avant de les réintroduire dans des embryons de poisson pour qu'ils s'expriment, non pas dans leur glande pituitaire, mais dans leur foie. Les mécanismes d'arrêt de l'hormone de croissance sont ainsi neutralisés. Le procédé accélère la croissance du poisson et il peut devenir jusqu'à 37 fois plus gros qu'il ne le serait autrement. Dans de grandes cuves galvanisées, ces géants aux flancs argentés surclassent leurs congénères, chez qui on n'a pas provoqué le gigantisme. Une réussite du génie génétique ? Si vous regardez de plus près, entre leurs rayures chatoyantes, vous noterez des excroissances et des bosses que la nature n'avait pas prévues. Elles sont la preuve que cette expérience de recombinaison génétique a un effet secondaire inquiétant. Environ 20 % de ces poissons géants ont en effet développé des grosseurs inexplicables autrement que par une croissance déséquilibrée du cartilage.

Les poissons monstrueux et le bétail surdéveloppé par addition de gènes humains n'apparaîtront sans doute pas demain dans les supermarchés. Par la voie de leur association, les éleveurs de saumons de la Colombie-Britannique ont déjà déclaré qu'ils ne voulaient rien avoir à faire avec le poisson mutant même s'il était dans leur intérêt d'obtenir de plus gros poissons sans avoir à augmenter leur portion de nourriture. Selon cette même association, les consommateurs ne sont pas prêts à accepter ce type de technologie. Arborant son large sourire imperturbable, l'aimable Bob Devlin se montre philosophe. Il récuse ce jugement sur sa progéniture marine. Les anomalies seront toutes éliminées avant 2010 et, d'ici-là, les consommateurs auront accepté cette technologie.

Bob Church n'a pas non plus l'intention de s'en faire avec un marché éventuellement rébarbatif. Il affirme qu'il n'a jamais voulu expédier son bétail transgénique à l'abattoir et au comptoir des viandes. L'expérience est de nature purement scientifique, affirme le cowboy généticien.

Church et Devlin bénéficient d'un luxe inaccessible à la plupart des autres chercheurs en biotechnologie. Soutenus par des subventions universitaires et gouvernementales, ils ne visent pas le profit, mais le progrès. Leurs innovations ne déborderont pas le stade expérimental, la symbolique boîte de Pétri. Toutefois, la plupart de leurs collègues travaillent dans des laboratoires d'entreprises et ont comme mandat de transformer les résultats de la recherche en produits destinés aux rayons du supermarché.

Le nouveau paradis du génie génétique est contrôlé, non pas par des universitaires dans leur tour d'ivoire, mais par des hommes d'affaires qui pensent en termes de produits et de profits. Cette vision mercantile de la science est mise de l'avant par d'énormes multinationales intégrant des compagnies de produits pharmaceutiques, de produits chimiques et de semences, telles Monsanto, DuPont, Novartis, AgrEvo et Dow AgroSciences. Les acteurs de ce drame corporatif investissent de grosses sommes dans leurs relations avec les consommateurs et les élus pour les persuader qu'ils ont besoin de ce que l'industrie biotechnologique a à leur offrir. La biologiste Mae-Wan Ho décrit cette industrie comme une « alliance maudite entre la mauvaise science et des grandes entreprises ».

Toutefois, les fournisseurs de génie génétique ne se proposent pas d'imposer aux consommateurs les porcs « humains », les poissons monstres ou le bétail transgénique. Les enquêtes montrent que, sur l'ensemble de la planète, une majorité de consommateurs répugnent à la manipulation transgénique d'animaux. Ces types d'expériences sont donc limités au laboratoire, du moins pour le moment. Les entreprises de biotechnologie ont donc plutôt préparé des produits plus agréables au palais, à savoir des céréales et des plantes dans lesquelles on a introduit des gènes « inoffensifs » tirés d'une bactérie élémentaire.

La plupart du temps sans aucune forme d'étiquetage, les produits de la biotechnologie ont silencieusement pénétré le marché durant les dernières années du XXe siècle. À la fin de 1998, 60 sortes de céréales transgéniques avaient été testées dans 45 pays, dans environ 25 000 champs expérimentaux. Plus de 13 millions d'hectares de culture commerciale ont été ensemencés en 1997, alors qu'il y en avait eu 2,4 millions en 1996. La plupart de ces terres agricoles sont situées en Amérique du Nord, centre planétaire de la recherche et du développement d'aliments transgéniques. Les États-Unis ont été les plus enthousiastes supporteurs de cette technologie. Au début de 1998, 57 compagnies et agences de ce pays ont présenté des céréales et des produits alimentaires transgéniques à l'approbation gouvernementale. Le Canada a emprunté la même voie, donnant le feu vert à 39 céréales et à d'autres aliments issus de la manipulation génétique, incluant 13 variétés de canola[1] (colza), 40 variétés de maïs et trois variétés de tomate. La plupart de ces aliments étaient des céréales résistantes aux herbicides, comme le soja et le colza, conçues expressément pour être utilisées de pair avec une marque déposée de pesticide. On compte aussi d'autres végétaux agricoles, telles les pommes de terre et le maïs, dans lesquelles on a intégré un pesticide les rendant plus résistantes aux insectes. Bien que trois types de tomates transgéniques aient été approuvés au Canada, aucun n'est actuellement en vente à l'épicerie.

La plupart des aliments conçus en laboratoire sont subrepticement intégrés à des produits comestibles déjà sur les rayons de l'épicerie. Par exemple, même si la plupart n'ont jamais vu des graines de soja, naturelles ou génétiquement manipulées, elles sont présentes partout. Considérées comme une bonne source de protéine, elles sont pressées et moulues, puis utilisées comme ingrédient de 60 % des aliments préparés en industrie. Le soja est une des sources de protéines les plus riches, les moins coûteuses et les plus facilement accessibles au monde. On le retrouve dans l'huile dont on arrose nos salades, ainsi que dans la margarine, la mayonnaise, les aliments pour bébés et la crème glacée. De plus, rien sur la bouteille d'huile de canola n'indique que du canola transgénique a été mêlé au canola naturel. On peut raisonnablement penser que toute huile de canola vendue à l'épicerie contient de l'huile tirée du soja transgénique.

L'industrie biotechnologique a accueilli avec enthousiasme l'idée d'un marché mondial, estimant sa valeur à six milliards de dollars pour l'an 2005. Toutefois, il est difficile de vendre des produits génétiquement modifiés hors de l'Amérique du Nord. À la fin de 1998, le Japon avait approuvé 20 de ces produits, mais la décision du gouvernement de ne pas étiqueter ces produits a suscité de plus en plus de malaise chez le consommateur. Masae Wada, vice-présidente de l'association japonaise des ménagères, a récemment déclaré à la presse : « C'est étrange qu'il n'y ait pas de lois régissant la distribution de produits génétiquement modifiés, alors qu'il y en a pour les produits chimiques utilisés en agriculture et pour les additifs alimentaires. Il y a trop de facteurs inconnus, y compris les effets sur la santé humaine. » L'association coopérative des consommateurs du Japon semble avoir aussi reflété une préoccupation générale en annonçant qu'elle allait vérifier la présence d'aliments génétiquement modifiés dès le début de 1998, en commençant par le soja modifié.

L'Union européenne est allée plus loin. À la fin de 1998, ses instances de contrôle complexes n'ont approuvé pour importation que neuf aliments issus du génie génétique et aucune céréale manipulée génétiquement n'est cultivée dans les pays européens. En dépit des vives protestations des entreprises biotechnologiques, l'Union européenne a imposé des règles d'étiquetage et la contestation des plantes et aliments transgéniques a fait partie des nouvelles quotidiennes. Au Royaume-Uni, même ce qui pourrait être considéré comme une simple expérimentation de semences génétiquement manipulées a fait l'objet de sabotage. Sous les auspices d'un mouvement de désobéissance civile, des ménagères et des fermiers ont fauché la récolte.

Malgré ses difficultés en Europe, l'industrie biotechnologique a résolument maintenu sa stratégie, à savoir le développement d'innovations qui seront autant de sources valables de profit. Le premier pas a été de créer des « aliments de luxe » destinés à des consommateurs bien nantis du monde industrialisé pouvant se permettre de payer le prix fort. À titre d'exemple, les chercheurs ont tenté de développer une tête de laitue de la taille d'une portion, de menus légumes prêts pour les salades, des pommes frites sans gras et de minuscules plants de tomates pour jardinier urbain vivant en appartement.

En Ontario, au Canada, le vignoble Le Château-des-Charmes de Niagara-sur-le-Lac a collaboré avec des chercheurs universitaires pour développer un raisin très résistant au froid. Ils y sont parvenus en introduisant des gènes d'un cousin du brocoli sauvage, allongeant ainsi la courte durée de production du vin au Canada. Des chercheurs de l'archipel d'Hawaï ont tenté de produire génétiquement une graine de café décaféiné. On sait que le commerce du café est le plus florissant après ceux du pétrole et des métaux précieux et on estime le marché du café décaféiné à 25 milliards de dollars par année.

Le premier aliment complet fabriqué génétiquement est apparu sur les rayons de l'épicerie en 1994. Il s'agissait de la tomate de luxe appelée *Flavr Savr*. Elle devait offrir un goût d'été en plein hiver, et son prix était à la hauteur de cette prétention. Nulle part dans le monde ne s'attend-on à trouver des tomates fraîches à longueur d'année. Nulle part sauf en Amérique du Nord, où Américains et Canadiens dépensent 4 milliards de dollars par année pour manger des tomates. En fait, le consommateur moyen en mange huit kilos par année, ce qui est plus que tout autre denrée, exception faite de la laitue et de la pomme de terre. Au delà de cette immense popularité, les consommateurs se plaignent de l'insipidité des variétés de tomates qu'ils trouvent sur les rayons du supermarché durant l'hiver. Dans une enquête portant sur la satisfaction des consommateurs, sur 31 fruits et légumes, les tomates hivernales arrivent au 31e rang.

Ce résultat est dû aux lois biologiques. La maturité d'une tomate marque naturellement le début du processus de pourrissement. L'une n'existe pas sans l'autre. Le rouge brillant d'une tomate mûre signale qu'elle est sur le point de pourrir : c'est ainsi que la nature assure la survie de l'espèce. La tomate que vous achetez en janvier à Toronto a probablement été cultivée au Mexique. Elle a été arrachée au plant alors qu'elle était encore verte, assez ferme pour survivre au long voyage vers le Nord, mais trop ferme pour rougir et produire la saveur qui lui est propre. En cours de transport, elle est traitée à l'éthylène, un produit chimique qu'elle produit naturellement. L'éthylène donne à la tomate sa couleur rouge mais, malheureusement, il n'ajoute rien à sa saveur.

Calgene, une petite entreprise de biotechnologie de la Californie, a flairé là une occasion de profit certaine. Elle a donc mis 8 ans et 20 millions de dollars à trouver une façon de contourner la nature. Finalement, au début de 1990, ses chercheurs ont identifié le gène de la tomate qui enclenche le pourrissement, ont appris à le reproduire synthétiquement et à insérer cette copie « à l'envers » dans la carte génétique, ou génome, de la tomate. Appelée « antisens », cette technologie annule la fonction normale du gène original et retarde ainsi le processus naturel de vieillissement. Ce procédé ajoute de 7 à 10 jours à la vie normale de la tomate et donne une tomate pas tout à fait aussi bonne que la tomate cultivée dans le jardin, mais dont le goût justifie le prix élevé qu'en demande l'épicerie.

Un cynique pourrait penser que l'allongement de la vie de la tomate permet simplement à Calgene de cultiver des tomates à une plus grande distance de leur lieu de vente, les jours additionnels étant absorbés par le système complexe de distribution de fruits et légumes où on trouve parfois des camions à remorque pleins de tomates qui attendent le bon acheteur et le bon prix. Calgene a toutefois insisté pour dire qu'elle attendait que ses tomates montrent une première lueur de rouge avant de les cueillir.

Aux États-Unis, la tomate de Calgene ne s'est pas rendue chez l'épicier sans soulever un vif débat sur la biotechnologie et l'intérêt public. La communauté scientifique, menée par Roger Salquist, alors directeur général de Calgene, a insisté pour dire que cette tomate n'était pas plus dangereuse pour la santé humaine que n'importe quelle variété cultivée conventionnellement.

Important critique de la vie socioéconomique américaine, Jeremy Rifkin est devenu le plus coriace des opposants à l'essor de la biotechnologie et à la volonté de Calgene de créer une tomate bionique. Au début des années 1980, il a mis sur pied la Pure Food Campaign (campagne pour des aliments purs). Cette organisation faisait partie d'une fondation déjà bien établie qu'il avait créée pour analyser les tendances économiques et, à son tour, elle a créé un réseau national de chefs cuisiners opposés à la transformation scientifique des denrées. Même si, à l'époque, aucun aliment modifié n'était sur le marché, des milliers de restaurants ont commencé d'afficher à l'entrée, à côté des affiches de Visa et de MasterCard, des décalques montrant une hélice d'ADN traversée d'une bande rouge. Une génération d'activistes de l'alimentation s'est tenue prête à organiser des séances de lancement de tomates comme signe de protestation visible et télégénique. Rifkin lui-même, avec son style médiatique à la fois distingué et provocant, a fait plusieurs apparitions à la télévision pour combattre la tomate transgénique : « Nous sommes en train de parler d'une technologie qui est plus puissante que toutes celles connues jusqu'ici puisqu'elle peut refaire la configuration génétique de la vie elle-même... Cela peut être bénin ou devenir toxique ou mutagène. Notre position est qu'il vaut mieux être trop prudent que pas assez. »

Toujours à l'offensive, Salquist a écarté Rifkin en le présentant comme un emmerdeur et en qualifiant de ridicules ses efforts pour noircir l'image de la nouvelle tomate. La U.S. Food and Drug Administration (FDA) était apparemment d'accord avec Salquist car, le 15 mai 1994, après quatre années d'études, d'audiences et de rêveries des médias, elle a donné le feu vert à la *Flavr Savr*. « Nous avons gagné la partie », a dit Salquist. « Ces gens ont mis dix ans à produire des arguments, mais aucun n'a tenu la route. »

Le jour où la FDA a fait connaître son approbation, la Pure Food Campaign a dirigé son attention sur Davis, en Californie, ville où est installée la firme Calgene, au coeur de la région de la tomate. Il semble toutefois que les activistes de l'alimentation n'aient pas compris l'excellente cohabitation de la science et de l'agriculture à Davis. La ville est essentiellement bâtie autour du campus de l'Université de Californie, qui produit une récolte annuelle de diplômés en recherche agricole. Ainsi, quand un activiste de la Pure Food Campaign arrivant de Chicago est descendu de l'avion pour organiser une protestation en face de l'épicerie locale de la chaîne IGA de l'État, moins de 10 personnes se sont présentées pour lancer quelques tomates mûres dans un cercueil de carton sur la paroi duquel on avait griffonné le mot

« mort ». Manquant de panache, la protestation a suscité peu d'intérêt; à l'intérieur de l'épicerie, près de 500 kilos de tomates *Flavr Savr* ont été vendues en quelque trois jours seulement ! Et la biotechnologie était lancée sur le marché américain !

Mais en dépit de la rentrée fougueuse de la *Flavr Savr* sur le marché, la lenteur de son développement annonçait un avenir précaire. Le long débat sur les risques éventuels et sur l'aspect éthique, auquel se sont ajoutés des problèmes de distribution, a miné la santé financière de Calgene. L'entreprise avait l'intention de déménager au Canada en 1995, mais elle a dû plutôt faire des coupures dans ses dépenses. À la fin de 1998, la *Flavr Savr* n'avait pas fait son apparition au nord des États-Unis. Elle n'avait pas non plus réussi à faire une incursion significative dans le marché mondial.

En 1994, Calgene a demandé au Royaume-Uni d'approuver sa tomate, mais cette approbation a pris plus d'un an à venir. Les scientifiques et les personnes responsables de la réglementation ont débattu des implications, non du gène qui retarde le vieillissement, mais d'un autre gène appelé marqueur. Lors d'une tentative de fusion, les chercheurs ajoutent régulièrement un second gène étranger pour savoir quand cette dernière a réussi. Malheureusement pour eux, il est rare que le nouvel ADN soit intégré par les cellules. Dans une expérience menée sur une plante, seulement quelques-uns des éventuels milliers d'implants développés dans la boîte de Pétri intègrent le gène visé et, sans marqueur, il est impossible de savoir lesquels. Dans le cas de la *Flavr Savr*, le marqueur génique est extrait de la bactérie commune *E. coli* et il résiste à la kanamycine, un puissant antibiotique administré avant une chirurgie. Tous les implants ont été exposés à l'antibiotique et on a conclu que ceux qui y ont survécu avaient intégré le marqueur génique à leur ADN et, avec lui, le gène qui retarde le vieillissement. On craignait que la résistance à l'antibiotique intégrée à la tomate *Flavr Savr* ne se retrouve dans le système digestif de ceux qui la mangent. Calgene a déposé des documents montrant que tel n'était pas le cas. L'approbation a finalement été accordée, et ce même si toutes les craintes n'avaient pas été dissipées.

Au printemps de 1996, Calgene était à la recherche de capitaux et d'un système de distribution bien établi. Elle s'est alors associée à Monsanto, un géant de la production pharmaceutique aux États-Unis. En 1997, l'association avait pris de l'ampleur; Calgene n'était plus une nouvelle petite entreprise; elle appartenait entièrement à Monsanto.

Quelque part en 1996, la tomate est discrètement disparue des supermarchés américains et des manchettes des médias, et ce même si Santé Canada et les instances de réglementation britanniques avaient alors approuvé son importation. Des critiques ont dit que la tomate avait été un échec à cause d'une peau trop tendre et d'un goût étrange; de son côté, Calgene a maintenu que sa tomate avait été retirée du marché parce qu'elle ne pouvait satisfaire la demande.

Alors que Calgene se débattait contre des ennuis financiers, plusieurs autres compagnies ont fait leur marque sur le marché de la lucrative tomate fraîche. La FDA a approuvé trois autres tomates à durée génétiquement prolongée. La DNA Plant Technology Corp (DNAP), aussi située en Californie, a développé une tomate capable de survivre à l'étalage durant 40 jours. Cette tomate merveilleuse a été produite en transformant le gène qui entraîne la production naturelle de l'hormone d'éthylène. La compagnie a nommé sa découverte *trans-switch*, parce que cette manipulation empêche l'enclenchement du processus naturel de rougissement de la tomate. Le procédé semble aussi fonctionner pour la banane, la courge et d'autres fruits et légumes. Comme Calgene, DNAP s'est associée à une grosse multinationale de distribution de produits en 1996. Et comme la *Flavr Savr*, la tomate *Endless Summer* (été éternel) de DNAP est aussi disparue discrètement du marché quelque temps plus tard.

Malgré que les premières tentatives aient finalement échoué, les tomates de luxe vont sûrement revenir sur les rayons de l'épicerie. Aux États-Unis, depuis 1995, quelques-unes des tomates modifiées ont été utilisées dans la préparation industrielle d'aliments. Et les tomates à longue vie du Zeneca Group servent actuellement à la fabrication de pâte de tomate en vente dans les épiceries de Sainsbury et Safeway au Royaume-Uni. Cette compagnie a créé son fruit bionique en ralentissant l'action de l'enzyme responsable du pourrissement. Montrant une curieuse contradiction d'attitudes, les consommateurs britanniques semblent avoir accepté ce produit clairement étiqueté, alors que le génie génétique appliqué aux aliments continuait de les inquiéter. Ont-ils été attirés par un produit de 10 % moins cher que les autres ? À la fin de 1997, la compagnie rapportait avoir vendu 1,6 millions de boîtes de cette purée faite à partir d'une tomate génétiquement manipulée.

D'autres fruits et légumes à la longévité artificielle, tels la courge, le melon et la banane, s'annoncent. Dans le supermarché de l'avenir, les produits frais n'auront peut-être pas à être maintenus sur un lit de glaçons ou vaporisés d'eau fraîche. Bien sûr, cette application de la biotechnologie peut satisfaire une demande grandissante pour des produits de luxe, mais elle n'apporte aucune réponse valable à la question fondamentale qui confronte l'agriculture du XXIe siècle, à savoir comment nourrir des peuples affamés qui ne peuvent pas se payer de tels produits.

L'industrie biotechnologique ne vise pas que les consommateurs fortunés; elle lorgne aussi du côté d'une communauté agricole menacée par la nature. Depuis le début de l'agriculture, les fermiers ont combattu ses caprices : les grêles d'août qui couchent des récoltes en pleine vitalité, des amas de sauterelles qui s'abattent sur les plants et dont on entend clairement la mastication. La biotechnologie attire les fermiers en quête de moyens pour contrôler ces fléaux; elle leur promet un monde dans lequel ils pourront survivre à tout ce que la nature pourrait leur envoyer. Que voilà une perspective intéressante pour une communauté qui se vide de ses membres et qui a dû affronter des coûts de plus en plus élevés pour des résultats de plus en plus maigres ! En effet, pour le fermier aux prises avec les problèmes usuels de l'agriculture, la biotechnologie se présente comme une machine à miracles. Selon ses services de relations publiques, la nouvelle science pourrait créer des plantes qui réduiraient la nécessité de recourir à des produits chimiques issus des combustibles fossiles. Elle pourrait aussi façonner des végétaux résistant à la sécheresse ou au sel, une caractérisque intéressante si la menace de l'effet de serre se concrétise et, qu'ainsi, les températures et le niveau des mers s'élèvent.

Toutefois, qu'il soit possible ou non d'atteindre ces nobles visées, ce n'est pas sur cette base que l'industrie biotechnologique a lancé la nouvelle science. Elle a plutôt choisi de créer un éventail de plantes agricoles résistant aux herbicides. Ces cultivars ont été conçus pour être utilisés de pair avec certains herbicides qui, faut-il s'en surprendre, sont produits par ces mêmes firmes qui les ont créés. En d'autres mots, les cultivars de la révolution biotechnologique ont été répandus pour assurer la vente de produits chimiques spécifiques.

Les premiers végétaux agricoles modifiés ont été conçus pour résister à un herbicide à large spectre tel le glyphosate ou le glufosinate d'ammonium, capable de tuer non seulement les mauvaises herbes, mais toute forme de végétation. C'était là la première des très populaires applications de la nouvelle technologie. L'Organisation de coopération et de développement économiques (OCDE) a rapporté qu'en 1995, 75 % des expériences au champ de végétaux agricoles génétiquement modifiés à travers le monde avaient pour but de vérifier la résistance aux herbicides. En 1996, les résultats de ces expériences se sont transformés en végétaux commercialisés. Deux types de canola ont été semés au Canada alors qu'un type de soja, un type de coton et un type de maïs résistant aux herbicides ont été cultivés aux États-Unis. Au tournant du millénaire, la résistance aux herbicides aura été génétiquement intégrée à la plupart des cultures de l'Amérique du Nord.

La résistance aux herbicides intéresse les fermiers parce qu'elle leur permet de réduire la pulvérisation de produits chimiques. Une céréale comme le canola requiert normalement des traitements délicats et dispendieux. Au moins 15 mauvaises herbes cherchent à étouffer ces graines dont on tire l'huile de canola, produit très recherché pour la cuisson des aliments. Les fermiers utilisent généralement plusieurs herbicides pour protéger le canola contre le vulpin, la moutarde sauvage et d'autres végétaux indésirables. La pulvérisation du canola conventionnel coûte au moins 100 $ l'hectare, sans compter le temps et les efforts mis à cette opération.

Par contraste, avec le canola résistant aux herbicides, le fermier n'accroche qu'une seule fois un pulvériseur à son tracteur, c'est-à-dire au printemps quand les plants montrent des premiers tons de vert. Il les arrose alors d'un herbicide à large spectre tel le *Liberty*, le *Basta* ou le *Round Up*, au coût de 50 $ l'hectare. Et, en trois jours, l'avoine sauvage, la moutarde et n'importe quel végétal atteint par la pulvérisation s'est desséché sous le soleil de la campagne, tout sauf le canola transgénique. Il restera brillant et vert dans une mer de mauvaises herbes ratatinées et grisonnantes.

En conséquence, les compagnies peuvent clamer que les plantes agricoles génétiquement modifiées résistant aux herbicides sont bonnes pour l'environnement parce qu'elles réduisent la quantité de produits chimiques autrement requis. Bien sûr, elles s'assurent du même coup que les fermiers vont acheter leurs herbicides faits sur mesure. Du point de vue de l'industrie, il s'agit d'une stratégie gagnante enfin respectueuse de l'environnement, par surcroît lucrative !

En 1998, 27 entreprises avaient amorcé la recherche de plantes résistantes aux herbicides, incluant les huit plus gros producteurs de pesticides, Bayer, Ciba-Geigy, ICI, Rhône-Poulenc, Dow Elanco, Monsanto, Hoechst et DuPont. AgrEvo, une coentreprise née de Hoechst et Schering, a créé un canola et un maïs qui seraient immunisés contre son herbicide *Liberty* (glufosinate d'ammonium), stratégie qui serait appliquée à d'autres végétaux modifiés. Monsanto a lancé un éventail complet de cultivars associés à l'utilisation du *Round Up*, son populaire herbicide au glyphosate. À la fin de 1998, il y avait un canola, un maïs, un soja et un coton ainsi conçus, et d'autres produits sont à venir. En 1996, Harvey Glick, directeur de la recherche au Canada chez Monsanto, déclarait lors d'une interview : « Bien sûr que ce choix a été payant, mais l'entreprise a toujours pensé que si une technologie aide le fermier, elle est aussi bénéfique à Monsanto et à n'importe qui d'autre de la communauté agricole. Et nous savons que cette technologie aide les fermiers canadiens. » En 1998, 30 % du soja en Amérique du Nord était résistant aux herbicides, ainsi que 10 % du maïs, 27 % du coton et 45 % du canola.

Effectivement, tant que tout tourne rondement, les végétaux résistant aux herbicides demandent moins de pulvérisation d'herbicides. Mais on craint que la résistance aux herbicides ne se répande dans la nature et créent des mauvaises herbes indestructibles. On sait qu'à chaque végétal agricole commercial correspond une mauvaise herbe génétiquement apparentée. Par exemple, la moutarde sauvage est apparentée au canola (colza). Et, bien sûr, il n'y a aucun moyen d'empêcher le vent ou les insectes de transporter le pollen au delà des limites du champ. Le porte-parole de l'industrie a réponse à tout : si une mauvaise herbe devenait tolérante au *Round Up*, ou au

Liberty, n'importe quel autre herbicide de l'arsenal actuel pourrait être utilisé pour s'en débarrasser. Et voilà pour l'argument de la réduction des produits chimiques !

Un éditorial du *New York Times* du 8 décembre 1997 a affirmé que la technologie de la résistance aux herbicides « constitue une mauvaise solution aux besoins de fermiers qui courent après un quelconque profit. Elle peut avoir du sens du point de vue des profits de l'industrie, mais elle n'en a pas en termes des ressources qui comptent vraiment, soit la santé du territoire et de ceux qui l'habitent ».

En 1997, un des herbicides biotechnologiques, le bromoxynil, a semé l'inquiétude. On l'a soupçonné de causer le cancer et des malformations congénitales, et l'Environmental Protection Agency (EPA), l'agence gouvernementale de protection de l'environnement aux États-Unis, l'a temporairement banni en s'appuyant sur une interprétation stricte d'une loi qui exige « une certitude raisonnable du caractère inoffensif » d'expositions répétées à un produit chimique. Au grand déplaisir de tout le monde, on apprenait du même coup qu'en 1994, Calgene avait mis sur le marché un coton résistant au bromoxynil, un des premiers nés des produits tolérants à des herbicides spécifiques. Ce lien suspect avec un produit chimique n'a pas été le meilleur moment de l'histoire de la biotechnologie. Dans son éditorial de janvier 1998, la revue *New Scientist* suggérait qu'il vaudrait mieux que la recherche biotechnologique « concentre ses efforts à créer de meilleurs produits plutôt que de concevoir des végétaux agricoles qui demandent l'usage de produits chimiques toxiques ». Jane Rissler, porte-parole de la Union for Concerned Scientists affirmait pour sa part, sans détour, que « le seul usage de ce coton contribue à répandre celui d'un pesticide très dangereux ». Mais, plus tard en 1998, la FDA est revenue sur sa décision de bannir ce coton et il s'est répandu dans le Sud des États-Unis.

En agriculture à grande échelle, dans la catégorie des produits biotechnologiques vedettes, les végétaux résistants aux insecticides sont sur le même pied que les plantes résistantes aux herbicides. En 1998, au Canada comme aux États-Unis, un maïs, une pomme de terre et un coton insecticides ont été approuvés par les organismes de contrôle gouvernementaux.

Les chercheurs ont prélevé un gène de l'humble bactérie de sol *Bacillus thuringiensis* (*Bt*) et l'ont inséré dans une plante de leur choix. On a découvert la propriété pesticide de cette bactérie à la fin des années 60 et on en a fait un produit largement utilisé en agriculture biologique industrielle.

À toutes fins utiles, Monsanto a été la première à développer une pomme de terre toxique pour le doryphore (coccinelle), un insecte qui peut manger jusqu'à 90 % du feuillage et qui dévaste les cultures dans toute l'Amérique du Nord. Les chercheurs de cette industrie ont mis huit ans à développer une nouvelle pomme de terre, la *New Leaf*, un produit de Russet Burbank qui générait la *Bt* dans son feuillage, ce qui était aussi mortel pour la coccinelle que la pulvérisation d'un produit chimique.

NatureMark, filiale de Monsanto chargée de mettre en marché la nouvelle pomme de terre, a testé son produit au champ dans les provinces maritimes du Canada en 1995. Puis elle a soulevé la colère des consommateurs et du gouvernement fédéral en envoyant au supermarché les pommes de terre résultant de ces essais, et ce sans avis ni étiquetage particulier. Sur les rayons, ces pommes de terre ne pouvaient être distinguées des autres pommes de terre de Russet Burbank.

Au printemps de 1996, Monsanto a entrepris de corriger son erreur de relations publiques. Dans le cadre d'une stratégie globale de mise en marché, la pomme de terre *New Leaf* a été vendue dans 25 épiceries Sobeys des provinces maritimes dans les semaines précédant Pâques. Mettant de l'avant qu'aucun produit chimique n'avait été pulvérisé sur ces légumes, on les a vendus comme étant « frais, cultivés différemment et ayant très bon goût ». La publicité de Monsanto a fait appel à la conscience environnementale des consommateurs. « En choisissant des aliments fabriqués à partir de plants de NatureMark, vous supportez notre vision d'un environnement plus propre et d'un monde en meilleur santé », clamait le plan de marketing. Les consommateurs ont réagi selon les attentes de la compagnie et acheté 14 000 sacs de cinq kilos en cinq jours. Et durant la saison agricole de 1996, les fermiers à travers le Canada ont ensemencé plusieurs milliers d'hectares de pommes de terre *New Leaf* destinées à la production de semences et à la vente sur le marché.

Puis, en 1996, Monsanto a présenté aux fermiers américains un coton résistant aux insectes et plusieurs variétés de maïs porteuses d'un gène de la *Bt*. Au même moment, Ciba Seeds, en voie de fusion avec Sandoz pour devenir Novartis, une multinationale installée en Suisse, a pénétré le marché canadien avec une variété de maïs insecticide repoussant la pyrale (larve d'un papillon nocturne d'origine européenne). Chaque année, ces insectes détruisent de 5 % à 10 % du maïs en déposant leurs oeufs dans la verticille de la plante, les larves mangeant ensuite les feuilles pour enfin pénétrer la tige. De plus, aux semences suivantes, Monsanto et Dekalb Genetics pénétraient le marché canadien avec leur maïs insecticide. En 1998, 10 % du maïs cultivé en Amérique du Nord portait le gène de la *Bt*, 35 % du coton était insecticide, et l'Université de Guelph estimait que 20 % des pommes de terre cultivées au Canada étaient des cultivars résistant aux insectes.

Les bio-industries aiment avancer que leurs nouvelles plantes réduisent l'utilisation de produits chimiques agricoles. En fait, le micro-organisme *Bt*, pilier de l'agriculture biologique, est considéré comme peu nuisible aux humains et à plusieurs espèces d'insectes et d'oiseaux. Toutefois, la *Bt* est génétiquement intégrée à tellement d'espèces de plantes que les scientifiques pensent que quelques années suffiront pour que les insectes développent une résistance à son action et que son efficacité soit perdue pour tous. Il est en effet tout simplement normal que les insectes évoluent pour survivre. « C'est tout simplement insensé », affirmait en 1996 Mike McGrath, rédacteur en chef de la revue *Organic Gardening*, « ils se sont emparé d'un de nos meilleurs outils et sont en train de le détruire ». Et, bien sûr, une fois que la *Bt* aura perdu son efficacité, les fermiers devront y substituer des produits chimiques synthétiques.

Au Canada, l'agronome Pat Lynch a provoqué une escarmouche dans le monde de la biotechnologie. Interrogé par un journaliste du journal agricole *Ontario Farmer*, il déclarait que les compagnies productrices de semences de maïs mettaient trop de temps et d'efforts à développer de nouvelles caractéristiques génétiques et pas assez à répondre au vrai besoin, à savoir un meilleur rendement. À titre de consultant de Cargill, multinationale de produits alimentaires manufacturés, Lynch parlait d'une véritable hérésie biotechnologique, affirmant sur un ton ironique qu'étant donné toute la rhétorique qu'il a générée, le gène *Bt* devrait être rebaptisé *Bs* pour *bullshit* (foutaise). Selon ce chercheur, les caractéristiques génétiques ajoutées aux végétaux agricoles n'ont d'autre justification que le marketing, qu'elles ne visent pas à aider les fermiers. Ces derniers n'ont pas demandé un maïs résistant aux herbicides, a affirmé Lynch, ajoutant que « c'est le marketing qui dicte la conduite des fermiers ».

En fait, « ce que veulent les spécialistes du marketing », c'est la consécration universelle de la biotechnologie. Jusqu'ici, ils ont recherché, et obtenu, des cultivars insecticides et herbicides, quelques aliments de luxe, un soja génétiquement modifié ajouté aux préparations à gâteaux, des tomates dont la longévité a été artificiellement augmentée et qui se retrouve dans les boîtes de sauce de tomate. Mais ce n'est qu'un début. Au cours des prochaines années, environ 3 000 aliments génétiquement conçus seront en attente d'approbation. Les observateurs de l'industrie biotechnologique prédisent que d'ici 2005, presque toutes les terres arables de l'Amérique du Nord seront ensemencées de végétaux porteurs de gènes étrangers et que la plupart des fruits et légumes vendus dans nos épiceries seront issus du génie génétique. Quelque part au XXIe siècle, presque tous les aliments que nous considérons maintenant comme naturels seront en fait des « créations » de l'Homme.

Dans cette révolution silencieuse apparemment inéluctable, le rôle du sympathique et traditionnel fermier à chemise de tartan sera négligeable. Ce mouvement sera plutôt orchestré par quelques mégamultinationales ne visant que le résultat financier. L'origine de cette transformation et ses conséquences sur l'avenir sont les aspects les plus intéressants, et les plus inquiétants, de l'histoire de la biotechnologie.

NOTES

1. Marque déposée du Canola Council of Canada; l'appellation canola a été forgée à partir de CANadian Oil Low in erucid Acid pour signifier la faible teneur de ce colza en acide érucique et en glucosinolate. Les diverses variétés de canola sont issues d'hybridation ou de manipulation génétique.

La croissance à tout prix 3

*I*l y a 20 ans, les chercheurs américains ont commencé à sortir des universités pour se lancer en affaires avec de jeunes entrepreneurs. Leur but était d'associer les sciences classiques aux visées d'une technologie axée sur la production.

C'étaient les années 1970 ! Un vent d'optimisme et de naïveté soufflait encore. Il a alimenté les espoirs et les aspirations de ces partenaires plutôt inusités qui rêvaient de créer de meilleurs végétaux et de meilleurs animaux pour nourrir une population dont la croissance risquait d'amener la planète au bord de la famine. Et ils ont cru que leurs petites entreprises montantes allaient concurrencer les vétérans de l'industrie et faire fortune, un peu comme l'avait fait Apple dans le monde de l'ordinateur. Wall Street[1] a observé le phénomène d'un oeil favorable et les a consacrés en appelant biotechnologie cette nouvelle activité économique.

Le mariage de la science et de la production fut consommé en 1976. Genentech, une entreprise de biotechnologie médicale, ouvrait la voie en commercialisant la technologie de l'ADN recombinant[2]. Ses valeurs en bourse ont connu la hausse la plus rapide de l'histoire du marché, passant de 35 $ à 89 $ l'action en 20 minutes d'échanges. Un départ fabuleux pour une nouvelle entreprise ! Emboîtant le pas au marché boursier, les médias ont prédit un avenir mirobolant à la nouvelle science, tant sur le plan financier que technologique.

À cette époque heureuse, on considérait le potentiel lucratif des marchés agricoles comme équivalent à celui des marchés médicaux. Les généticiens parlaient de créer de nouveaux aliments, d'améliorer l'alimentation et la saveur du bétail et de combattre la faim dans le monde. La communauté américaine de prêts à haut risque a réagi en finançant avec enthousiasme ces nouvelles entreprises agricoles. Grâce à un mode de taxation favorable et à des lois promouvant l'investissement, l'esprit d'entreprise qui a présidé à la naissance de la nation américaine franchissait une nouvelle frontière, celle de la science. En 10 ans, plusieurs milliards de dollars furent engouffrés dans de jeunes entreprises de biotechnologie.

Le reste du monde regardait les États-Unis avec émerveillement et envie et, l'un après l'autre, les pays ont orienté les fonds publics de recherche et de développement vers l'industrie de la biotechnologie.

À l'époque, on préférait les petites entreprises. La revue *Business Week* écrivait : « Lorsqu'il est question d'innovations biotechnologiques, les grosses entreprises comme Monsanto s'appuient sur les petites pour ouvrir de nouveaux sentiers ». Parmi ces dernières, Calgene, une compagnie novatrice installée en Californie, allait faire oeuvre de pionnier avec sa tomate transgénique *Flavr Savr*. La légende veut que Calgene ait démarré après que Norman Goldfarb eut lu un article de la revue *Newsweek* sur la biotechnologie. Ayant participé à l'essor de l'industrie informatique à Silicon Valley, Goldfarb était convaincu que rien n'était impossible. Disposant d'un peu d'argent lui provenant de sa famille, il a persuadé son ami, Raymond Valentine, professeur de génétique au campus universitaire de Davis, de participer au développement d'innovations scientifiques dans le monde végétal. Les partenaires se sont établis dans un garage de la banlieue de Davis et ils y sont demeurés jusqu'à ce que les autorités municipales voient d'un mauvais oeil que les camions du United Parcel Service (UPS) leur livrent des produits chimiques. Ils ont alors dû s'installer ailleurs.

L'optimisme continuait de régner, mais les investisseurs qui avaient soutenu Calgene et d'autres firmes analogues commençaient à trouver le temps long. La transformation de la recherche de laboratoire en produits lucratifs se faisait attendre. En fait, il était difficile de manipuler génétiquement des végétaux et des animaux et d'aboutir à des produits comestibles sécuritaires. Alors que les consommateurs accueillaient volontiers un nouveau médicament, ils se montraient beaucoup plus réticents quand il s'agissait d'une denrée issue du génie génétique. Et à la lenteur du développement d'un produit venaient s'ajouter les délais imposés par des légions d'organismes gouvernementaux qui s'évertuaient à trouver des façons de garantir à la population que les aliments transgéniques étaient sans danger pour la santé. Les investisseurs ont commencé à se retirer.

Sortie du garage qui a marqué ses débuts, Calgene a poursuivi son développement scientifique en créant une tomate ayant une durée de vie supérieure à la normale. En apprenant à manipuler le gène qui contrôle le mûrissement de la tomate, les chercheurs de l'entreprise étaient convaincus d'avoir trouvé une mine d'or. On sait maintenant que cette découverte était l'étape la plus facile. Avant de pouvoir faire goûter sa tomate révolutionnaire aux consommateurs, la firme a mis des années à obtenir les autorisations requises du ministère américain de l'Agriculture, des organismes de contrôle des aliments et des drogues (FDA) et de l'agence de protection de l'environnement (EPA) des États-Unis. Connu pour son verbe vif et son franc-parler, l'entrepreneur Roger Salquist, président de la firme depuis 1984, a affirmé avoir passé l'essentiel de son temps à parcourir le pays pour quémander des fonds destinés à maintenir Calgene à flot. « Wall Street est un troupeau de moutons capricieux », a-t-il dit dans une brutale condamnation du milieu des investisseurs et de leurs conseillers. Ces propos ont valu des pertes de plusieurs millions de dollars à Calgene.

Le rêve des nouveaux entrepreneurs a commencé à s'écrouler en 1985. On s'attendait à ce que Genentech, la première de ces nouvelles firmes impatientes de commercialiser des produits issus de la biotechnologie, fasse une grande percée sur les marchés. Elle a plutôt été achetée par Hoffman LaRoche, géante suisse de produits pharmaceutiques. Cette prise de possession a imprimé une toute nouvelle direction à l'industrie de la biotechnologie. De puissantes multinationales de produits chimiques et pharmaceutiques se sont mises à tâter de la nouvelle science. S'étant donné leurs propres plans de développement de produits agricoles d'origine biotechnologique, elles ont commencé à établir leur suprématie au milieu des années 1980. Utilisant leurs énormes capitaux, elles ont acquis des firmes de biotechnologie de toutes tailles. Les nouveaux chefs de file de l'agriculture biotechnologique portaient des noms bien familiers : Monsanto et DuPont aux États-Unis, Hoechst et Ciba-Geigy en Europe et Mitsubishi et Ajinomoto au Japon.

La recherche de la croissance à tout prix allait de pair avec la globalisation des marchés. Aux États-Unis, grâce à des incitatifs fiscaux encourageant l'investissement de capitaux à risque, on trouvait des entreprises de taille modeste. Ailleurs dans le monde, les investisseurs étaient plus conservateurs. Peu de nouvelles firmes y ont donc été lancées, aucune n'ayant vu le jour au Japon, un pays où la biotechnologie avait pourtant progressé de façon significative. Au pays du Soleil levant, la biotechnologie a longtemps été sous le contrôle de grandes firmes à production diversifiée qui étaient soutenues par un solide réseau de subventions et de recherches gouvernementales.

La biotechnologie américaine s'est largement coupée de ses origines pour adopter l'actuel modèle de la mégaentreprise. Cette nouvelle orientation a peu à voir avec l'ambition altruiste de créer de meilleurs végétaux et un meilleur bétail, ou le désir de sauver le monde de la famine. La science révolutionnaire était de plus en plus contrôlée par un monde des affaires financièrement et politiquement influent, et axé sur le profit.

La vague d'achats de compagnies s'est poursuivie sans répit au cours des années 1990. Au milieu de la décennie, les fusions, les acquisitions, les associations et les échanges technologiques constituaient la règle. Dans ce monde où la fusion avait tourné à la manie, les listes d'entreprises changeaient si souvent qu'il en est résulté un déroutant labyrinthe de firmes et une concentration des intérêts commerciaux entre les mains d'une poignée d'individus. En septembre 1997, le journal britannique *The Guardian* écrivait que le pouvoir et le contrôle stratégique que ces firmes cumulaient « donneraient à l'industrie pétrolifère des allures de dépanneur ». En décembre, l'hebdomadaire *Guardian Weekly* écrivait à son tour : « Avec une rapidité étonnante, un très petit nombre de firmes s'apprêtent à contrôler la totalité du développement, de la production, de la préparation et de la mise en marché de notre bien le plus fondamental, la nourriture. »

Il aurait fallu un suivi détaillé pour garder la trace des fusions et des achats. Voici quelques exemples de transactions qui ont confondu le milieu des investisseurs : AgrEvo a acheté Plant Genetic Systems de Gand, en Belgique; Calgene, productrice de la tomate *Flavr Savr*, a acheté une option sur la licence de DNAP, productrice d'une autre tomate de longue durée; Novartis, une géante issue de la fusion de Sandoz et Ciba Seeds, a acquis le service de protection des récoltes de Merck & Co., au New-Jersey; en 1989, Dow Chemical s'est jointe à Eli Lilly pour créer Dow Elanco qui, à son tour, s'est portée acquéreur de

Mycogen, une petite firme de biotechnologie en expansion; puis Dow Chemical a acheté de Eli Lilly le reste des actions de Dow Elanco et s'est réincarnée au début de 1998 sous une nouvelle raison sociale, Dow AgroSciences.

Après avoir versé à leur tour dans la frénésie des acquisitions, trois supergéantes dominaient le marché : Novartis, DuPont, qui a acheté 20 % des actions de la plus grosse semencière au monde, Pioneer Hi-Bred, et Monsanto, qui s'est associée à Cargill, une firme internationale de préparation d'aliments.

À la fin des années 1990, les rares petites firmes qui avaient réussi à survivre ont finalement été déclassées et achetées par des multinationales. Calgene, la compagnie qui s'était fait connaître en prônant les entreprises de petite taille (*small is beautiful*) s'est finalement livrée à Monsanto. Cette cession a ironiquement rappelé l'article de *Business Week* qui, des années auparavant, avait prédit que Monsanto et d'autres grosses firmes du même type auraient à s'appuyer sur les petites entreprises pour ouvrir de nouveaux sentiers. Roger Salquist, l'homme qu'on avait présenté comme l'héroïque entrepreneur de Calgene, a affirmé que cette dernière ne pouvait continuer de financer la technologie. « Avec son *Round Up*, Monsanto peut s'imprimer de l'argent à son gré », a-t-il commenté en faisant allusion à ce qui était devenu l'herbicide le plus populaire au monde.

Le milieu des investisseurs s'est montré déçu de la situation nouvelle créée par ces transactions. Dans leur rapport de 1997 sur l'état de l'industrie agroalimentaire, les consultants en gestion de Ernst & Young écrivaient : « Dans l'agrobiotechnologie, une tendance s'est confirmée. Les principales firmes du secteur ont été achetées par de plus grosses firmes ou sont passées sous leur contrôle », concluant que la suprématie des multinationales « marquait peut-être aux États-Unis la fin de l'esprit d'entreprise en agrobiotechnologie ».

Mais plusieurs voyaient ces concentrations commerciales non pas sous l'angle des actionnaires et des profits qu'ils réalisaient, mais plutôt dans la perspective d'une collectivité qui perdait le contrôle de son alimentation aux mains de quelques puissantes industries agroalimentaires. Ayant suivi à la trace les regroupements de semencières, la Rural Advancement Foundation International (RAFI)[3] affirmait que la première moitié de l'année 1998 marquait un point culminant de la concentration des entreprises amorcée deux décennies auparavant, précisant que les 10 plus importantes firmes contrôlaient 7 milliards des capitaux du commerce des semences, soit 30 % du marché. « Le marché mondial des semences est actuellement dominé par des méga-industries des sciences de la vie. Leur énorme puissance économique et le contrôle quasi absolu qu'elles exercent sur les cellules végétales fondamentales ont en fait marginalisé le rôle des gouvernements dans la reproduction végétale et la recherche dans ce domaine », ajoutait un communiqué de la RAFI en juillet et août 1998.

Monsanto, le géant des produits chimiques et pharmaceutiques de Saint-Louis, constitue un bon exemple de ce que l'industrie américaine de la biotechnologie est devenue. Cible préférée des critiques, elle est souvent présentée comme le « Pac Man »[4] de l'industrie, le « requin » de la mare, le « Monstre ».

Monsanto a connu un début modeste en 1901. Son premier produit a été la saccharine, fournie en exclusivité à la jeune firme Coca-Cola. Après la Première Guerre mondiale, Monsanto a diversifié sa production. Dans les année 1920, elle est devenue une importante productrice de comprimés d'aspirine puis, dans les décennies qui ont suivi, elle a développé un éventail de nouveaux produits tels des détergents, des produits de matière plastique, des fibres, des commandes de machines et des tranches de silicium. Les années 1970 ont été embarrassantes : c'est l'époque où Monsanto a fourni à l'armée américaine l'*Agent Orange* qui a permis aux États-Unis de concrétiser sa tactique de terre brûlée au Viêt-Nam. Depuis deux décennies, le nom de Monsanto est associé à de gros canons, tels l'édulcorant de synthèse NutraSweet et à l'herbicide agricole *Round Up*.

Dans les années 1980, perçue comme sans intérêt et désuète, la firme qui a donné au monde le NutraSweet et l'*Agent Orange* a connu une baisse de popularité. La revue *Barron* n'y est pas allée de main morte : « Si vous parlez de biotechnologie, il est probable que vous pensez à tout sauf à Monsanto, cette manufacture de produits chimiques de Saint-Louis vieille de 94 ans. » Toutefois, Monsanto était déterminée à changer ces perceptions et à se repositionner comme chef de file du commerce biotechnologique en Amérique. Dans ses efforts pour détruire les vieilles perceptions, Monsanto a reproduit le dur jugement de *Barron* sur la page couverture de son rapport de 1995. Devenu président puis directeur général de la firme en 1993, Robert Shapiro a expliqué ce choix comme suit : « Nous avons reproduit cette citation sur la couverture parce qu'elle rend bien l'étonnement et l'incrédulité que les gens ressentent quand ils commencent à comprendre ce que Monsanto est en train de devenir. »

Au début des années 1990, Monsanto n'était pas au premier rang mondial de la biotechnologie; elle venait derrière Bayer-Hoechst, DuPont, Novartis, Dow Elanco et Rhône-Poulenc. Mais, au delà de sa taille, son attitude dynamique et innovatrice a attiré l'attention. Elle était la première entreprise à introduire une gamme de produits transgéniques sur le marché mondial, soit une hormone de croissance bovine, la pomme de terre *New Leaf*, le coton *Bollguard* (résistant à l'anthonome), ainsi que des fèves de soja et du canola *Roundup Ready* (c'est-à-dire qui demande l'utilisation de ce produit). De plus, la firme prétendait que 50 nouveaux produits, médicaments, aliments, végétaux, étaient en développement.

Le génie génétique a grandement contribué à enrichir Monsanto. Son revenu net a atteint un montant record de 885 millions de dollars en 1996 et la valeur de ses actions est passée de 14 $ au début de 1995 à 39 $ au début de 1997. Sur une base indexée, les bénéfices globaux des actionnaires ont augmenté de plus de 350 % de 1992 à 1998. En 1996, les généreux dividendes versés aux actionnaires, soit 62 % des profits totaux de l'entreprise, lui ont mérité une place parmi les Fortune 500[5]. Les analystes de Wall Street étaient aussi enthousiastes qu'ils l'avaient été aux premiers jours de la biotechnologie. Monsanto, déliraient-ils, pourrait devenir la Microsoft du génie génétique.

Au milieu des années 1990, Monsanto s'est lancée dans une frénésie d'achats. L'opération a débuté en 1994 par l'acquisition de American Cyanamid, fabricant d'un éventail d'herbicides agricoles. Ont suivi Agracetus, Asgrow, Calgene, DeKalb Genetics et Delta & Pine Land. Monsanto a consolidé son réseau de distribution en investissant environ 1,2 milliards de dollars dans l'achat de Holden Foundations Seeds, un important producteur de semences de maïs aux États-Unis, et deux de ses distributeurs. Puis, elle a cherché à accroître son influence mondiale en achetant pour la somme de 1,4 milliard de dollars les activités de Cargill en Amérique centrale, en Amérique latine, en Europe, en Asie et en Afrique. Puis, ce fut le tour de Plant Breeding International Cambridge, qui appartenait à Unilever, du Royaume-Uni, au coût d'environ 525 millions de dollars. L'appétit de Monsanto était vorace. Lors d'un congrès sur l'agriculture tenu en 1997, Sano Shimoda, de la firme de recherche BioScience Securities, déclarait qu'à l'instar de DuPont et de Novartis, Monsanto « allait devenir une des trois ou quatre firmes à dominer le marché ».

Au beau milieu de sa gloutonnerie, convaincue que la biotechnologie était la voie de l'avenir, Monsanto a fait un bond en avant en vue de se retrouver au premier rang mondial de l'agrobiotechnologie mondiale. En 1996, elle faisait connaître son intention de « repartir de zéro ». Après 95 ans d'activités, Monsanto a brusquement décidé de former une nouvelle firme, Solutia, et d'y transférer les 3 milliards de dollars d'activités de production de produits chimiques, ce commerce qui avait été à l'origine de ses succès. Ce qui restait, soit les produits agricoles, les ingrédients alimentaires et les secteurs de produits pharmaceutiques, rapportaient environ 6 milliards de dollars par année. Le tout allait se transformer en une nouvelle entreprise de sciences de la vie appelée Monsanto. Cette firme allait avoir recours à la biotechnologie pour développer de nouveaux aliments, de nouveaux médicaments et des aliments enrichis de produits pharmaceutiques.

Les sciences de la vie était la nouvelle façon d'appeler la capacité que s'est donnée l'industrie de contrôler toutes les étapes du cycle de la vie et de la chaîne alimentaire, de l'ADN à notre assiette. C'était le mariage des ingrédients alimentaires, de la médecine et des produits agricoles. Les sciences de la vie comptaient déjà d'autres joueurs, notamment l'européenne Novartis. Avec ses 100 000 employés et ses activités dans 75 pays, elle était sans conteste la plus grosse firme de sciences de la vie au monde. Par comparaison, Monsanto était le parent pauvre qui, avant la séparation mentionnée ci-dessus, ne comptait que 28 000 employés.

Monsanto espérait entrer dans l'arène mondiale en faisant sauter les vieilles barrières entre ses secteurs agricole, alimentaire et pharmaceutique. « Monsanto avance vers l'avenir des sciences de la vie depuis dix ans », mentionnait le rapport de 1996. La nouvelle compagnie « sera un compétiteur encore plus féroce et plus dynamique et elle offrira ses produits à de meilleurs prix ». Shapiro affirmait qu'avec la série d'achats, la restructuration avait positionné Monsanto pour l'avenir. « Quand les transactions en cours seront achevées et que la nouvelle infrastructure sera mise en place, notre firme des sciences de la vie aura les moyens de pénétrer rapidement le marché avec ses produits agricoles issus de la biotechnologie, de lancer ses principaux produits pharmaceutiques actuellement en développement et de relier les domaines de l'alimentation et de la santé. »

Toutefois, la séparation et la frénésie d'achats de plusieurs milliards de dollars allaient mettre à l'épreuve la nouvelle fougue financière de Monsanto. Pour prévenir une possible prise de contrôle, Shapiro a orchestré une fusion de 34 milliards de dollars avec American Home Products, une énorme firme qui compte à son menu pharmaceutique des produits d'amaigrissement et de contraception. Annoncée en juin 1998, cette fusion allait compter parmi les plus grosses transactions de l'histoire commerciale américaine. Monsanto allait du coup occuper le premier rang mondial de l'agro-chimie, le deuxième pour les semences, le quatrième pour les produits pharmaceutiques et se ranger parmi les cinq premiers producteurs de médicaments vétérinaires. Toutefois, en octobre 1998, Monsanto et American Home Products annonçaient qu'ils avaient convenu d'annuler leur projet d'entente, et ce pour des raisons non explicitées. Monsanto est sortie de cette aventure avec une image d'entreprise en difficulté financière. En novembre 1998, Shapiro annonça que son entreprise allait tenter de réunir 4 milliards de dollars pour financer les récentes acquisitions de sa firme semencière, cet objectif allant être atteint par une série de transactions financières et un désinvestissement combiné à une réduction des coûts. Jusqu'à 1 000 emplois allaient être éliminés et 1 500 autres allaient être touchés par la vente « d'actifs non essentiels ». Shapiro demeurait tout de même optimiste, prédisant que Monsanto serait bientôt de nouveau en pleine croissance. « Les années 1999 à 2001 marqueront une période de pénétration du marché et de bénéfices pour nos actionnaires », a-t-il affirmé.

Monsanto a pu se rebâtir en devenant une firme des sciences de la vie, mais comme plusieurs autres dans le monde de la biotechnologie en expansion, elle avait en fait amorcé ses activités avec des produits chimiques. Les firmes qui commençaient à contrôler la biotechnologie avaient toutes excellé dans ce que l'agro-industrie appelait par euphémisme « la protection des cultures ». Ce n'était pas un hasard si, en 1997, selon trois estimations indépendantes, les ventes mondiales de pesticides avaient augmenté pour une troisième année consécutive. Le *Pesticide Action Newsletter* estimait que les ventes des 10 plus grosses firmes agro-chimiques au monde totalisaient 4,2 milliards de dollars en 1997, une augmentation de 21 % par rapport à l'année précédente.

La force de Monsanto lui venait des profits générés par son herbicide extrêmement populaire, le *Round Up*. Introduit sur le marché en 1974, il a joui d'une nouvelle vogue deux décennies plus tard, étonnante persistance dans un environnement où la durée des produits agro-chimiques est plutôt courte.

L'herbicide *Round Up* a connu trois phases de croissance, et une quatrième s'annonçait. L'herbicide a d'abord été connu comme un produit dispendieux réservé aux cultures de grande valeur. Au milieu des années 1980, Monsanto a réduit son prix, réussissant ainsi à étendre son usage aux cultures de moindre importance. Le troisième phase est venue avec l'augmentation de l'usage d'herbicides dans les champs en labour. Une pratique agricole, le chaumage, veut qu'on retourne la terre pour exposer et sécher le chaume[6], ce qui fait qu'une partie du précieux sol est emportée par le vent. Pour éviter cet inconvénient, les fermiers se sont mis à tuer ces végétaux indésirables à l'aide d'un herbicide du type *Round Up* et à ensemencer des champs non chaumés. Le quatrième regain de popularité de l'insecticide allait être dû à une génération de végétaux génétiquement modifiés pour résister à ce produit[7]. L'éventail des plantes transgéniques *Roundup Ready* est vaste, comptant entre autres les fèves de soya, le maïs, le canola et le coton.

Aux États-Unis, en l'an 2000, le *Round Up* ne sera plus protégé par un brevet. Sa position sur le marché semble toutefois assurée. L'année 1995 a été de loin la meilleure année de cet insecticide polyvalent et les ventes ont augmenté de 20 % l'année suivante, pour un total trois fois plus élevé qu'en 1990. Dans son rapport de 1996, Monsanto concédait qu'une telle croissance ne pourrait continuer éternellement. Mais elle affirmait par ailleurs que « le *Round Up* allait probablement demeurer rentable jusqu'à la fin des années 1990 ».

La firme avait confiance en son herbicide *Round Up*. Elle y a investi plus de 200 millions de dollars en 1995 et 1996, ces sommes visant à accroître sa capacité de production sur le plan mondial. Cette orientation allait être maintenue par des investissements supplémentaires de 180 millions de dollars durant les années qui ont suivi. Monsanto, la firme des sciences de la vie, tirait un grand profit de la vente de son herbicide. Des statistiques dressées par le magazine d'information *World Crop Protection News*, montraient que Monsanto était le plus gros vendeur de produits chimiques au monde, avec des ventes de 3,16 milliards de dollars en 1997.

Les petites entreprises de biotechnologie étaient déjà choses du passé, mais l'industrie avait emprunté les meilleurs discours de ces passionnants débuts. Son argument est que seule la biotechnologie peut créer de nouveaux aliments et de nouveaux végétaux ou de nouveaux animaux de ferme capables de nourrir une population mondiale qui aura doublé en 2050, atteignant les 10 milliards d'individus. Alors, pour satisfaire la demande, les fermiers devraient produire en une seule année autant de denrées qu'il s'en est produit durant toute l'histoire de l'agriculture. Les défis sont ahurissants. Toutefois, vêtue de son manteau de bienfaitrice de l'humanité, l'agro-industrie biotechnologique répète son mantra, à savoir que seul le génie génétique peut permettre de relever ces défis.

Cette logique a valu à la biotechnologie des sympathisants, plusieurs d'entre eux étant bien en vue. L'ancien président américain Jimmy Carter a écrit dans le *Washington Times* de juillet 1997, où il a fait l'éloge de la nouvelle science, la présentant comme une façon de contrer une famine mondiale. « L'ennemi, ce n'est pas une biotechnologie responsable, mais la famine. Sans des provisions alimentaires suffisantes, nous ne pouvons pas nous attendre à ce que le monde soit en santé et vive en paix. » Au sommet mondial sur l'alimentation tenu à Rome en novembre 1996, le ministre américain de l'Agriculture de cette époque, Dan Glickman, reflétait bien l'indéfectible soutien de son gouvernement à la biotechnologie : « De nos jours, la population mondiale augmente au rythme de la taille de New York à chaque mois, de Mexico à chaque année, et de la Chine à chaque décennie. Sans la biotechnologie, nous devrons exploiter des sols cultivables très sensibles à l'érosion et arracher de plus en plus de terres arables à la forêt. Cette voie pourra permettre de satisfaire nos besoins immédiats, mais à long terme, nous laisserons une terre dévastée aux futures générations... La biotechnologie nous permet de faire un bond important dans la conservation de réserves alimentaires suffisantes, en augmentant le rendement des cultures, la résistance aux maladies, aux insectes nuisibles et à la pression de l'environnement, ainsi qu'en préservant la diversité des végétaux et des animaux.

En théorie, Carter, Glickman et autres partisans de la biotechnologie ont raison. Pour nourrir une population mondiale affamée qui augmente sans cesse, les perspectives de l'agriculture conventionnelle ne sont pas très reluisantes. Actuellement, dans les pays les moins developpés, trois milliards d'individus sont aux prises avec la pauvreté et la faim, et leur nombre va évidemment s'accroître au rythme de l'augmentation de la population mondiale. Si la biotechnologie se concentrait sur la création de grains de riz plus sains ou plus productifs que les pays en voie de développement pourraient acheter, elle pourrait peut-être limiter cette crise. Toutefois, jusqu'ici, cette industrie semble plus intéressée à créer des aliments de luxe très lucratifs destinés aux bien nantis du monde industrialisé.

Durant les années 1960, grâce à des progrès significatifs dans les procédés de reproduction, dans les produits agro-chimiques et dans les équipements aratoires, on a assisté à une amélioration spectaculaire de la productivité. En fait, cette « révolution verte » a augmenté les rendements agricoles du monde industrialisé, mais les pays en voie de développement n'ont pas profité des mêmes avantages. Les fermiers de ces régions ne pouvaient pas se procurer l'équipement dispendieux et les produits agro-chimiques qu'exigeaient les nouvelles techniques agricoles. Pour les mêmes raisons, les chances sont minces que le commerce de l'agrobiotechnologie s'étende à ces pays, c'est-à-dire là où il serait le plus utile. Les fermiers démunis de l'Afrique et de l'Asie ne pourront pas s'offrir les produits chimiques ou les semences à haute performance que l'industrie recommande.

La science ne pourra résoudre à elle seule le problème que pose la répartition inéquitable des denrées entre les riches et les pauvres. Les défis auxquels les pays en voie de développement sont confrontés sont écrasants, de même que leurs besoins. En plus de devoir réformer leurs systèmes politique, économique, scolaire et agraire, ils doivent obtenir une remise de leurs dettes, repenser leurs infrastructures agricoles, appliquer des politiques sévères de déboisement, déterminer des modes réalistes de subvention à l'alimentation et pratiquer la planification familiale. Durant la famine qui a sévi en Éthiopie au début des années 1990, on exportait de la nourriture alors que des millions d'individus mouraient de faim à cause de guerres tribales qui empêchaient les denrées d'atteindre ceux qui en avaient désespérément besoin.

En juillet 1997, des scientifiques de premier plan de l'agro-alimentaire se sont réunis en congrès en Inde. Ils ont conclu que la science ne suffirait pas à contrer les disettes alimentaires qui s'annoncent. Ces spécialistes, dont plusieurs ont contribué à la révolution verte, ont affirmé que le monde ne doit pas tabler sur une performance maintenue. En fait, la productivité de l'agriculture plafonne. La production de denrées est au plus bas niveau depuis les 40 dernières années et elle décline dans 90 pays, dont 44 sont en Afrique. La biotechnologie ne pourrait nourrir les deux milliards d'individus qui devraient s'ajouter aux populations des pays en voie de développement qu'à la condition qu'elle soit gratuitement et démocratiquement accessible, comme l'a été autrefois la recherche agricole.

Les organismes internationaux savent très bien que la biotechno-logie devient une affaire de riches. L'Agence internationale d'accès aux techniques de l'agrobiotechnologie (ISAAA) a été fondée dans l'espoir d'étendre cette science aux pays en voie de développement. Une analyse de l'expérimentation et de la commercialisation des végétaux transgéniques a amené cet organisme à conclure que, de 1986 à 1995, 91 % des 3 500 essais au champ de plantes transgéniques ont été faits dans les pays industrialisés, que seulement 2 % ont eu lieu dans les pays en voie de développement de l'Asie — la plupart en Chine — et que très peu ont été menés en Afrique. Le rapport faisait aussi remarquer que la plupart des projets de recherche portaient sur du maïs, du colza et de la tomate génétiquement modifiés, ces denrées ne constituant certes pas la base de l'alimentation dans les pays frappés par la famine. Et la caractéristique la plus étudiée dans le monde a été la tolérance aux herbicides, c'est-à-dire une technologie inaccessible aux fermiers appauvris de ces pays.

Mais l'industrie de la biotechnologie continue sa rengaine. Monsanto, par exemple, rationalise sa restructuration radicale en prenant essentiellement comme prétexte l'augmentation de la population mondiale. Shapiro, P.D.G. de la compagnie, affirme que sa nouvelle firme des sciences de la vie est ce dont le monde a besoin pour que les gens puissent se nourrir sans devoir arracher de plus en plus de terres arables à l'environnement. La tendance de Shapiro à parler d'une agriculture capable de faire face à une augmentation de la population et à la dégradation de l'environnement qui s'ensuit a amené la revue *The Economist* à le surnommer « le géant du gène vert » dans son numéro d'avril 1997. Sans gêne aucune, la revue ne tarissait pas d'éloges pour le nouveau discours de Monsanto. « Au lieu de débattre de déversements toxiques, affirmait-elle, Monsanto parle maintenant de nourrir le monde. »

En fait, Monsanto n'alloue qu'une faible proportion de ses fonds de recherche et de développement à l'application de la biotechnologie dans les pays en voie de développement. La philanthropie dont elle se targue se résume à financer quelques projets de recherche dans ces pays. Le but, affirme Monsanto, est de produire des biens sociaux, pas seulement des produits de commerce.

On trouve un exemple de cette générosité dans une collaboration de Monsanto avec la U.S. Agency for International Development, l'organisme de développement international du gouvernement des États-Unis. Au début des années 1990, Florence Wambugu et d'autres scientifiques du Kenya ont été invités à Saint-Louis pour y travailler avec des chercheurs de Monsanto. Le projet consistait à remodeler génétiquement la patate douce africaine. La culture de ce légume sert à nourrir les miséreux partout en Afrique mais, chaque année, le virus plumeux tacheté (*feathery mottled virus*) détruit jusqu'à 80 % des récoltes. Les scientifiques africains ont étudié les techniques d'épissage de gènes auprès des chercheurs de Monsanto. Ils espéraient pouvoir les appliquer à la patate douce pour augmenter sa résistance au virus. « Le don du savoir et de la technologie a une portée bien plus grande que celui d'un sac de provisions », a déclaré Wambugu au *St. Louis Post-Dispatch* en 1992, ajoutant : « Si vous avez le savoir, vous pouvez changer l'Afrique ». Plusieurs disettes africaines sont dues au fait qu'on n'y investit pas dans la recherche pour améliorer les végétaux locaux. Au cours des années, la science locale s'est concentrée sur l'amélioration des plantes d'exportation plutôt que sur la production de denrées pour les Africains affamés. De façon générale, dans le passé, les scientifiques africains ont été invités aux États-Unis pour travailler sur des cultures telles le maïs et le soja, denrées qui ne sont pas particulièrement utiles dans leurs pays d'origine. Le projet de Monsanto faisait exception à la règle.

Grâce à l'Agence internationale d'accès aux techniques de l'agro-biotechnologie, les programmes de collaboration entre les pays en voie de développement et le secteur privé du monde industrialisé ont donné le jour à une douzaine de projets. À titre d'exemple, avec des argents de la Fondation Rockefeller, Monsanto a donné des gènes de protéines au Mexique pour aider ses chercheurs à développer des pommes de terre résistantes aux virus. D'autre part, Pioneer Hi-Bred a contribué au développement et au transfert vers le Brésil de plusieurs procédés diagnostiques des maladies du maïs et Sandoz a transféré un marqueur génique dans le manioc en Afrique et en Amérique latine.

La communauté de développement international admet que la commercialisation de la biotechnologie pourrait aider à l'alimentation dans le monde où, encore maintenant, 200 millions d'enfants souffrent de la faim de façon chronique. Mais, pour vraiment faire avancer les choses, il faudrait faire plus que financer quelques projets philan-thropiques. Joel Cohen, de l'Agence américaine de développement international, a dit dans une interview que, pour que la biotechnologie s'implante dans les pays en voie de développement, « il faut faire appel à l'énorme potentiel de l'industrie privée ». Il ne semble pas qu'une réponse à cet appel soit pour demain.

Le biodéontologue Arthur Schafer fonde peu d'espoir sur le sauvetage du monde affamé par la biotechnologie. Il affirme qu'il est plutôt probable « que la biotechnologie anéantira la production de denrées dans le Tiers-Monde, qu'elle éliminera l'importation de cacao parce que le génie génétique permettra d'en faire pousser au Canada, que nous n'aurons plus à importer quoi que ce soit des pays pauvres du Sud, que nous n'aurons même plus besoin de leur agriculture ». Et il ajoute qu'« il est si facile de dire que la biotechnologie aidera ces pauvres gens alors qu'on sait qu'elle a été créée pour faire de l'argent. »

Il faut se rendre à l'évidence, Arthur Schafer a raison. La stratégie des industries biotechnologiques est même de faire en sorte que les fermiers des pays en voie de développement paient cher les procédés de la nouvelle science.

En agriculture traditionnelle, les fermiers retiennent une partie des récoltes pour les semences de l'année suivante, ou achètent un camion de grains d'un voisin. On estime que les trois quarts des fermiers nord-américains agissent de la sorte. Dans le monde agricole, il s'agit de simple bon sens ou de bon voisinage. Toutefois, l'agrobiotechnologie parle ici de piratage, comparant cette pratique à celle qui a cours dans l'industrie du logiciel.

Les semencières s'évertuent depuis longtemps à rompre le cycle naturel des grains qui fournit sans cesse de nouvelles semences. Ils ont réussi à le faire en partie en créant des hybrides qui ne se reproduisent pas l'année suivante ou qui donnent des récoltes de qualité inférieure. La biotechnologie est venue améliorer les résultats de ces premières tentatives. En 1998, Delta & Pine Land et la USDA ont annoncé qu'ils avaient fait breveter le *Terminator*, un gène qui empêche la germination des grains de la seconde génération. Peu de temps après, Monsanto a acheté Delta & Pine Land et son gène stérélisateur et, vers la fin de 1998, a convaincu la USDA d'accorder à Delta & Pine Land une licence exclusive sur la technologie de stérilisation des grains.

Après le *Terminator* est venu le *Verminator*, un produit qui stérilise les grains en activant des gènes qui codent pour les tissus adipeux de rongeurs et qu'on y a introduits. La firme Zeneca du Royaume-Uni a inventé cette technique et elle compte la faire breveter dans 58 pays. « Le *Verminator* est une variante du monstre *Terminator*, mais dont l'action est plus large et plus pénétrante », a dit Pat Mooney, le directeur de la Rural Advancement Foundation International (RAFI). Il semble que d'autres firmes biotechnologiques cherchent à développer d'autres stratégies visant à limiter les pratiques agricoles ancestrales à travers le monde.

Entre-temps, pour tirer un profit financier de leurs recherches, les firmes de biotechnologie se sont mises à exiger des redevances (*royalties*) des firmes semencières. Monsanto a même adopté une stratégie encore plus directe en allant réclamer son dû à la porte des fermiers. Selon le plan de l'entreprise, les fermiers n'ont accès aux plantes agricoles herbicides non résistantes au *Roundup Ready* et aux cultures *Bt* que s'ils signent le *Technology Use Agreement*. Selon cet accord, les producteurs agricoles doivent s'engager à se présenter à une rencontre d'enrôlement et à ne pas conserver, vendre ou donner leurs grains à des fins d'ensemencement. Ils doivent de plus permettre à des représentants de Monsanto d'inspecter leurs installations durant une période allant jusqu'à trois années suivant l'utilisation de ses produits. Avec Monsanto, pas de rapport de confiance scellé par une poignée de main !

Pour des fermiers qui s'étaient toujours enorgueillis de leur autonomie, cette stratégie tenait de l'effronterie. L'action de Monsanto visait à tirer de l'argent de la vente de ses produits, à le réinvestir en recherche et à augmenter ses profits. Elle a aussi eu pour effet d'affaiblir l'indépendance et l'interdépendance des fermiers. Sous bien des aspects, il s'agissait d'une intégration verticale jusque dans les champs des fermiers.

Armée de sa machine de relations publiques, Monsanto est prête à tout éventualité. Dans le cas du *Technology Use Agreement*, elle a contré toute forme d'inquiétude chez la communauté agricole. Des témoignagnes de fermiers sont venus rassurer tout le monde, tel celui de Steve Richards, de Lashburn en Saskatchewan. Dans un message publicitaire intitulé *Les cultures de l'avenir*, on lui faisait dire : « Si les firmes (de biotechnologie) ne peuvent tirer profit de leurs investissements, il est peu probable que de nouvelles technologies apparaissent sur le marché. Tout le monde sort gagnant si le *Technology Use Agreement* se traduit par un profit réel pour les producteurs (de nouvelles semences). »

Toutefois, il a suffi d'une année d'utilisation des produits de Monsanto pour que les fermiers comprennent jusqu'où cette firme était prête à aller pour s'assurer des bénéfices. Pour faire respecter le *Technology Use Agreement*, elle a embauché la société de surveillance Pinkerton. Si elle soupçonnait des fermiers d'avoir conservé des semences, elle ne se gênait pas pour encourager à la délation les firmes de purification de semences, les fournisseurs d'équipement agricoles, les représentants des compagnies de semences et d'autres fermiers. Au Canada, on a rapporté le cas d'un producteur agricole signataire du *Technology Use Agreement* qui a été pris à ensemencer un quart de parcelle de plus que prévu avec la semence *Roundup Ready* de Monsanto. Il a réglé à l'amiable en payant une amende. Un autre fermier qui avait semé et récolté des grains de colza *Roundup Ready* sans avoir signé le *Technology Use Agreement* s'est vu obligé non seulement de payer une amende, mais de remettre sa récolte à Monsanto.

Pourtant, un simple petit calcul montre que Monsanto aurait pu récupérer ses investissements en recherche sans déployer tant d'efforts. Elle chargeait un droit d'utilisation d'environ 5 $ par sac de grains de soja *Roundup Ready*, ce qui revient à environ 25 $ l'hectare. Et comme, en 1998, les fermiers américains ont ensemencé plus de 12 millions d'hectares de ces grains, on arrive à la rondelette somme de 300 millions de dollars, à laquelle il faut ajouter le coût obligé de l'herbicide (*Round Up*), c'est-à-dire environ 540 millions de dollars. Même si l'on prend en compte les coûts de distribution et de marketing, le produit net d'une année de vente du soja *Roundup Ready* compense clairement le coût de son développement, et il reste un joli petit profit à distribuer aux actionnaires.

Selon l'Organisation des Nations-Unies pour l'agriculture et l'alimentation (FAO[8]), il y aurait sur la planète 1,4 milliard d'individus qui vivent dans la pauvreté et dépendent de la récupération des semences pour survivre. Cette tradition agricole fondamentale est mise en péril par la *Technology Use Agreement*, le *Terminator* et le *Verminator*. On dit également que Monsanto et Pioneer sont en train de développer un hybride du blé. Jusqu'à maintenant, on n'a pas réussi à hybrider des céréales à petits grains, telles le blé et le riz, les deux aliments de base de l'humanité, et à les soutirer au contrôle des fermiers.

Il y a 20 ans, avant l'invention de la biotechnologie, il n'était pas question qu'une forme de vie puisse être la propriété de quelqu'un. De nos jours, pour s'assurer la « propriété intellectuelle » de leurs travaux, les firmes se refusent à toute démarche scientifique qui n'est pas protégée par un brevet empêchant les compétiteurs d'emprunter leur idée sans payer un droit d'utilisation.

Bien sûr, ces brevets couvrent les gènes spécifiques qu'on introduit dans les végétaux ou les animaux pour leur faire exprimer de nouvelles caractéristiques. Dans cette perspective, les gènes ne sont pas uniquement des composantes de la vie; ils servent à créer de nouveaux produits. Dans l'univers de la biotechnologie, les gènes ne sont pas considérés comme la base de la vie, mais plutôt comme de simples porteurs chimiques de l'information génétique.

Aux États-Unis, l'histoire des brevets remonte à plus de 200 ans. Le premier projet de loi sur les brevets a été rédigé en 1793 par Thomas Jefferson[9], lui-même scientifique et propriétaire d'une vaste plantation. Il a soutenu à l'époque que les brevets étaient nécessaires pour que « l'ingéniosité soit vraiment reconnue ». Il n'y a aucune raison de croire que, dans son esprit, cette loi devait couvrir les formes de vie. En fait, pendant presque deux cents ans, l'éventualité que les humains puissent détenir un brevet sur des micro-organismes, des plantes, des animaux, ou des gènes était carrément rejetée. Le Congrès a effectivement refusé d'étendre la loi à des nouvelles variétés de plantes, choisissant plutôt de les protéger par des mesures spécifiques de moindre envergure. Traditionnellement, les inventions brevetées étaient définies en fonction d'une application industrielle quelconque. Les idées, les découvertes, les oeuvres d'art, les stratégies commerciales et les êtres vivants ne pouvaient faire l'objet d'un brevet.

En 1971, la firme General Electric a décidé de contester ces conventions en demandant que soit brevetée une bactérie capable de digérer des huiles hydrocarbonées. Le Bureau des brevets (U.S. Patent Office) a rejeté sa demande. Mais, en 1980, à cinq contre quatre, les juges de la Cour Suprême ont considéré que le micro-organisme « mangeur d'huile » était « une invention humaine » et qu'à ce titre, elle pouvait faire l'objet d'un brevet. Sept autres années se sont écoulées avant que Le Bureau des brevets américain n'interprète la décision de la Cour Suprême dans le sens de considérer toute forme de vie comme brevetable. Ce qui avait été jusque-là impensable devenait acceptable. On pouvait posséder un micro-organisme, une plante ou un animal. Le premier brevet concernant un animal génétiquement modifié a été accordé au Harvard College en 1988. Il couvrait le développement de Oncomouse, une souris qu'on avait génétiquement manipulée pour qu'elle développe un type particulier de cancer. À la fin de 1998, le Bureau des brevets et des marques déposées des États-Unis a reçu des demandes de brevets pour 1 800 gènes, 85 souris, trois rats, trois lapins, un mouton, un nématode, un oiseau, un poisson, un porc, un cobaye, un ormeau et une vache.

Accorder des brevets pour des formes de vie est maintenant pratique courante dans plusieurs pays industrialisés et seuls les humains font exception à la règle. Pendant plus d'une décennie, l'Union européenne s'est abstenue de breveter des formes de vie; en 1997, elle a fini par céder aux pressions de l'industrie. Jusqu'ici, le Canada a refusé de céder au puissant lobby de l'agrobiotechnologie. Le marché canadien est toutefois modeste et sa résistance ne pèse pas lourd dans la balance.

Aux États-Unis, un brevet n'est accordé que si la firme qui en fait la demande peut prouver que son innovation biotechnologique est inédite et utile et qu'elle fait progresser la science. Le délai est généralement de quatre ans. Le demande est habituellement tout à fait confidentielle, ce qui empêche la tenue d'essais jusqu'à ce que le brevet soit accordé. S'il l'est en fait, la firme se voit assurée du droit exclusif d'utiliser, de vendre ou de fabriquer son invention pour toute sa durée, qui s'étale habituellement sur 17 à 20 ans.

La plupart des firmes voient les brevets comme s'il s'agissait d'argent. À titre d'exemple, elles peuvent échanger des droits d'utilisation de leurs produits brevetés respectifs, ou émettre des permis d'utilisation contre paiement. Aux États-Unis, plus de 100 brevets sont accordés chaque année pour des inventions issues du génie génétique. Par exemple, en 1995, étaient brevetés pour Pioneer Hi-Bred, une famille de semences de maïs, pour Arizona Technology Development, un type de tabac qui exprime la M-sexta, une protéine qui bloque la digestion chez des insectes nuisibles, et pour Mycogen, un procédé *Bt* pour combattre la coccinelle convergente (mangeuse de pucerons) et le charançon de la luzerne.

Dans cette course au profit, les firmes revendiquent vigou-reusement des brevets et défendent leur parcelle de territoire avec une ardeur meurtrière. En fait, les brevets sont au coeur du commerce de l'agrobiotechnologie. Dès qu'un brevet est accordé à une firme, ses rivales demandent à leurs avocats de vérifier s'il ne chevaucherait pas un des leurs. À titre d'exemple, tous les aspects des gènes de la *Bt* ont été contestés, des promoteurs aux marqueurs. Des querelles intestines ont opposé Novartis à Monsanto, Mycogen à Monsanto, DeKalb à Northrup King. À titre d'exemple des enjeux de ces batailles, en mars 1998, un jury de Santiago a statué en faveur de Mycogen contre Monsanto et obligé cette dernière à verser 174,9 millions de dollars en dommages et intérêts parce qu'elle avait retardé l'accès à une technologie génétique accélérée, accès auquel elle avait pourtant légalement consenti neuf ans auparavant.

En 1996, les litiges ont connu une augmentation de 69 % par rapport aux deux années précédentes. Il y a eu seize batailles juridiques mettant en cause les plus gros joueurs de l'industrie, soit Pioneer Hi-Bred, Monsanto, Novartis, Northrup King et AgrEvo. La plupart portaient sur des brevets de plantes transgéniques. Même si chaque conflit coûte en moyenne 3 millions de dollars, il représente un marché possible de 100 millions de dollars. Ces dernières années, il y a eu tellement de poursuites concernant des violations de la propriété intellectuelle que même les initiés de l'industrie arrivent difficilement à savoir qui poursuit qui. Une chose est certaine, les litiges qui perdurent sapent la vigueur des firmes plus fragiles, poussant plus avant les fusions dans l'industrie.

Essentiellement, le brevet permet à son détenteur de fermer la porte de son domaine à ses compétiteurs. Sur le plan pratique, l'accès aux brevets est fermé aux chercheurs universitaires ou aux firmes semencières locales ou régionales qui pourraient s'être engagées dans des recherches importantes pour la population. Les droits de propriété intellectuelle déterminent donc le nombre de chercheurs sur la marché. Le plus inquiétant, c'est qu'en accordant le contrôle d'un produit à une seule firme, la pratique des brevets pourrait bien être en train de freiner la recherche.

Les scientifiques des milieux universitaire ou gouvernemental ont été mis à l'écart par la pratique des brevets, et ce parce qu'elle protège des progrès scientifiques qu'ils avaient l'habitude d'échanger librement. Le 13 avril 1998, le Kitchener-Waterloo Record rapportait les déboires de John Dueck, directeur du Centre de recherche de l'Est sur les céréales et les oléagineux (Agriculture Canada) situé à Ottawa. Dueck s'était engagé dans d'importantes négociations portant sur les redevances et les frais d'obtention de permis à payer pour transmettre aux fermiers d'ici le fruit des nouvelles recherches. « Franchement, a-t-il admis, certains d'entre nous ont été un peu naïfs par le passé ».

La pratique des brevets peut effectivement fermer la porte à la recherche et au développement à des fins publiques, notamment dans les pays en voie de développement, où se concrétisera l'essentiel de l'augmentation prévue de la population mondiale. Et les gènes brevetés se retrouvent souvent dans les riches écosystèmes des pays en voie de développement. Dans le domaine de la santé, la recherche de gènes de haute valeur s'est effectuée en prélevant des échantillons de cellules chez les populations indigènes. Les gènes recueillis ont ensuite été brevetés. Ainsi, dans sa quête de précieux brevets, le commerce biotechnologique n'aide pas les pays en voie de développement. On l'accuse même de « biopiraterie ». Avant que les formes de vie ne soient brevetables, les chercheurs agricoles des pays en voie de développement avaient accès à des technologies libres de tout droit provenant du secteur public. Maintenant, les progrès de la biotechnologie constituent des informations rendues inaccessibles par des brevets et contrôlées par des multinationales cherchant le profit.

En plus de leurs contentieux, les grandes multinationales qui contrôlent la biotechnologie maintiennent des services de relations publiques bien nantis en personnel. C'est grâce aux actions combinées de ces services que le génie génétique triomphe sur les gouvernements, les consommateurs et les fermiers. Pour ces mégafirmes, la première et la plus importante des règles est de ne pas utiliser l'expression « génie génétique ». Après tout, il s'agit d'un monde d'apparences. Les déchets sont des « biosolides ». Le génie génétique devient donc la nouvelle façon de voir la réalité. La biotechnologie vend aux consommateurs l'idée d'un goût amélioré (la tomate *Flavr Savr*) ou de systèmes plus respectueux de l'environnement (les plantes insecticides). Dans la promotion de sa pomme de terre du Colorado, Monsanto déclare : « Les créateurs de nouveaux végétaux agricoles ont réussi à intégrer à la variété *New Leaf* une résistance à la doryphore. Plus besoin de produits chimiques. » Et, bien sûr, l'industrie poursuit sa propre promotion en disant qu'elle n'est pas différente du croisement des plantes de culture qui a longtemps défini la science agricole, ce qu'elle appelle « éduquer à la biotechnologie ».

D'autres stratégies visent les fermiers. AgrEvo a introduit une culture de colza *Liberty Link*, sans l'ombre d'une indication qu'elle résultait de l'épissage d'un gène. « En quoi cela intéresse-t-il les fermiers ? », a commenté Steve Meister, directeur du service de relations publiques de cette firme pour l'Amérique du Nord. On assume généralement que les producteurs agricoles croient volontiers ce que leur vendeur de semences leur dit. Ils sont inondés de brochures luxueuses, de publicités imprimées et télévisées qui véhiculent le discours autorisé et l'image agressive d'une biotechnologie énergique. Pumas, jaguars et lutteurs de sumo servent tous à dépeindre la force que les rusés scientifiques déploient pour vaincre la nature.

L'approbation des plantes transgéniques par les gouvernements est essentielle à la survie des firmes productrices. Aussi mettent-elles des fonds considérables dans leurs services de relations publiques pour persuader les élus. Des observateurs disent jusqu'en 1996, Monsanto a dépensé en vain des millions de dollars pour convaincre le Canada d'approuver l'utilisation de l'hormone de croissance bovine pour augmenter le rendement des vaches laitières. Quelques stratégies de persuasion reposent davantage sur les relations personnelles que sur les gros budgets. Par exemple, Mickey Kantor, ancien représentant du commerce américain et, jusqu'en 1996, ministre du Commerce, a été nommé au conseil d'administration de Monsanto. En 1997, Marcia Hale, conseillère du président des États-Unis en matière de relations intergouvernementales, est devenue haut fonctionnaire chez Monsanto à titre de coordinatrice des relations publiques et de directrice des stratégies commerciales au Royaume-Uni et en Irlande. Environ six mois plus tard, elle revenait au bureau de Monsanto à Washington pour s'occuper des relations internationales et « d'autres affaires », ce que le *Washington Post* a qualifié de « job bonbon ». Josh King était l'organisateur des événements à la Maison blanche et il a beaucoup voyagé avec le Président Clinton. En 1997, il a quitté ce poste pour joindre le personnel de Monsanto à titre de directeur de la coordination générale des bureaux de la firme à Washington.

À l'été 1998, Monsanto a investi un million de dollars dans une campagne publicitaire destinée à faire tomber la réticence des

Européens à l'égard de ses produits, en leur disant qu'il n'y avait rien à craindre de l'intervention de la biotechnologie dans la production des aliments. En Grande-Bretagne, des publicités dans les journaux livraient au public les numéros de téléphone des membres de groupes d'opposition à la nouvelle science, ce qui n'a pas manqué de soulever leur colère. Prétendant que l'intention de sa firme était d'être ouverte et transparente, un porte-parole de Monsanto a affirmé : « Nous croyons que l'alimentation est si fondamentalement importante que tous doivent savoir ce qu'ils veulent savoir à son sujet. » Monsanto a jeté encore plus d'huile sur le feu en bâtissant sa campagne publicitaire européenne autour de sa devise : « Nous nourrirons la planète toute entière ». Elle demandait aux Européens de ne pas être égoïstes. « Que la récolte commence ! » clamait l'annonce.

Plusieurs pays en voie de développement ont été froissés par cette stratégie hautement mercantile. En 1998, des délégués de pays africains à la cinquième session extraordinaire de la Commission sur les ressources génétiques ont demandé qu'on les soutienne dans leur lutte contre Monsanto. « Nous [...] nous objectons fortement à ce que l'image de pauvreté et de famine de nos pays soit utilisée par des mégamultinationales pour la promotion d'une technologie qui n'est ni sécuritaire, ni respectueuse de l'environnement, ni économiquement bénéfique pour nous », ont-ils déclaré. « Nous acceptons l'idée que l'entraide soit nécessaire pour améliorer davantage la productivité agricole de nos pays. Nous croyons aussi que la science occidentale contribue à cette amélioration. Mais c'est dans la compréhension et le respect de ce qui existe déjà que cela doit être fait. On doit bâtir à partir du savoir des gens du pays et non remplacer et détruire ce savoir. Et plus important encore, cette action doit répondre à nos besoins plutôt que de servir à gonfler les poches de grandes sociétés industrielles et à accroître leur contrôle ».

À la fin de juin 1998, lors d'un congrès financier tenu à New York, Monsanto annonçait une autre plan dont les motivations humanitaires auraient normalement dû lui valoir la faveur internationale. L'entreprise allait verser 150 000 $ au Centre Grameen-Monsanto, un institut chargé de développer des technologies respectueuses de l'environnement. Cet organisme privé allait appliquer un plan d'accès à la technologie pour les gens à très faible revenu. Dans le passé,

Grameen Bank, partenaire de Monsanto dans ce projet, s'était gagné l'approbation générale en aidant des femmes aux prises avec la famine et des difficultés financières à se lancer en affaires.

Cette fois, les observateurs ont été moins impressionnés par la décision de Grameen Bank de s'allier à une multinationale agressive. Vandana Shiva, environnementaliste indienne bien connue, a écrit au fondateur de Grameen, le professeur Mohammed Yanus : « En annonçant votre association d'affaire avec Monsanto [...], vous avez inversé le mouvement et vous vous êtes engagé sur la voie de la trahison des intérêts des femmes que vous aviez servis jusque-là. Associée au Centre Grameen-Monsanto, la structure de micro-crédit servira à ouvrir des marchés pour les produits de Monsanto, et non ceux issus de la créativité des paysans bengalis. » Trois semaines plus tard, Yanus annulait l'entente et expliquait son geste comme suit : « Nous n'avions pas été informé de l'énorme investissement de Monsanto en agriculture, investissement dont les environnementalistes d'ici et d'ailleurs disent unanimement qu'il va à l'encontre des intérêts du modeste fermier. »

Les multinationales englobent 51 des 100 plus grands systèmes économiques du monde, certaines mégafirmes ayant plus d'influence que les gouvernements de certains pays. Celles qui dirigent la biotechnologie comptent parmi les plus riches d'entre elles, et elles continuent de répéter qu'elles visent à nourrir la planète et à créer de précieux nouveaux aliments. De nos jours, la guerre des brevets, les prises de possession sans merci et les efforts cyniques déployés pour gagner le soutien des consommateurs et des élus font partie du fonctionnement normal de toute industrie multinationale moderne.

Dans l'univers du profit, la croissance à tout prix va de soi. La biotechnologie n'est plus cette petite entreprise montante animée par l'idéal romantique de fournir des biens et des services à la population tout en faisant de l'argent. Les fondateurs de Calgene n'ont conservé ni ressentiment vis-à-vis la transformation qu'a subie l'entreprise, ni nostalgie des temps disparus. Norman Golfarb est retourné à l'industrie de l'informatique, Raymond Valentine est à la retraite et

Roger Salquist se présente comme un banquier d'affaires qui aide les petites entreprises à trouver des créneaux spécifiques en marge de l'industrie biotechnologique. Il peut paraître vieux jeu de se sentir concerné par le fait que des géants mondiaux qui recherchent le profit sans limites aient pris le contrôle d'un élément essentiel de la vie, la nourriture, et que, consciemment ou par ignorance, les gouvernements et les consommateurs les laissent faire.

Notes

1. Rue sur laquelle est située la Bourse de New York, la plus importante Bourse au monde.
2. Insertion d'un fragment d'ADN dans une cellule hôte et combinaison de ce fragment avec un chromosome ou un plasmide de cette cellule.
3. Fondation vouée à l'avancement du monde agricole.
4. Un des premiers personnages de l'univers du jeu électronique; il dévore tout sur son passage et le joueur doit lui échapper pour gagner.
5. Groupement de firmes rencontrant des critères de production très exigeants.
6. Partie des tiges qui reste sur pied après la moisson.
7. Ainsi, en épandant du *Round Up*, toute forme de végétation disparaît sauf les cultures résistantes à ce produit.
8. Sigle anglais de la Food and Agriculture Organization, une organisation mondiale pour laquelle il n'y a pas d'équivalent français.
9. Président des États-Unis de 1801 à 1809.

Des bovins aux hormones 4

Une tache irrégulière de rouge à lèvres rose s'est acccrochée à l'horizon matinal. Un air glacial s'étend comme une couverture arctique sur les grandes plaines du Midwest américain. Judy Klusman sort de l'étable. Une neige cassante crisse sous ses bottes. Mains gantées, elle transporte deux seaux remplis de bouteilles de lait surmontées d'énormes tétines. Elle se dirige vers les cabanes à veaux, ces enceintes de plastique blancs surréalistes qui chatoient aux premières lueurs du jour. Les seul bruits qu'on entend bientôt sur cette ferme laitière du Wisconsin sont ceux que font les veaux qui têtent avidement les mamelons artificiels qui leur servent de mères de remplacement.

Ce rituel matinal est la tâche favorite de Judy Klusman. Les veaux la regardent s'approcher, ils meuglent doucement et piétinent le sol gelé avec impatience. En fait, elle leur assure leur nourriture et leur survie. Avec ses joues rougies par le froid et le coq qui chante au loin, elle cadre bien avec l'image de la ferme laitière d'antan. Tout ce qui manque, c'est le chat moucheté qui lape le lait du seau. Mais, c'est à l'intérieur de l'étable qu'on trouve la véritable image de l'entreprise laitière moderne basée sur la technologie. Quittant les stalles d'alimentation extérieures, un premier contingent de vaches s'avance péniblement dans la chaleur humide de la salle de traite à carreaux. Le personnel attache les trayeuses automatiques aux pis gonflés des vaches. Le liquide blanc et pur est aspiré dans les tuyaux galvanisés et stérilisés du dispositif de pompage du lait.

Klusman est la cinquième génération d'une lignée familiale de producteurs laitiers à gérer cette ferme du Wisconsin, un État qui se définit comme « le royaume des produits laitiers des États-Unis ». Elle a transformé ce qui a été une ferme familiale classique en une entreprise agricole moderne. Matin et soir, son père trayait 68 vaches comme on le faisait autrefois. Sous sa gouverne, environ 130 vaches passent par la salle de traite trois fois par jour — les deux employés permanents passent le gros de leur journée dans la fosse à trayage. Grâce à une diète enrichie de protéines et à un programme accéléré de trayage, chacune de ces vaches produit environ 12 000 litres de lait par année. C'est deux fois plus que la moyenne de l'État. Ce score place la ferme de Klusman parmi les dix premiers producteurs de lait par vache aux États-Unis.

Même si le bruit incessant des veaux qui têtent l'attendrit, Klusman est une femme d'affaires aguerrie. Très tôt, elle expédie les veaux mâles sur le marché pour que leurs mères n'aient plus à les allaiter. Elle a une exigence absolue de productivité. La stratégie agricole de Klusman est axée sur le résultat. Son discours est parsemé d'expressions telles que « fermiers d'avant-garde », « objectifs de productivité » et « outils de gestion ».

Nous sommes le 3 février 1994. Demain, un autre outil de gestion sera mis à la disposition de Klusman et des autres producteurs laitiers américains qui souhaitent comme elle augmenter leur production laitière. La U.S. Food and Drug Administration (FDA) a en effet décidé qu'à partir du 4 février, Monsanto, le géant international des produits chimiques, pourra commencer à commercialiser la somatotropine bovine recombinante (rBST) ou, de son nom plus populaire, l'hormone de croissance bovine. La rBST est un produit du génie génétique. Injectée à la vache, cette hormone peut augmenter de 25 % la quantité de lait produit par l'animal. La rBST est le premier produit d'épissage génétique à apparaître sur le marché américain. Elle ouvrira donc la voie à la biotechnologie dans le monde.

La rBST est une hormone protéinique que l'on trouve naturellement dans le troupeau laitier. Les scientifiques savent depuis 50 ans qu'un supplément de rBST peut augmenter la production des vaches laitières. On ne pouvait toutefois l'obtenir qu'en l'extrayant de la glande pituitaire (hypophyse) de bétail abattu. Avant le développement du génie génétique, il n'existait aucun moyen pratique de produire la rBST à grande échelle. Les épisseurs de gènes ont trouvé le moyen de faire mieux que la nature. Ils ont pris le gène qui code pour la rBST dans le bétail et l'ont introduit dans la bactérie E. coli pour ensuite faire reproduire celle-ci dans une cuve de fermentation.

Quatre firmes, Monsanto, Eli Lilly, American Cyanamid et Upjohn, déployaient le même type d'efforts pour augmenter la production des vaches laitières. Toutefois, seule Monsanto a été autorisée à commercialiser sa version. La rBST fabriquée génétiquement doit être injectée aux vaches de façon régulière, un peu comme on injecte de l'insuline aux gens qui souffrent de certains types de diabète. Le traitement au Posilac, nom commercial de la rBST, débute neuf semaines après la naissance, et il est répété à toutes les deux semaines durant 10 mois, c'est-à-dire durant la période normale de lactation de la vache.

En principe, la rBST génétiquement produite par Monsanto est identique à la version qu'on trouve dans la nature. Dans les faits, ce n'est pas tout à fait le cas. On trouve un acide aminé supplémentaire dans la version synthétique de la firme, une modification qui, selon les scientifiques de Monsanto, serait sans conséquence. Le lait des fermes laitières américaines est recueilli dans d'immenses camions-citernes, amené dans des centres de collecte puis expédié dans des usines de pasteurisation. On n'isole pas le lait qui provient des fermes qui utilisent la rBST. Pourquoi s'inquiéter ? La FDA n'a-t-elle pas décrété que le lait produit par des vaches ayant reçu des injections de rBST ne pouvait être différencié du lait que donnent des vaches non traitées aux hormones de croissance ? Cette prise de position a fait en sorte qu'aucune forme d'étiquetage n'est requise pour ce fruit du progrès biotechnologique. Le 4 février 1994, aux États-Unis, la rBST allait tout simplement se glisser dans le cheddar, le beurre, le yaourt, la crème glacée et les laits maternisés pour enfants.

Au début des années 1990, la rBST a soulevé ce qui a certes été le plus grand débat de l'histoire de l'industrie laitière aux États-Unis. Les positions des forces adverses étaient clairement définies et le même le vocabulaire reflétait les points de vue des gens. Les défenseurs de la drogue parlaient de la rBST, alors que ses opposants utilisaient une expression plus descriptive, à savoir l'hormone de croissance bovine. (J'ai généralement retenu le terme rBST parce qu'il est scientifiquement plus précis.)

Monsanto a tenté d'amener les consommateurs à croire qu'il ne s'agissait que d'une technique inoffensive du génie génétique. Mal lui en prit car les Américains ont réagi d'une façon inattendue. L'idée que quelqu'un puisse trafiquer ce qu'ils avaient toujours considéré comme un aliment pur, complet et naturel les a profondément choqués. Pour la plupart, rien ne symbolise mieux la santé, l'alimentation et les valeurs traditionnelles que le lait, ce même lait que la mère de famille vous verse pour accompagner la tarte aux pommes.

La FDA a vérifié à quelle enseigne se logeaient les politiques d'alors et conclu qu'il valait mieux mettre tout le temps requis à analyser les possibles conséquences de ce produit sur la santé humaine et animale avant de l'approuver. Monsanto a renversé toutes les barrières politiques et amené l'agence fédérale à croire que la rBST synthétique aurait peu d'impact sur le commerce du lait ou sur la santé des consommateurs.

Des chercheurs universitaires ont alimenté le débat, plusieurs d'entre eux vivant de subsides versés par Monsanto. Ils ont produit 1 500 études qui affirmaient que le produit était pur. Durant les années 1980, il a été testé sur plus de 20 000 vaches. C'est sur cette recherche que Monsanto s'appuyait pour prétendre qu'il n'y avait aucune raison scientifique de ne pas approuver la rBST. Elle n'avait aucune conséquence nuisible sur la santé humaine et, malgré les inquiétudes soulevées par le produit, les vétérinaires ont conclu qu'ils avaient la santé des animaux bien en main.

L'expérimentation d'une des équipes de recherche sonnait toutefois l'alarme. À la demande de Monsanto, trois scientifiques britanniques ont analysé les données recueillies sur la rBST. Ils ont accusé la firme de bloquer la publication de leurs résultats. Erik Millstone, Eric Brunner et Ian White ont déclaré que Monsanto avait empêché l'impression de leur rapport de 1991. Ce document établissait un lien entre le supplément d'hormones et des quantités plus élevées de cellules somatiques (pus et bactéries). Selon ces chercheurs, cette situation découlerait d'une incidence accrue d'infections du pis chez les vaches traitées à la rBST. Dans un article révélateur de la revue *Nature*, ils affirmaient avoir trouvé chez les vaches traitées des quantités de globules blancs bien plus élevées que celles qu'avouait Monsanto. « Tant que ces données ne seront pas du domaine public, d'importantes questions concernant les effets de la rBST sur la santé animale demeureront sans réponse », écrivaient-ils. Cette étude unique ne contredisait peut-être pas de plein fouet toutes les autres conclusions, mais elle montrait jusqu'où Monsanto était prête à aller pour que la littérature scientifique lui soit favorable.

La demande d'approbation faite par Monsanto à la FDA a été appuyée par un ensemble impressionnant de dirigeants politiques, industriels et scientifiques, provenant entre autres de l'American Medical Association (l'Association médicale américaine), l'Association of American Dieticians (l'Association des diététiciens américains), l'International Dairy Foods Association (l'Association internationale des produits laitiers), la National Milk Producers Federation (la Fédération américaine des producteurs de lait), les Grocery Manufacturers of America (les Producteurs de denrées alimentaires des États-Unis). Au début des années 1990, tous ont claironné leur appui à l'approbation de la rBST. Des appuis supplémentaires sont venus des National Institutes of Health (les Instituts nationaux de la santé) et de l'Organisation mondiale de la santé des Nations-Unies.

Monsanto n'a pas ménagé les efforts pour forger d'éventuelles alliances politiques. Selon des documents confidentiels obtenus par les opposants à la rBST et remis au *New York Times*, Monsanto a mis à profit une amitié entre Tony Coehlo, stratège en chef du Comité national du Parti Démocratique et Mike Espy, alors ministre de l'Agriculture, pour gagner des appuis à la rBST. Monsanto aurait remis des notes expliquant à Coehlo comment il devait aborder la question du supplément hormonal lors d'un dîner avec Espy. « Arrangez-vous pour que le ministre Espy comprenne que Monsanto pourrait se retirer de l'agriculture biotechnologique si son gouvernement ne fait pas opposition au Sénateur Feingold », disait la note de service. (Le Sénateur Russ Feingold, un représentant démocrate du Wisconsin, avait organisé l'opposition du Congrès à la rBST.) Ces directives ont été divulguées à la presse avant que le dîner n'ait lieu. On en est donc réduit à des conjectures sur l'impact qu'a pu avoir le lobby mené par Coehlo pour Monsanto.

Plusieurs membres du Congrès ont accusé trois dirigeants de la FDA de conflit d'intérêt et d'inconduite morale dans la façon dont ils avaient traité le dossier de la rBST. Ultérieurement, un rapport de 30 pages du U.S. General Accounting Office (GAO, Bureau général de la comptabilité des États-Unis) racontait en détail comment Michael

Taylor, un avocat qui avait travaillé pour Monsanto, Margaret Miller, une scientifique qui avait aussi travaillé pour Monsanto, et Suzanne Sechen, une étudiante du meilleur scientifique de Monsanto, avaient tous joué des rôles importants dans l'ultime décision qu'a prise la FDA d'approuver la rBST. Par exemple, Taylor avait été un avocat très influent de Washington qui avait représenté les intérêts de Monsanto jusqu'en 1991. Par la suite, comme commissaire adjoint de la FDA, Taylor a rédigé la politique qui exemptait de l'étiquetage la rBST et les autres produits alimentaires de la biotechnologie. Malgré l'abondance de données que contenait son rapport, la GAO a conclu qu'il n'y avait eu que des manquements mineurs aux règlements de la part des employés de la FDA. Le représentant du Vermont au Congrès, Bernie Sanders, un de ceux qui avaient porté plainte, a fait remarquer que si la GAO avait blanchi les employés, elle avait aussi démontré que « la FDA avait permis à l'industrie d'influencer l'approbation » du produit.

Monsanto a eu beau tout faire pour gagner des appuis, beaucoup d'Américains demeuraient sceptiques. Comme la rBST n'allait pas rendre le lait plus nutritif ni lui conférer un meilleur goût, les consommateurs se demandaient qui d'autre que Monsanto et les gros producteurs de lait tirerait profit de ce nouveau produit de laboratoire.

La rBST est devenue une cible facile pour la Pure Food Campaign (campagne en faveur d'aliments purs). Rifkin et son groupe ont opposé des arguments d'ordre moral à l'usage du produit : le supplément hormonal allait causer du tort aux vaches, affecter la santé humaine, marquer la fin des petites fermes laitières et bricoler inutilement une nature pourtant généreuse. L'organisation de Rifkin a mis sur pied un réseau de chefs cuisiniers, de conseils scolaires et d'institutions de santé qui ont juré de ne pas utiliser des denrées génétiquement modifiées. Puis elle a lancé une série de batailles juridiques visant à contenir la marée montante de la biotechnologie en alimentation. Enfin, il y a eu des manifestations publiques, des activités organisées et des interviews pour persuader le peuple américain qu'il était tout à fait injustifié de modifier la Nature. « Dorénavant, nous nous porterons à la défense du consommateur », a déclaré à la presse un dirigeant de la campagne. « Elle sera livrée dans chacune des épiceries, dans chaque comptoir de crème glacée et dans chaque pizzeria ».

À l'épicerie, la bataille semblait se livrer entre ceux qui croyaient qu'on avait clairement démontré que la rBST était sécuritaire et ceux qui pensaient que les conséquences morales de son usage commandait la prudence. La FDA a surveillé le débat durant neuf années. À la fin de 1993, l'agence fédérale a finalement statué qu'aucun argument scientifique ne justifiait le rejet de l'hormone de croissance. Ses études ont montré que, puisqu'elle était de nature protéique, la rBST était dégradée, donc inactivée, par l'appareil digestif et que, pour cette raison, elle ne pouvait avoir aucun effet chez les humains. De plus, la FDA concluait que si on prenait un soin adéquat des vaches traitées à la rBST, ces dernières ne présentaient pas plus de problèmes de santé que les vaches non traitées qui produisaient de grandes quantités de lait. Accordant un bulletin de santé parfait à la rBST, David Kessler, le commissaire en chef de la FDA, a déclaré : « La rBST a été un des produits les mieux analysées qu'ait examinés l'agence. Le public peut mettre toute sa confiance dans le lait et la viande provenant de vaches traitées à la rBST. »

C'est dans l'État du Wisconsin que le débat sur la rBST a été le plus animé. On y trouve 30 000 producteurs laitiers, presque autant que dans tout le Canada et, depuis des décennies, on y produit plus de lait que dans tout autre État. On peut lire sur les plaques d'immatriculation : « America's Dairyland » (royaume américain des produits laitiers). L'accueil aux touristes affiche la vache Holstein noire et blanche sur les tabliers, les chapeaux, les chopes de bière et les tasses à café. Une vitrine de boutique étale méticuleusement son bazar « laitier » : un néon traçant les contours d'une vache, des épinglettes en forme de vache, des cravates à motifs de vache. Les autoroutes menant au Wisconsin accueillent les voyageurs avec d'énormes vaches en fibre de verre et des souris géantes mangeant d'énormes fromages. On rencontre un silo de fourrage à vache à chaque tournant de la route ou presque.

Au début de 1994, Judy Klusman était au premier rang des plus ardents défenseurs de la rBST. Non seulement sa ferme laitière était-elle l'une des plus productives de l'État, mais elle était aussi représentante (député) du parti Républicain à l'Assemblée législative du Wisconsin. À son avis, la controverse autour de l'hormone de croissance bovine était devenue aussi virulente que celle sur l'avortement. Son répondeur avait enregistré des messages grossiers; on avait harcelé son fils à l'école. Mais elle demeurait une chaude partisane de l'usage du supplément d'hormone de croissance synthétique. Elle n'avait pas encore acheté le produit de Monsanto, mais comme elle s'affichait à l'avant-garde de la production laitière, elle ne cachait pas son intention d'utiliser ce qu'elle percevait comme une nouvelle technologie. « Je vais recourir à tout outil de gestion qui augmentera la productivité de mes vaches », a-t-elle déclaré. « Ce produit-ci ne demande aucune capitalisation. Je n'ai pas à agrandir mon étable ni à ajouter des vaches pour produire plus de lait. »

Le 4 février, jour de la mise en vente de la rBST, vêtue d'un tailleur bleu électrique et de chaussures habillées, image étudiée contrastant avec sa tenue quotidienne de productrice laitière, Klusman était prête au combat. Elle livrait la bataille sur le parquet de l'Assemblée de l'État en tentant de convaincre la majorité démocrate de rejeter tout étiquetage du lait, qu'il serve à signaler la présence ou l'absence de la rBST : « L'État du Wisconsin ne peut pas statuer sur le caractère légal ou illégal du produit, cette matière relevant de la FDA, une agence fédérale ». Mais les représentants (députés) ne peuvent contourner un débat mettant en cause l'image même de l'État.

Brandissant le micro à la manière d'une chanteuse de boîte de nuit, Klusman rappelle à son auditoire de représentants que d'innombrables études scientifiques ont montré que la rBST n'avait aucun impact négatif sur la santé des humains ou celle des animaux. « Si nous ne croyons pas à la science, débarrassons-nous en. Sortons-la de notre système d'enseignement. » Sa voix s'enfle de passion, mais les membres de la majorité démocrate demeurent impassibles. « La science n'est certes pas infaillible, ajoute-t-elle avec détermination, mais si nous ne lui faisons pas confiance, c'en est fini du progrès. Je veux dire que nous allons nous arrêter et stagner. Je ne pense pas que les gens veulent ça non plus. »

Alors que Klusman réchauffe son auditoire bien à l'abri au Capitole, l'effigie de pierre nommée Wisconsin qui orne le dôme de l'édifice jette un regard indifférent sur une manifestation qui s'amorce dans l'escalier extérieur. Le froid est mordant et environ 30 protestataires s'entassent sur les marches de granit, portant des bandeaux, des toques et des écharpes sur les oreilles. Ils ont bravé ce froid sibérien pour souligner ce qu'ils appellent le « Sour Thursday » (le jeudi suri). Sur leurs pancartes, on peut lire : « Sauvons la pureté du lait ! » et « Ne donnez pas dans les médicaments ». Une femme a caché sa figure à l'aide d'un masque d'Halloween à l'effigie d'une face de vache. Dans un geste de défi, un des protestataires verse du lait dans un seau orné d'un noeud de corde à potence.

On trouve parmi les manifestants un homme arborant une tuque et une écharpe faite d'une chic lainage rouge. C'est John Kinsman, l'espèce de « parrain » du groupe. Dans cet échantillon d'étudiants et de jeunes activistes, il fait figure de vrai producteur laitier. S'il prend la parole, on l'écoute attentivement. « Les fermiers ne veulent pas shooter leurs vaches. Nous avons déjà notre lot de problèmes. Nous ne voulons pas produire quelque chose que nous refuserons de boire ou d'utiliser. »

La vision qu'a Kinsman de la ferme est aux antipodes de celle de Judy Klusman. La ferme de Kinsman est campée au coeur des vallons du Wisconsin. Les vaches quittent lentement leurs pâturages au son d'un appel séculaire. Obéissantes, elles s'alignent dans leurs stalles, leur postérieur tourné vers l'allée centrale. On ne trouve pas de salle de trayage dans cette étable. Kinsman passe d'une stalle à l'autre et installe une trayeuse à chacune des vaches. Il trait 36 vaches, ce qui correspond en gros à la moyenne de l'État. Chacune produit environ 6 000 litres de lait par année, ce qui entre aussi dans la moyenne de l'État. Le personnel de la ferme est composé de membres de la famille. Deux fois par jour, vêtus de bleus de travail et de bottes de caoutchouc, ils traient les vaches. C'est dans un tel endroit qu'on trouve encore un chat qui contrôle la population de souris et des veaux qui têtent leurs mères.

Kinsman ne cache pas que sa motivation première n'est pas d'augmenter la productivité de sa ferme laitière. Pour lui, cette dernière est d'abord et avant tout un foyer et les vaches lui servent à perpétuer son entreprise agricole familiale. Il l'a fait fonctionner pendant plus de 30 ans et il a planté 20 000 arbres pour protéger le sol de l'érosion et embellir le paysage.

Environ 1 400 petites fermes laitières comme la sienne sont disparues l'année précédente au Wisconsin, soit en 1993. Deux d'entre elles appartenaient à des voisins de Kinsman, ce dernier affirmant que ces maisons et ces étables abandonnées constituent un macabre tribut sur l'autel d'un commerce au sein duquel les coûts et la compétition ne cessent d'augmenter. Il prévoit que la rBST ne fera qu'empirer les pertes des petites entreprises laitières, ce qu'est venu confirmer le White House Office of Management and Budget (ministère des Finances du gouvernement américain) en affirmant que l'approbation de la rBST conduira un fermier américain sur trois à raccrocher ses trayeuses définitivement.

Kinsman défend qu'il n'existe aucune raison incontournable justifiant d'introduire la rBST dans la production laitière. Monsanto, l'establishment de la biotechnologie et les grosses entreprises de production laitière fondées sur la technologie seront les seuls à profiter de ce changement. Les producteurs laitiers américains produisent déjà plus de lait que la population n'en peut consommer. Contredisant le principe de l'offre et de la demande qui fonde la libre entreprise, le gouvernement américain maintient un marché du lait complexe et réglementé dans lequel une compensation financière est accordée aux fermiers qui produisent un surplus de lait, cet excédent étant finalement jeté. Effectivement, durant les années 1980, le gouvernement américain a investi plus de 10 milliards de dollars pour acheter les surplus de lait. Et l'Office of Management and Budget affirme que de 1994 à l'an 2000, l'introduction de la rBST fera grimper de 300 millions de dollars le coût de ce programme.

De plus, Kinsman s'inquiète de l'impact de la rBST sur la santé humaine et animale, malgré qu'on ait multiplié les assurances quant à l'innocuité de ce produit. Il craint les effets à long terme, entre autres l'impact que l'hormone synthétique pourrait avoir sur l'incidence du cancer chez les humains. Et il fait remarquer que même l'étiquette du Posilac de Monsanto énumère les difficultés potentielles qu'encourent les vaches si elles sont soumises au traitement que ce produit suppose. Comble de l'ironie, les fermiers qui s'enrôlent dans le programme de Monsanto reçoivent un crédit de 150 $ qu'ils peuvent investir dans des soins vétérinaires. La firme indique que les vaches peuvent connaître des infections du pis plus fréquentes, ce qui forcera les fermiers à utiliser davantage d'antibiotiques pour les contrer. Kinsman avance que la situation n'est pas pénible que pour les vaches; les antibiotiques utilisés peuvent aussi se retrouver dans le lait de consommation. L'étiquette du produit fait aussi référence à d'inquiétants problèmes de reproduction et de digestion, à des maladies des pieds et des jambes ainsi qu'à des plaies et des déchirures permanentes. La stratégie rBST transforme les vaches en machines à lait, ajoute Kinsman. « C'est comme si on utilisait une voiture en maintenant l'étrangleur ouvert. La vache ne peut résister à une telle pression. Son corps, tout le reste de son organisme, ne peut tenir le coup », affirme Kinsman. « Vous épuisez vos vaches. »

Kinsman n'est même pas certain que les arguments d'ordre économique tiennent la route. À l'instar de tous les animaux à haute production, les vaches traitées au Posilac exigent une alimentation accrue. Si on prend en compte les coûts qu'entraîne ce nouveau régime alimentaire, il est difficile de conclure que les vaches laitières seront plus lucratives. Pour l'instant, l'information manque pour déterminer qui, de Kinsman ou de Klusman, a raison. Ce n'est qu'au bout de plusieurs années d'expérimentation qu'on saura si les avantages qu'on peut tirer de la rBST surclassent les risques qu'elle comporte.

Avant l'approbation de la rBST, les dirigeants de Monsanto se sont mis à rêver de faire un milliard de dollars par année avec l'hormone de croissance synthétique. Le monde industrialisé devait être à leurs pieds : d'abord les États-Unis, puis le Canada, et enfin l'Union européenne. Mais à la fin de 1998, l'approbation du Canada demeurait incertaine et l'Union européenne n'envisageait pas d'approuver le produit avant l'an 2000. Hors des États-Unis, l'hormone synthétique a fait quelques incursions dans des pays en voie de développement tels la Malaisie, la Namibie et le Mexique. Elle n'a pas débordé la périphérie de l'Europe de l'Ouest, n'étant en fait vendue qu'en Bulgarie, en Turquie et en Russie. Les observateurs des milieux financier et industriel se sont mis à dire que le premier produit alimentaire biotechnologique commençait à perdre son lustre.

Optant pour la provocation, Monsanto n'en a pas moins continué de livrer des statistiques qui démontraient que l'hormone de croissance synthétique faisait fureur chez les fermiers. Avant le lancement du produit, Monsanto avait prédit que 75 % des 130 000 producteurs laitiers des États-Unis allaient faire usage du produit. « Un succès retentissant », tonnaient les communiqués de presse après six moix, alors que les ventes ne dépassaient pas les 11 %. Au printemps de 1996, Monsanto prétendait que 17 000 producteurs laitiers, soit 15 % du total possible, avaient acheté son Posilac. Au milieu de l'année 1997, Monsanto avait cessé de livrer des chiffres de vente. Toutefois, elle a défendu une augmentation des ventes de 40 % durant les cinq premiers mois de 1997, comparativement aux mêmes cinq mois de l'année précédente. Chaque mois, environ 400 producteurs laitiers optaient à leur tour pour le traitement à l'hormone de croissance, assurant un « accroissement régulier » des ventes, a déclaré Monsanto.

Mais le ton joyeux des communiqués de presse a été perturbé par des nouvelles peu réjouissantes concernant les affaires de Monsanto. Vers la fin de 1995, la firme a lancé un rabais de 10 % sur le prix d'achat du produit pour les fermiers qui s'engageaient par un contrat de six mois. Les critiques ont vu dans cette promotion un signe de désespoir. De plus, Monsanto s'est départi des cadres supérieurs chargés d'introduire la rBST sur le marché. Robert Deakin, le directeur du marketing et des ventes du Posilac aux États-Unis, a discrètement démissionné. Après la nomination de Robert Shapiro à la présidence de la firme, Walter Hopgood, directeur du secteur biotechnologique, s'est retiré après 22 ans de service. Il partait à la recherche d'« occasions nouvelles ». Au Canada, la personne chargée du dossier de la rBST, David Nattress, a pris une retraite anticipée inattendue. Ni la firme ni les individus concernés n'ont expliqué officiellement ces départs.

Toutefois, les observateurs de l'industrie se sont empressés d'avancer leur version. Monsanto est devenue la cible de rumeurs sans fin : « Ils retirent le produit », « Ils abandonnent la partie », « Ils n'investissent plus des millions dans la recherche et le développement. » La Pure Food Campaign a carrément affirmé que la rBST s'était avérée un échec grâce à sa campagne de protestation qui avait entraîné par téléphone ou par lettres 60 000 témoignages d'inquiétude, distribué plus de deux millions d'exemplaires du *Consumer Warning* et organisé 200 déversements de lait ainsi que des protestations comme celle qui avait eu lieu sur les marches du Capitole du Wisconsin.

En 1995, selon John Kinsman, il était devenu politiquement incorrect d'utiliser la rBST. Les fermiers qui traitaient leurs vaches au Posilac s'organisaient pour que le produit soit livré à leur vétérinaire ou à leur fournisseur de nourriture animale. Il fallait éviter que les camions de la Federal Express ne soient vus à l'entrée de la ferme. Les analystes de la bourse sont entrés dans la ronde en avançant que Monsanto perdait 10 millions de dollars par année. « Je ne serais pas surpris qu'ils se retirent de ce commerce d'ici la fin de l'année », affirmait en 1996 James Wilbur de la firme Smith Barney Inc. dans *Business Week*. Christopher Willis, analyste de l'industrie chimique chez Schroder Werthaim & Co, une banque d'investissement de New York, déclarait pour sa part à la presse : « Aussi loin que je puisse voir, ça ne va nulle part. »

On jasait même à l'interne. Des individus de l'industrie biotechnologique avançaient que la rBST avait été une erreur, soulignant ainsi que l'idée de jouer avec un aliment presque parfait produit par la nature était une mauvaise façon d'ouvrir l'ère de la biotechnologie alimentaire. Wayne Callaway de la Dairy Coalition, un lobby des fermiers producteurs de lait et des laiteries, déclarait à un journaliste du *Washington Post* : « L'industrie biotechnologique avait déjà plusieurs réussites à son crédit; il ne fallait pas tenter d'ouvrir la voie avec cet embarrassant produit. Les gens n'ont pas le sentiment d'avoir le contrôle sur son utilisation. »

Des ventes piteuses ont semblé se confirmer à la fin de 1995. Un magazine reconnu dans l'industrie laitière, le *Dairy Today*, a fait une enquête nationale auprès de 400 producteurs laitiers répartis dans 21 États américains. On pouvait lire dans le rapport que 21 % d'entre eux utilisaient l'hormone de croissance bovine et que, chez ceux qui n'y avaient pas eu recours, 87 % affirmaient leur intention de continuer dans cette voie. L'étude montrait aussi que 40 % des fermiers qui avaient fait l'essai du produit avaient discontinué le traitement, expliquant leur décision en citant des problèmes d'argent, de gestion et de santé. Au Wisconsin, la pénétration du produit avait été particulièrement modeste; plus de 90 % des producteurs de l'État ont affirmé qu'ils n'utiliseraient pas le supplément hormonal. Même en Californie, là où on trouve de grandes fermes laitières hautement « technologiques », l'usage de la rBST avait chuté en 1995. Le magazine concluait que les ventes avaient atteint un sommet qu'elles ne connaîtraient probablement plus.

Monsanto n'avait pas d'autre choix que de concéder que les ventes n'avaient pas été aussi importantes qu'elle l'avait espéré. Directeur du marketing pour les États-Unis, Jerry Steiner a déclaré à la fin de 1995 que « même si les résultats s'étaient améliorés, l'augmentation n'avait pas été aussi forte que prévue ». Un des problèmes de Monsanto résidait dans le haut taux de change qu'elle devait payer pour faire produire son hormone synthétique en Autriche, soit une différence de 18 % par rapport au dollar américain au début des années 1990. La réaction de Monsanto a été d'annoncer un projet de construction d'une nouvelle usine aux États-Unis, à Augusta, en Georgie. Deux motivations complémentaires alimentaient cette décision : on voulait à la fois faire la leçon aux Européens qui avaient boudé la rBST et récompenser les Américains qui l'avaient accueillie.

À la demande de Monsanto, la nouvelle Dairy Coalition mettait temps et énergie à promouvoir la science de la rBST. Mais la firme sentait qu'elle devait réorienter sa campagne de relations publiques. Optant pour une action moins « techno », mais parfaitement ciblée, Monsanto a embauché des fermiers pour répandre la « bonne nouvelle » de la rBST. On a rapporté que, accompagnés de leur famille, des producteurs laitiers ont été payés à l'heure pour parler lors de réunions, pour participer à des expositions commerciales, ou pour passer voir d'éventuels nouveaux acheteurs du Posilac.

Toutefois, même quand le discours sécurisant venait de fermiers portant casquette à visière et chemise à carreaux, les consommateurs demeuraient sceptiques. La rBST ne leur paraissait pas fiable. Enquête après enquête, les Américains répétaient qu'ils n'aimaient pas l'idée qu'on puisse manipuler génétiquement un produit qui avait été l'incarnation même de la générosité de la nature. À l'été de 1995, une enquête menée par l'Université du Wisconsin montrait que 81 % des consommateurs pensaient que la rBST était une « mauvaise » chose ou une chose « acceptable ». Malgré toutes les garanties concernant la pureté du produit, 65 % des répondants ont affirmé être préoccupés par d'éventuels effets négatifs sur la santé que pourrait avoir le lait de vaches traitées à la rBST. Voilà des résultats surprenants quand on sait que le produit était sur le marché depuis plus d'un an. Généralement, les inquiétudes soulevées par une nouvelle technologie s'estompent avec le temps. Dans ce cas, il était clair que les consommateurs ne faisaient pas confiance à la science, à l'industrie, voire aux institutions créées pour les protéger.

Toutefois, aussi profonde que pouvait être la désapprobation des consommateurs, elle ne s'est pas traduite par une baisse dans la consommation du lait. Moins de 1 % d'entre eux ont arrêté de boire du lait ou de manger des produits laitiers parce qu'ils avaient peur de ces denrées. Mais environ 10 % des buveurs de lait choisissaient des produits étiquetés « sans rBST » là où l'étiquetage le mentionnait. L'étiquetage est demeuré au centre du débat. Une vaste majorité des consommateurs, soit plus de 90 % d'entre eux, souhaitaient que le lait produit par ajout d'hormone de croissance soit étiqueté. Ils voulaient pouvoir le distinguer du lait naturel. L'industrie laitière a continué de prétendre que ces étiquettes n'étaient pas nécessaires puisque le lait provenant de vaches traitées à l'hormone de croissance n'était en rien différent du lait naturel. Il était toutefois facile de comprendre sa véritable préoccupation : l'étiquetage nuirait à la commercialisation.

La position de Monsanto sur l'étiquetage est devenue très claire en 1994, année où elle a poursuivi deux petites laiteries qui avaient osé indiquer que leur lait était exempt d'hormone de croissance. Ces deux entreprises ont dit avoir abandonné cet étiquetage plutôt que d'entreprendre une bataille juridique contre une riche multinationale. Monsanto a poursuivi son action en envoyant des lettres à toutes les laiteries, les sommant de cesser cette pratique.

Même si la FDA avait décrété que les produits issus du traitement à l'hormone de croissance n'avaient pas à être étiquetés, la plupart des États américains ont légiféré pour autoriser les laiteries à étiqueter leurs produits comme ne provenant pas de vaches traitées à cette hormone, ce qui donna lieu à un joyeux casse-tête juridique. Par exemple, malgré les vigoureux discours de Judy Klusman au Congrès, l'État du Wisconsin a voté une loi permettant un étiquetage volontaire. À la fin de 1996, toutes les laiteries de l'État avaient développé une gamme de produits laitiers *naturels*. C'est le Vermont qui est allé le plus loin dans cette direction en exigeant qu'on identifie par un point bleu tout produit laitier issu du traitement à la rBST. Cette loi fut abrogée par une cour d'appel en 1997; elle violait la liberté d'expression des producteurs de lait.

L'État d'Illinois a refusé de suivre la tendance. Après avoir interdit que les produits laitiers soient étiquetés « sans rBST », il a lancé des inspecteurs dans les épiceries à la recherche d'étiquettes illégales. Au printemps de 1996, trois laiteries, dont le populaire fabricant de crème glacée maison Ben & Jerry, ont intenté une poursuite contre l'État. Un an et demi plus tard, une cour a opté pour un compromis. Ben & Jerry et les autres firmes plaignantes pouvaient indiquer sur leur produit leur opposition à la rBST. Mais le fabricant de crème glacée n'était pas au bout de ses peines. Ironiquement, il a été obligé d'admettre que la coopérative qui lui fournissait sa matière première allait commencer à permettre à ses membres de traiter leurs vaches à l'hormone de croissance. Rien n'est simple au royaume des bovins aux hormones.

Malgré la montagne d'études scientifiques démontrant l'innocuité des produits issus de la rBST, les gens sont demeurés sceptiques. L'anxiété a été à son comble en janvier 1996. Professeur de médecine environnementale à l'École de santé publique de l'Université d'Illinois et directeur de la Coalition pour la prévention du cancer, Samuel Epstein publiait une étude dans une des principales revues en santé publique, l'*International Journal of Health Services*. Sa recherche établissait un lien entre la rBST et le cancer du sein et le cancer du côlon.

L'opposition scientifique au supplément hormonal remonte à 1986. Des scientifiques indépendants ont attiré l'attention sur les effets potentiellement dangereux de niveaux plus élevés du facteur de croissance IGF-1 (insuline-like growth factory) dans le lait des vaches traitées à l'hormone de croisssance. L'IGF-1 est une hormone de croissance très active que l'on trouve naturellement dans le sang des humains et des autres animaux. Le problème vient de ce que l'IGF-1 des humains et celui des vaches sont chimiquement identiques. Ces chercheurs ont trouvé que les produits faits de lait de vaches traitées à la rBST présentaient de hauts niveaux d'IGF-1 et l'hormone pourrait se retrouver dans le sang des consommateurs. L'IGF-1 ingéré est habituellement dégradé par l'estomac, mais la caséine du lait empêche cette transformation.

On sait peu de choses sur l'IGF-1, mais on croit généralement qu'une augmentation des niveaux de cette hormone chez les humains peut entraîner une augmentation des taux de tumeurs et provoquer l'apparition d'acromégalie (gigantisme), caractérisée par la croissance exagérée de la tête, de la face, des mains et des pieds.

Avant que la rBST ne soit approuvée, les National Institutes of Health (organismes gouvernementaux de santé publique) des États-Unis avaient mis sur pied un comité regroupant des scientifiques, des vétérinaires et un fermier producteur de lait et l'avaient chargé de faire la revue des études et de consulter des scientifiques, des consommateurs et des dirigeants de firmes productrices d'hormone de croissance synthétique. Ce comité a conclu que les niveaux élevés d'IGF-1 ne posaient pas de problème puisque la quantité retrouvée dans le lait des vaches traitées à l'hormone de croissance était moindre que celle que l'on trouve naturellement dans le lait maternel, voire dans la salive.

Toutefois, différentes études montraient une grande variation dans les niveaux d'IGF-1 et Epstein est demeuré préoccupé. Il a démontré que, suivant son absorption dans le sang, de hauts niveaux d'IGF-1 favorisaient l'apparition du cancer dans les cellules de la paroi du côlon et celles du sein, pour conclure : « La nation entière est actuellement soumise à la dénaturation généralisée d'un aliment de base séculaire par un produit de la biotechnologie mal caractérisé et non étiqueté. Ce qui est troublant, c'est que cette expérimentation profite à un bien petit secteur de l'industrie agro-chimique et qu'elle n'apporte aucun bénéfice équivalent aux consommateurs. Plus troublant encore, elle met gravement en danger la santé de toute la population américaine. »

La FDA est de nouveau intervenue pour réassurer la population. Elle a réaffirmé que la rBST n'augmentait pas les niveaux d'IGF-1 chez les vaches, que même si c'était le cas, l'hormone serait digérée par le système gastro-intestinal et que ce qui pourrait échapper au processus serait excrété. « L'hypothèse que l'IGF-1 dans le lait puisse favoriser ou causer le cancer du sein chez les humains est sans fondement scientifique. Il s'agit d'une malencontreuse erreur de jugement », a déclaré l'agence fédérale.

Toutefois, en 1998, sont apparues de nouvelles études scientifiques soutenant l'existence d'un lien entre de hauts niveaux d'IGF-1 dans le sang et les cancers du sein, du côlon et de la prostate. Une étude publiée dans *Science* en janvier 1998 a montré que le risque du cancer de la prostate était quatre fois plus élevé chez les hommes présentant de hauts niveaux d'IGF-1 dans le sang. Puis une autre étude, celle-là publiée le 9 mai 1998 dans la revue *The Lancet* explique en détail que le risque de cancer du sein est sept fois plus élevé chez les femmes en préménopause présentant de hauts niveaux d'IGF-1.

Monsanto a continué de se battre sur le front médical. Deux journalistes d'enquête travaillant pour la station de télévision Fox de Tampa, en Floride, avaient préparé un documentaire citant Epstein et d'autres chercheurs, Monsanto a sonné le branle-bas de combat. Un avocat à la solde de la firme a expédié une lettre à la station disant que tout débat suggérant un lien entre l'usage de la rBST synthétique et le cancer « relève du plus pur alarmisme ». Dans une deuxième lettre, cet avocat écrivait que les détracteurs de Monsanto sont probablement scientifiquement incompétents. Fox n'a pas diffusé la série documentaire. Les journalistes ont intenté un procès et élaboré un site Web pour faire connaître les faits. On y lisait que leurs patrons avaient supprimé les documents parce qu'ils avaient cédé à la pression de Monsanto.

L'industrie du lait et la FDA ont choisi d'ignorer les attaques scientifiques contre la rBST. En fait, à la fin des années 1990, le puissant lobby de l'industrie laitière orchestrait une campagne de promotion du lait pour augmenter sa consommation. De hauts fonctionnaires du gouvernement américain ont participé à l'opération. Une publicité montrait Donna Shalala, ministre de la Santé et des Services sociaux, un verre de lait à la main et arborant une « moustache lactée » sur sa lèvre supérieure. La FDA était sous sa juridiction.

Toutefois, si les effets du Posilac sur la santé humaine demeuraient controversés, tel n'était pas le cas pour ses effets sur la santé animale. La rBST n'était sur le marché que depuis deux ans et la FDA avait déjà reçu 1 459 rapports montrant que ce produit avait des effets secondaires chez les vaches. Le rapport bisannuel de l'agence étalait une série inquiétante de problèmes, notamment la mastite, ou infection du pis, des problèmes de reproduction, un lait anormal et des maladies du pied et de la jambe. Malgré cela, la FDA s'est arrangée pour conclure que ces résultats étaient acceptables, sinon normaux. « Des rapports font mention de réactions négatives au Posilac; la FDA ne trouve là rien d'inquiétant. »

Jay Livingston, un fermier vivant près de Lisbon, dans l'État de New York, avait trouvé, lui, de nombreuses raisons de s'inquiéter. Il avait utilisé la rBST sur les 200 vaches de son troupeau. « Durant les quelque deux premiers mois, les vaches semblaient bien se porter », a déclaré Livingston. « La quantité de lait produit est passée de 18 à 30 kg par jour. Puis, les vaches se sont effondrées. Une demi-douzaine sont mortes et le reste a commencé à présenter de sérieux problèmes de santé. » Livingston a cessé d'injecter l'hormone de croissance à ses vaches mais, longtemps après en avoir discontinué l'usage, son troupeau présentait encore des problèmes de reproduction : les naissances multiples sont devenues courantes alors que, normalement, ce phénomène ne survient qu'une fois sur cent. Dans l'industrie laitière, les doubles naissances ne doublent pas les bonnes nouvelles. Elles sapent plutôt l'énergie des vaches (deux veaux à nourrir) et, dans la plupart des cas, les veaux sont stériles. Plusieurs vaches et plusieurs veaux du troupeau de Livingston sont morts.

L'Union des fermiers du Wisconsin est venu noircir le tableau davantage. Des fermiers de sept États ont profité d'une ligne téléphonique pour se plaindre de la rBST. Ces producteurs laitiers racontaient des histoires de vaches qui mouraient immédiatement après l'injection et des problèmes de santé généralisés. Ils disaient avoir été forcés de réduire radicalement la taille de leurs troupeaux. John Schumway, un fermier de Lowville, dans l'État de New York, a dit avoir été obligé d'envoyer à l'abattage le quart de son troupeau de 200 têtes après avoir commencé le traitement à la rBST. Melvin Vanheel, qui trayait 70 vaches à l'extérieur de Little Falls, dans le Minnesota, a raconté sur une ligne ouverte qu'il avait vu une fausse couche par suite d'une mastite ainsi que des excroissances, des plaies ouvertes sur le site de l'injection et des coups de chaleur. Son vétérinaire lui a conseillé d'abandonner le produit.

Ces sombres rapports ont peu influencé la FDA. Mais la réaction a été différente en Europe. Des vétérinaires allemands ont décidé de ne pas administrer le produit aux vaches. Ce geste allait à l'encontre de leur code de déontologie qui interdisait de sciemment causer du tort aux animaux.

L'usage de la rBST n'a pas seulement soulevé de graves questions concernant la cruauté envers les animaux. Ce produit a aussi suscité de nouvelles interrogations quant à ses effets sur la santé des humains. On s'inquiétait de ce que le supplément hormonal puisse indirectement avoir pour effet un transfert des antibiotiques aux humains et ainsi entraîner chez eux le développement d'une résistance à ces antibiotiques. En effet, la rBST augmentant l'incidence d'infections chez les vaches, les fermiers ont utilisé des antibiotiques pour les combattre. Les vaches traitées aux antibiotiques sont censées être soustraites du trayage jusqu'à ce que toute trace de ces médicaments soit éliminée de leur organisme et de leur lait. Des tests à l'aveugle sont effectués pour savoir si le lait contient des résidus de médicaments et les fermiers paient l'amende s'ils laissent du lait contaminé se retrouver dans le système de distribution.

En théorie, on ne devrait pas trouver de résidus d'antibiotiques dans le lait vendu au marché. Il en va autrement dans la pratique. Une étude a été effectuée dans le Vermont. Commanditée par Monsanto, elle a été publiée en décembre 1992. Elle montrait qu'on administrait quatre fois plus d'antibiotiques aux vaches traitées à la rBST qu'aux autres, et ce parce qu'elles souffraient d'infections au pis. De plus, le traitement aux antibiotiques durait six fois plus longtemps que la moyenne. Également, on jetait sept fois plus de lait provenant des vaches traitées que des vaches non traitées. Il s'agit là d'une pression supplémentaire sur l'organisme. La FDA a admis qu'il était difficile de réglementer la question des résidus de médicaments dans le lait. Des 82 médicaments dont on sait qu'ils se retrouvent en infimes quantités dans le lait, seulement 30 sont actuellement approuvés par l'agence. Techniquement parlant, plusieurs des antibiotiques qu'utilisent les fermiers pour traiter leurs vaches sont illégaux. Quoi qu'il en soit, l'agence n'a pas la capacité de tester plus d'une douzaine de drogues et elle n'analyse que 500 échantillons par année. On peut donc honnêtement conclure à la présence de quelques résidus d'antibiotiques dans le lait que les Américains servent à leurs enfants.

En 1996, force était de constater que les rangs de l'industrie laitière américaine étaient moins serrés. Durant les deux ans qui ont suivi l'adoption de la rBST, 4 000 autres producteurs laitiers du Wisconsin ont déclaré forfait. Pour les mercaticiens de la drogue, c'était là une bonne nouvelle. Les données de la FDA montraient en effet que les jeunes fermiers étaient plus susceptibles d'adopter la nouvelle technologie fermière. Monsanto surveillait ces statistiques d'un oeil intéressé. Jerry Steiner, le Directeur du marketing pour les États-Unis, a prédit alors que de 30 à 40 % des producteurs laitiers allaient quitter l'industrie au cours des cinq années suivantes. « Un grand nombre de producteurs plus âgés vont prendre leur retraite. La nouvelle génération verra les choses autrement. »

John Kinsman est un de ces vieux producteurs laitiers mais, à la fin de 1996, il n'avait pas l'intention de se retirer. Son combat contre la rBST l'a catapulté au premier rang d'une organisation nationale qui parle au nom des propriétaires des ferme familiales, la Family Farm Defenders. En ce début de millénaire, Kinsman peut se retrouver à des congrès en Europe aussi bien qu'à jeter un oeil sous les queues battantes de ses vaches. Et ces temps-ci, ce n'est pas la rBST qui le préoccupe, mais la maladie de la vache folle.

Judy Klusman fait partie de cette « nouvelle génération de producteurs laitiers qui voient les choses autrement ». À la fin de 1996, elle était devenue la leader parlementaire de l'Assemblée de l'État. Elle continue d'utiliser la rBST sur sa ferme et rapporte que le gardien de son troupeau trouve que les vaches réagissent bien au supplément hormonal. Elles ne souffrent d'aucun problème qu'une gestion attentive ne puisse régler. Et même si quelques fermes continuaient d'afficher « Nous n'utilisons pas la rBST ! », le débat s'était déplacé hors de l'arène politique et des premières pages du journal. Klusman comprenait qu'elle pouvait faire usage de la rBST sans contrainte. « Même si certains utilisent toujours le produit comme bouc émissaire, tout est devenu passablement plus calme », a-t-elle déclaré.

La situation aux États-Unis a servi d'étude de cas au Canada. Quand, en 1994, l'hormone de croissance synthétique est apparue sur le marché américain, la controverse autour de l'innocuité du produit et des implications morales de son usage a recommencé au nord de la frontière. Le gratin du monde des affaires est venu appuyer Monsanto et les jeux semblaient faits en faveur de l'entreprise biotechnologique. S'apppuyant sur l'Accord sur le libre-échange nord-américain (l'Alena), les milieux d'affaires ont réclamé « l'harmonisation » des réglementations américaines et canadiennes. Les collèges et les universités de grande importance dispensant une formation agricole, tels McGill et

Guelph, recevaient des fonds de recherche pour étudier la rBST. Et il y eut des rumeurs de pots-de-vin versés par Monsanto aux organismes de contrôle pour qu'elles accélèrent le processus d'approbation. En novembre 1994, *The Fifth Estate*, une émission de télévision de la Canadian Broadcasting Corporation, rapportait que Monsanto avait essayé de verser des montants suspects à des fonctionnaires du ministère de la Santé du Canada. La firme aurait offert la somme de deux millions de dollars pour que la rBST soit approuvée au Canada sans avoir à fournir des données d'essais ou d'études additionnelles. Ce n'était qu'un malentendu, a protesté Monsanto. Les inspecteurs canadiens n'ont pas compris qu'elle ne voulait pas les acheter, qu'il s'agissait de fonds de recherche.

Probablement davantage au Canada qu'aux États-Unis, les fermiers ont eu tendance à se ranger du côté des consommateurs. En fait, le troupeau moyen canadien est plus petit, comptant environ 45 vaches. Et, au nord de la frontière américaine, la production laitière est contrôlée par un système de quotas. La quantité de lait qu'un fermier peut produire est prédéterminée. Ainsi, produire plus de lait pour être plus compétitif ne se traduit pas nécessairement par une hausse du revenu.

Les yeux braqués sur l'expérience américaine, plusieurs députés fédéraux ont réussi à persuader le comité de la Chambre des Communes sur l'agriculture de tenir des audiences publiques sur l'usage de la rBST au Canada. De plus, le Conseil des Canadiens, un lobby nationaliste né du débat sur le libre-échange des années 1980, s'est attaqué vigoureusement à la question. En 1994, les bureaux des politiques fédéraux étaient inondés de lettres provenant de consommateurs alarmés à l'idée qu'on puisse altérer le lait. De tous les coins du Canada, on réclamait un moratoire sur l'approbation : le Conseil national canadien du lait, l'Association nationale des fermiers, l'Association des infirmières et infirmiers de l'Ontario et le Toronto Food Council (Conseil de Toronto sur l'alimentation).

Monsanto a pris bonne note de la pression politique et a volontairement accepté de suspendre la commercialisation de la rBST jusqu'en juillet 1995. Le gouvernement a formé un comité ad hoc composé de représentants de l'industrie, des consommateurs et d'Agriculture Canada et l'a chargé d'une analyse coûts-bénéfices exhaustive de la rBST prenant en compte l'industrie laitière canadienne, la génétique animale et les consommateurs. Le rapport de ce comité ne contenait aucune recommandation, se contentant de prédire que l'approbation de la rBST se traduirait pas des gains limités et des pertes significatives pour l'industrie laitière canadienne.

On avait cru que les organismes de contrôle allaient approuver la rBST dès la levée du moratoire expirant en juillet 1995. Il n'en fut rien. Jumelées à celles des consommateurs, les pressions politiques ont été maintenues. Au début de 1998, l'approbation de la rBST était de nouveau reportée. L'agence canadienne d'inspection des aliments a formé deux comités d'experts chargés de réétudier le produit, le premier devant examiner ses implications sur la santé humaine et le second, son impact sur les vaches.

En 1998, six scientifiques de la Direction des médicaments vétérinaires d'Agriculture Canada accusaient leurs patrons d'exercer des pressions pour qu'ils approuvent des produits à « innocuité discutable » pour plaire à l'industrie. Ces fonctionnaires ont déposé un grief syndical stipulant qu'ils avaient été l'objet de coercition, de conspiration, de menaces, d'intimidation et de diffamation parce qu'ils avaient refusé d'approuver la rBST. Cinq d'entre eux ont produit un rapport interne. Ils y concluaient que le ministère de la Santé du Canada n'avait pas demandé au fabricant américain de lui fournir toutes les données concernant l'innocuité du lait provenant de vaches traitées à l'hormone de croissance. Les dirigeants de ce ministère ont supprimé ce rapport, forçant ainsi le comité du Sénat sur l'agriculture à recourir à la Commission d'accès à l'information pour en obtenir une copie. D'autres sources ont finalement refilé ce document à la presse. On y apprenait que l'étude qui avait fondé l'approbation de l'hormone aux États-Unis rapportait que 30 % des rats de laboratoire ont réagi au produit en présentant des niveaux plus élevés d'anticorps, certains accusant des lésions de la thyroïde et des kystes. La FDA et Monsanto avaient pourtant soutenu qu'aucun effet négatif n'avait été décelé chez les rats.

Furieux de ce qu'ils trouvaient, les sénateurs du comité ont demandé que le produit soit de nouveau interdit. L'un de ces sénateurs, Eugene Whelan avait été ministre de l'Agriculture dans le gouvernement libéral de Pierre Trudeau. Il déclara à la presse : « Personne ne peut prouver que cette hormone n'aura pas d'effets nuisibles dans 10 ou 15 ans. » Et le coloré sénateur ajouta que s'il était encore ministre et qu'il se rendait compte que des fermiers utilisaient la rBST, il les expulserait de l'industrie laitière. Whelan a reçu l'appui de sénateurs d'autres allégeances politiques. Mira Spivak, sénatrice progressiste-conservateur, a été active dans le dossier. De même que Wilbert Keon, médecin d'Ottawa et sénateur conservateur, qui déclarait au *Western Producer* : « On pourrait voir la présente motion comme l'occasion de rappeler aux inspecteurs de Santé Canada qu'ils doivent respecter le fondement même du serment d'Hippocrate : NE CAUSE PAS DE TORT et à nos organismes de surveillance qu'elles doivent être très diligentes et appliquer ce principe à notre approvisionnement en lait. »

La pression de politiques, de bureaucrates, de consommateurs et d'autres sources a continué d'augmenter. En janvier 1999, un rapport de l'Association canadienne de médecine vétérinaire apportait au gouvernement fédéral la justification d'un refus de la demande d'approbation de Monsanto. Santé Canada déclarait qu'il rejetait le supplément bovin non pas parce qu'il pouvait nuire à la santé humaine, mais à cause de son effet sur la santé des vaches. Le rapport citait des infections du pis, de la claudication et des problèmes de fertilité. Monsanto a immédiatement signalé son intention d'en appeler de la décision. Robert Collier s'est envolé des quartiers généraux de Monsanto à Saint-Louis et, à peine arrivé à Ottawa, il déclarait à la presse que le processus d'analyse des produits au Canada n'était pas fiable.

Avec l'appui manifeste du gouvernement américain, Monsanto continue d'exercer des pressions pour que son produit soit approuvé ailleurs dans le monde. À la fin de 1997, lors d'une session de l'Organisation mondiale du commerce, les États-Unis ont réussi à obtenir qu'elle nie le droit de l'Union européenne d'exclure la rBST de la liste des produits d'importation autorisés. L'industrie biotechnologique s'est aussi efforcée d'obtenir de la Commission du *Codex Alimentarius*, l'organisme international qui détermine les standards de sécurité pour les aliments, les produits alimentaires et les médicaments, qu'elle approuve un projet de standard qui aurait permis l'usage de la rBST partout dans le monde. Toutefois, un lobby de consommateurs mondial est intervenu et, au milieu de 1997, il a réussi à persuader les délégués de rejeter le projet. Lors de la même rencontre, le Canada a voté contre de nouvelles études sur la rBST. Il a perdu son vote.

Le système de réglementation qui avait jusque-là protégé les petites fermes laitières — et qui, en partie, avait tenu la rBST en échec — sera aussi remis en question lors d'une autre session de l'Organisation mondiale du commerce. Sans cette protection, les producteurs laitiers n'auront sans doute plus le choix : ils devront s'en remettre au Posilac pour augmenter leur production laitière et leur compétitivité. D'ici là, il serait naïf de croire que le lait de vaches traitées à l'hormone de croissance n'est pas présent dans le réseau laitier canadien. On le trouve dans des produits importés des États-Unis tels les mélanges de cacao, les barres de muesli (granola) et les préparations de pudding individuelles ainsi que dans le lait produit au Canada avec la rBST passée en fraude à travers une frontière largement non contrôlée.

Aux États-Unis, la rBST est en usage depuis cinq ans, période durant laquelle Monsanto n'a pas cessé de faire la promotion de son invention biologique. À l'instar des autres produits offerts par la biotechnologie, la rBST semble conçue à l'avantage des grandes entreprises, en l'occurrence, les créateurs de médicaments. Au cours des années, les fermiers ont appris à augmenter leur production de lait par une meilleure alimentation et un meilleur accouplement, et ce à l'abri des risques que semble comporter la rBST. Une hormone de croissance génétiquement élaborée ne semble pas nécessaire dans les pays où les fermiers produisent déjà plus de lait qu'ils n'en ont besoin. On peut tirer une leçon de l'expérience de la rBST : la biotechnologie pourrait s'avérer une solution risquée et moralement suspecte à un problème qui n'a jamais vraiment existé.

Les fruits du laboratoire 5

C'était une de ces journées de la fin d'août qui met fin à l'insouciance de l'été. Un coup de froid avait recouvert le matin d'une rosée glaciale qui rappelait la proximité de l'automne. Malgré le soleil du midi, la journée était fraîche et sentait le retour à l'école. Il y avait dans l'air une odeur de changement.

Dot Wilson était à son bureau du quartier général de la Unisys Corporation, dans la banlieue de Philadelphie et laçait ses tennis sans se douter de ce que la journée lui réservait. Directrice du service d'aide sur le terrain de la firme de systèmes de gestion d'information, elle consacrait l'essentiel de son temps à voyager à travers les États-Unis. Ce jour-là lui offrait une de ces rares occasions de partager avec ses collègues la petite promenade du midi le long de la piste de jogging qui serpente à travers les édifices de Unisys. Elle aimait bien ces journées.

Pour Wilson, courir rapidement cinq kilomètres n'avait rien de difficile. À 44 ans, elle était en bonne santé; elle menait une vie active et faisait régulièrement du conditionnement physique. Mais, en cette journée d'août 1988, à mi-chemin du trajet, elle a été assaillie par une « étrange sensation » de grande fatigue dans les jambes. Elle a choisi de l'ignorer, comme font la plupart des gens face à une douleur ou un mal soudain. Mais, une semaine plus tard, la sensation persistait; pire, elle s'était étendue à tout son corps.

Elle est allée voir son médecin qui lui a prescrit la série de tests usuels. Les résultats n'ayant pas permis un diagnostic rapide, elle a traîné ses symptômes d'un spécialiste à l'autre. La liste de ses souffrances s'allongeait : des spasmes, des douleurs musculaires profondes et de vives sensations de picotement. Et le diagnostic demeurait vague. Personne n'a pensé à mettre en cause le supplément de L-tryptophane que son médecin de famille lui avait suggéré d'essayer trois mois auparavant pour combattre l'insomnie dont elle souffrait quand elle était sur la route. Le L-tryptophane était réputé sans risque. Ne l'avait-on pas identifié comme l'ingrédient du lait chaud qui amène le sommeil ?

Au cours de l'automne, le changement qui s'était annoncé en cette journée de fin d'été a pris un tour inquiétant. En décembre, Wilson a dû s'absenter brièvement de son travail pour incapacité et subir des tests plus complets à l'hôpital. Ces derniers n'ont pas davantage permis aux médecins de poser un diagnostic fiable ni de proposer un traitement. Il n'était pas question que Dot Wilson retourne au travail dans l'immédiat. Les spasmes, la douleur et l'inquiétude l'empêchaient maintenant de dormir. Son médecin lui a de nouveau recommandé de prendre du L-tryptophane, lui disant que ce « n'était pas plus dangereux que des *Rice Krispies*[1] ».

Les manifestations de la maladie semblaient s'intensifier. Elle souffrait maintenant d'éruptions cutanées et d'accès de transpiration nocturnes. Sa peau était raide comme du cuir et les spasmes et les douleurs musculaires faisaient désormais partie du quotidien. Il s'était écoulé environ un an depuis sa dernière course énergique du midi et les choses allaient de plus en plus mal. Un jour, dans sa chambre à coucher, ses jambes l'ont complètement abandonnée et, peu de temps après, ses bras étaient de plomb. Soudainement, de façon inexplicable, cette active femme de carrière était devenue tétraplégique, incapable de se tourner dans son lit ou de contrôler les fonctions les plus élémentaires de son corps.

Tout naturellement, la télévision en est venue à occuper une place essentielle dans la vie réduite de Wilson, nouvellement immobilisée. Un soir de novembre 1989, elle a capté un reportage sur une nouvelle maladie étrange dont les symptômes ressemblaient fort aux siens. Le syndrome de myalgie éonosophélique (SMÉ) frappait les Américains d'un bout à l'autre du pays. Certains en étaient morts. Il semblait y avoir un lien entre les victimes; elles avaient toutes pris un supplément de L-tryptophane. En une semaine, tous les spécialistes qui avaient traité Wilson l'ont appelée pour lui dire qu'ils avaient résolu le casse-tête.

En ce temps-là, dans tous les magasins de produits naturels des États-Unis, on considérait le L-tryptophane comme un produit de base. Sa popularité avait débuté dans les années 1970. On disait qu'il pouvait servir à traiter sans risque l'insomnie, le syndrome prémenstruel et la dépression. Six fabricants japonais fournissaient le marché américain en L-tryptophane. Après plusieurs mois d'enquête, on a relié l'épidémie de SMÉ à un seul des six fabricants, Showa Denko K.K., le géant de la pétrochimie de Tokyo. Cette firme contrôlait déjà plus de la moitié du marché américain mais, en 1988 et 1989, elle a cherché à augmenter l'efficacité de sa production de L-tryptophane. Pour ce faire, elle avait modifié son mode habituel de production en y introduisant une nouvelle bactérie génétiquement manipulée appelée Souche V.

Showa Denko n'était pas la première firme à recourir au génie génétique dans son mode de production. Au moins 100 autres compagnies de produits pharmaceutiques ou alimentaires avaient déjà exploité les capacités de reproduction d'organismes génétiquement modifiés pour produire de grandes quantités d'une substance désirée. Comme d'autres fabricants de suppléments alimentaires, Showa Denko s'était régulièrement appuyée sur un procédé de fermentation dans lequel de grandes quantités de bactéries sont cultivées dans des cuves, la substance désirée étant extraite de ces cultures, puis purifiée. En l'occurrence, Showa Denko avait utilisé la souche V pour faire fermenter des nutriments et les convertir en L-tryptophane. La technique revenait à utiliser une bactérie génétiquement modifiée pour manufacturer de la vie.

Selon la législation américaine, la firme était autorisée à vendre le L-tryptophane ainsi produit sans qu'il ne soit nécessaire de vérifier son innocuité. Il suffisait qu'elle et d'autres compagnies aient vendu pendant des années un supplément produit sans l'intermédiaire d'une bactérie génétiquement modifiée et qu'aucun effet nuisible n'ait été noté. C'était comme si le procédé de fabrication n'était que virtuel. Seul importait que le nouveau produit soit « globalement équivalent » à celui qui avait été vendu depuis des années.

La compagnie avait dû considérer le changement de procédé comme normal. Toutefois, cette altération apparemment mineure semblait avoir donné naissance à un mélange toxique. Des tests ont montré que le L-tryptophane de Showa Denko était pur à 99,6 %, ce qui le situait bien en deçà des normes officielles. Mais la petite partie du composé considérée comme « impure » contenait de 30 à 40 contaminants différents, dont un, le EBT, a particulièrement attiré l'attention des scientifiques. On avait en effet montré que ce produit causait quelques-uns des symptômes du SMÉ chez les rats. Cela se passait en 1989, durant les premières années de la révolution biotechnologique. Personne n'aurait voulu alors ternir l'image de la nouvelle industrie. Showa Denko soutenait que le génie génétique n'était pas responsable de la production des contaminants imprévus et toxiques. Elle blâmait plutôt une autre modification de son mode de production. Le hasard avait fait qu'elle réduise la quantité de carbone activé utilisé pour la purification en même temps qu'elle avait introduit la souche V.

Toutefois, Showa Denko ne pouvait documenter son affirmation. Quand les inspecteurs de la Food and Drug Administration (FDA) se sont rendus au Japon pour examiner les installations de production, la firme avait effacé toute trace de la chaîne de production de L-tryptophane. En dépit de demandes répétées de soumettre à l'analyse des échantillons de la bactérie génétiquement manipulée, elle a toujours refusé de le faire. Les dirigeants de la FDA ont alors déclaré : « L'équipe s'est vu refuser l'accès à l'information, aux dossiers et aux lieux habituellement inspectés dans de telles circonstances ». En détruisant tous les stocks de la bactérie modifiée, Showa Denko a éliminé les données et fait disparaître toute preuve qui aurait pu servir à résoudre le problème et, peut-être, à trouver une réponse pour ceux qui souffraient des effets toxiques du L-tryptophane.

Mises à part ses frustrations, la FDA n'était pas plus intéressée à brandir le spectre d'une expérimentation biotechnologique mortelle que ne l'était Showa Denko. L'agence connaissait l'existence de la bactérie génétiquement modifiée depuis novembre 1989. Elle a toutefois omis de rapporter le fait jusqu'en août 1990, c'est-à-dire jusqu'à ce qu'elle soit obligée de réagir à un article du journal *Newsday*. Un autre article, paru celui-là dans la revue *Science*, citait des scientifiques de la FDA qui se disaient préoccupés par « l'impact qu'aurait sur l'industrie » la révélation d'un lien possible entre la SMÉ et le génie génétique.

La chance était du côté de l'industrie biotechnologique. La FDA a décidé de tenir des audiences sur les morts associées au L-tryptophane, mais les sessions ont été noyées dans un autre débat, à savoir si les suppléments alimentaires devaient ou ne devaient pas être disponibles dans les magasins d'aliments naturels. Financièrement puissante et agressive, l'industrie américaine des aliments naturels a dominé les audiences; la réglementation en vigueur autorisait la vente des suppléments et on ne devait pas l'amender. En 1990, la FDA opta pour un compromis. Elle bannissait le L-tryptophane mais continuait d'autoriser la vente des autres suppléments alimentaires dans un marché non soumis à la réglementation.

Le Canada a échappé à l'épidémie dévastatrice. Selon la législation canadienne, les substances comestibles sont soit des aliments soit des médicaments, et la loi ne prévoit rien pour les suppléments alimentaires. Les vitamines et les herbes médicinales ne sont pas réglementées, mais on ne peut non plus mettre d'avant leurs vertus thérapeutiques. (En 1999, la loi contrôlant les suppléments alimentaires était en cours de révision.[2]) Parce que son fabricant lui attribuait des effets régénérateurs, au Canada, le L-tryptophane aurait été considéré comme un médicament et, comme tel, soumis à des normes beaucoup plus sévères qu'aux États-Unis. Par exemple, le fabricant aurait dû déposer un rapport décrivant en détail les procédés de production et tout changement qu'il leur avait apporté. Comme on aurait sans doute pu s'y attendre, Showa Denko et les autres fabricants ne se sont jamais donné la peine de demander au Canada de reconnaître à leurs produits le statut de médicaments. Et le L-tryptophane n'a jamais été en vente au nord de la frontière américaine.

Le bilan officiel de la première année de l'épidémie de SMÉ aux États-Unis : 37 morts, 1 535 handicapés permanents et plus de 5 000 personnes affligées temporairement de problèmes. On n'a jamais déterminé avec certitude si la toxicité avait été causée par une production bâclée résultant d'une réduction du niveau de filtration ou par une manipulation génétique mal contrôlée, bien qu'il y ait eu plus de 200 études scientifiques sur le sujet. S'appuyant sur des principes chimiques et biochimiques fondamentaux, les scientifiques ont conclu que le contaminant EBT avait probablement été produit au moment où la concentration de L-tryptophane avait atteint des niveaux tels que les molécules ou leurs précurseurs avaient commencé à interagir. Richard Hinds, un avocat de Washington qui a représenté Showa Denko, a semblé jeter une douche froide sur l'hypothèse voulant qu'une filtration inadéquate ait été responsable du mélange toxique. Il déclarait à la revue *Science* que le niveau de carbone activé utilisé pour la filtration avait déjà connu des variations, qu'il avait déjà été aussi bas que lors de l'apparition de L-tryptophane dévastateur et qu'aucune conséquence désastreuse n'avait été notée.

Dot Wilson a maintenant un diagnostic, mais elle ne saura probablement jamais la cause exacte de la toxicité de cette petite pilule achetée dans un magasin d'aliments naturels, un produit apparemment inoffensif qui a bouleversé sa vie. À la fin des années 1990, elle utilisait encore un fauteuil roulant, elle souffrait d'une douleur permanente qu'elle n'arrivait à contrôler qu'avec un arsenal de médicaments, et elle était aux prises avec une série croissante de nouveaux problèmes affectant entre autres le coeur, la thyroïde et le taux de glycémie, sans compter l'émergence d'un cancer du sein. En 1991, elle a obtenu une réglement hors cour avec Showa Denko, ce qui lui permet de vivre dans une relative sécurité financière. Elle est contente d'avoir pu recouvrer quelques-unes de ses capacités; elle peut maintenant préparer une tasse de thé. Mais elle garde une ironie amère : la publicité vantait les vertus thérapeutiques du L-tryptophane, mais ce produit ne l'a jamais aidée à dormir dans des lits différents après une longue journée de travail lorsqu'elle était en voyage. Il lui a plutôt rendu la vie misérable; à cause du SMÉ qu'il a provoqué, elle sort toujours de ses nuits épuisée.

Wilson n'espère plus guérir. On ne mène aucune recherche sur cette mystérieuse maladie dont on n'a jamais soupçonné la cause. Le SMÉ frappe avec une férocité dévastatrice, mais dans le monde médical, on considère ses effets comme bénins. Les Dot Wilson du monde n'ont pas le poids politique requis pour exiger des réponses à leurs questions. De l'autre côté de la planète, sur son perchoir protégé, Showa Denko s'est lavé les mains de cette affaire. Il ne lui reste que quelques poursuites à régler. L'épidémie de SMÉ est passée à l'arrière-plan de l'histoire de la santé publique. Elle est tombée dans l'oubli, d'autres crises ayant retenu l'attention de la communauté médicale et scientifique.

On ne saura probablement jamais si le génie génétique a eu quelque chose à voir avec l'épidémie de SMÉ, comme on ne saura jamais avec certitude si les aliments transgéniques à l'étalage des supermarchés sont sécuritaires ou non. À moins que ne soient établies des exigences nouvelles et strictes imposant que tout aliment issu du génie génétique soit testé sur des humains, il n'y a aucune assurance que l'histoire ne se répétera pas. Il est à noter que pour les organismes de contrôle canadiens et américains, il n'est même pas question de « sécurité alimentaire »; on parle plutôt de « risque acceptable ». Il semble que rien ne nous garantisse que ce que nous nous mettons sous la dent nous soit aussi bénéfique que la pomme quotidienne jadis prescrite par les dentistes et les médecins de famille.

L'industrie biotechnologique soutient qu'il n'y a pratiquement aucun risque à consommer des aliments transgéniques. Elle prétend que les modifications que le génie génétique apporte aux aliments sont minimes, donc qu'il n'y a pas lieu de s'inquiéter plus que pour des aliments produits naturellement. Ceux qui osent remettre en question cette logique sont écartés comme excentriques ou marchands de peur.

Quand il est question du caractère sécuritaire des aliments transgéniques pour la consommation humaine, la plupart des opposants à la biotechnologie marchent sur des oeufs. Même Jeremy Rifkin, qui n'est pas du genre à retenir ses coups, use de prudence quand il parle des effets cumulatifs que le génie génétique pourrait avoir sur des aliments déjà « enrichis » de produits chimiques. Sa Pure Food Campaign n'affirme pas globalement que les aliments génétiquement modifiés sont dangereux pour la santé humaine. Aliment transgénique après aliment transgénique, ce lobby souligne l'impact qu'il peut avoir sur l'environnement, ou montre qu'il affecte les fermes familiales.

Malheureusement, le monde scientifique s'est peu prononcé sur l'impact du génie génétique sur la santé humaine. Les scientifiques qui, pour des raisons fondamentales, s'opposent à ce qu'on ait recours à la biotechnologie dans la production alimentaire ne peuvent citer des études appuyant leur point de vue. Quand Margaret Mellon, de l'Union of Concerned Scientists et Michael Hanson, de l'Association des consommateurs américains, disent prudemment que les aliments transgéniques « ne représentent pas un si grand risque », ils illustrent bien cette situation. De façon générale, la communauté activiste ne veut pas être perçue comme alarmiste. L'histoire regorge pourtant d'exemples où la chimie devait aider au mieux-être alors qu'elle a finalement eu des effets secondaires négatifs. Il serait insensé de croire aveuglément que, contrairement à d'autres nouvelles technologies, le génie génétique connaîtra un avenir prévisible, et sécuritaire.

Le débat sur les risques du génie génétique n'offre pratiquement aucun exemple concernant les allergies. Le commerce de la biotechnologie soutient depuis longtemps qu'aucun allergène n'est transféré dans les aliments conçus en laboratoire par l'épissage de gènes. Mais ces assurances ont vacillé quand, en mars 1996, une étude scientifique a montré que la manipulation génétique pouvait par mégarde transférer de graves allergies aux nouvelles plantes à culture.

Des scientifiques américains de l'Université du Nebraska, à Lincoln, et de l'Université du Wisconsin, à Madison, ont démontré que les graines de soja auxquelles on ajoute un gène de la noix du Brésil pour augmenter leur teneur protéinique déclenchent une réaction possiblement mortelle chez les gens allergiques à cette noix. Pioneer Hi-Bred International avait espéré créer des graines de soja améliorées qui, à leur tour, amélioreraient l'alimentation animale. On savait déjà que la noix du Brésil provoquait des réactions allergiques, mais le gène de protéine qui allait être fusionné aux graines de soja n'avait pas été considéré comme possiblement allergène. En fait, des essais antérieurs sur des animaux avaient calmé les inquiétudes des chercheurs; les résultats n'avaient montré aucune réaction négative. Mais sachant qu'il serait difficile d'éviter que les graines de soja n'entrent dans l'alimentation des humains, la firme a décidé de jouer de prudence et commandé des tests sur ces derniers.

Les scientifiques chargés de l'étude ont été décontenancés de constater que le sérum sanguin de huit personnes sur neuf connues pour être allergiques à la noix du Brésil réagissait fortement aux graines de soja génétiquement modifiées. Des tests cutanés ont même provoqué des réactions encore plus fortes chez trois des sujets. Confrontée à l'irréfutable évidence que les graines de soja portaient des caractérisques allergéniques, Pioneer Hi-Bred a abandonné son projet de commercialisation. Elle s'est ensuite mise à la recherche d'un autre gène plus bénin capable de produire l'acide aminé qui, espérait-elle, allait améliorer ses graines de soja.

Huit aliments causent 90 % des allergies alimentaires, soit le lait, les oeufs, le blé, les arachides, le soja, les noix, les crustacés et mollusques et le poisson. Un large éventail d'autres aliments peuvent aussi provoquer des réactions allergiques. Et pour compliquer les choses davantage, les aliments contiennent souvent plus d'une protéine allergène. Le lait, par exemple, en contient de 10 à 20, et la plupart des enfants allergiques au lait réagissent à plus d'une d'entre elles. Les opposants à la biotechnologie disent que les conclusions concernant la noix du Brésil confirment leurs pires craintes. Comme les jongleurs de gènes ont recours à une grande variété d'espèces, on ne peut absolument pas prévoir quel aliment génétiquement modifié causera une réaction allergique. Les chercheurs puisent dans un nombre incalculable d'organismes qui ne s'étaient jamais retrouvés jusque-là dans les aliments. Par exemple, une bactérie du sol transfère régulièrement un gène aux plantes, ce qui confère à celles-ci une résistance aux herbicides. Quoique les gènes provenant de bactéries puissent paraître inoffensifs, il faut se rappeler qu'ils n'ont jamais fait partie de la chaîne alimentaire. Les gens qui s'organisent pour se donner une vie acceptable en évitant systématiquement les aliments auxquels ils sont allergiques pourraient tout à coup se rendre compte qu'ils sont allergiques à tout nouvel aliment subtilement modifié en laboratoire.

Sous la perspective scientifique, les vraies allergies alimentaires, qui impliquent une réaction documentée du système immunitaire, affectent environ 2 % des adultes nord-américains et de 2 % à 8 % des enfants. Toutefois, une enquête récente a montré que 25 % des Américains croient être allergiques à certains aliments. On pense qu'à l'instar des allergies clairement décrites, ce type de sensibilité alimentaire augmente avec l'addition de nouvelles protéines dans les produits alimentaires.

Ce sont les protéines qui entraînent le système immunitaire à percevoir les aliments comme dangereux et à réagir comme si l'organisme était attaqué. Les gènes présents dans les aliments enclenchent tous la production de protéines. Quand le système immunitaire réagit à leur présence en produisant des anticorps, diverses cellules libèrent de l'histamine et d'autres produits chimiques dans l'organisme. Au plus fort du combat, ces produits chimiques, appelés médiateurs, peuvent provoquer de l'urticaire, de l'asthme et d'autres symptômes d'allergies dans tout l'organisme, dont l'anaphylaxie, une réaction soudaine, grave et possiblement mortelle, constitue l'exemple le plus extrême. Les arachides, les noix, les crustacés et mollusques, le poisson et les oeufs sont les aliments les plus susceptibles de déclencher cette réaction. Un cinquième de cuillérée à thé de l'aliment dangereux peut causer la mort. Les enfants qui souffrent de graves allergies au lait peuvent réagir au seul contact du lait avec la peau.

L'impact dévastateur des allergies aux plantes se retrouve surtout chez les individus qui consomment pour la première fois un aliment avec lequel ils ne sont pas familiers. Par exemple, les allergies aux arachides sont relativement peu communes chez les populations africaines, cet aliment étant à la base de leur régime alimentaire. On peut présumer que la sélection naturelle a éliminé du bassin génique africain les gens qui portaient le gène de l'allergie à l'arachide. Il semble que les allergies apparaissent quand des aliments comme l'arachide sont introduits chez de nouvelles populations.

Les protéines allergènes se présentent sous une variété de formes et de compositions. Jusqu'à maintenant, les scientifiques n'ont pas trouvé de caractéristiques communes qui permettraient de prédire leur caractère allergène. À l'instar de ceux qui ont été faits pour les graines de soja de Pioneer Hi-Bred, les tests menés sur le sérum sanguin n'ont d'utilité que si les nouvelles protéines proviennent de sources allergéniques connues. Mais le génie génétique peut se servir de protéines de bactéries trouvées dans le sol, dans l'océan, ou n'importe où ailleurs, et les incorporer dans l'alimentation humaine. Puisque ces substances n'ont jamais existé comme aliments auparavant, leurs caractéristiques toxiques ou allergènes sont incertaines, imprévisibles et impossibles à tester.

Au début de septembre 1928, Sir Alexander Fleming interrompait ses vacances et passait à son laboratoire du St. Mary's Hospital de Londres, en Angleterre, pour mettre la dernière main à un travail inachevé. Dans une pile de boîtes de Petri à stériliser s'en trouvait une dans laquelle un champignon inhabituel croissait au milieu de staphylocoques, empêchant ainsi le développement de ces bactéries. Cette moisissure, c'était la pénicilline, un champignon qui allait marquer le début de l'ère des antibiotiques dans la science médicale.

Fleming n'a pas compris au début la remarquable valeur thérapeutique de sa découverte. Il s'écoulera presque 15 ans avant que deux scientifiques d'Oxford, Howard Florey et Ernst Chain, analysent et démontrent la valeur de la pénicilline pour combattre les maladies humaines causées par des bactéries. Dans les décennies qui suivirent, les scientifiques ont entrepris d'identifier un éventail d'autres antibiotiques également capables de tuer les « dragons » bactériens.

À l'époque, la découverte des antibiotiques a été considérée comme le progrès le plus significatif de la médecine moderne. Les médecins disposaient enfin d'un arsenal thérapeutique pour combattre les opiniâtres maladies microbiennes qui, à plusieurs moments de l'histoire, avaient éliminé des populations tout entières. Au début des années 1990, avec le développement de plus de 420 antibiotiques, nous avions nettement dépassé la pénicilline.

De nos jours toutefois, nous commençons à assister au déclin de la capacité de l'humanité à contrôler la maladie à l'aide d'antibiotiques. Les bactéries ont appris à résister à ces armes magiques. Des maladies comme la tuberculose, qu'on avait considérée comme pratiquement éradiquée, ravagent de nouveau certaines parties du monde. La pneumonie, les infections par le staphylocoque et les septicités sont aussi de retour, fauchant les populations des pays en voie de développement. Dans les pays industrialisés, des souches de pneumocoques pouvant causer des infections de l'oreille, des méningites, des pneumonies et des infections sanguines sont depuis quelques années résistantes à la pénicilline et à quatre autres antibiotiques. Une souche de staphylocoque isolée en Australie s'est avérée résistante à 31 médicaments différents. De nos jours, les hôpitaux sont souvent frappés par un micro-organisme mutant appelé VRE. Celui-ci résiste aux antibiotiques les plus courants, incluant les antibiotiques les plus puissants de l'arsenal médical. Et, à la fin de 1996, des médecins britanniques ont dit craindre d'avoir été témoins d'un autre bond dans l'évolution d'un micro-organisme. Ils ont observé un « supermicrobe » qui est non seulement résistant, mais qui croît dans les antibiotiques même censés le tuer.

Les antibiotiques ont perdu leur force principalement parce qu'ils ont été trop utilisés. Les médecins ont commencé à les prescrire pour à peu près n'importe quelle petite affection. En 1995, au Canada, 26 millions de doses d'antibiotiques ont été prescrites. Les antibiotiques font tellement partie du décor médical que des gens, souvent à cause de leur insistance, les reçoivent pour des infections virales, qui ne peuvent pas être enrayées avec un médicament conçu pour combattre des bactéries nuisibles. On estime que 70 % des infections de l'oreille chez les enfants se résorbent d'elles-mêmes, sans l'omniprésente prescription d'antibiotiques.

L'usage abusif des antibiotiques fournit aux bactéries le milieu de reproduction idéal pour muter et développer une immunité contre les armes même qui sont censées les abattre. Les bactéries sont sexuellement très actives, produisant une nouvelle génération à toutes les vingt minutes. Et, fait remarquable, elles peuvent refiler les plus utiles de leurs gènes à d'autres microbes. Parce qu'ils se sentent mieux, des patients cessent de prendre les antibiotiques qui leur ont été prescrits avant la fin du traitement. Le problème, c'est que les bactéries n'ont pas toutes été tuées. Celles qui restent sont capables de muter et de produire une nouvelle génération apte à résister à l'antibiotique en question.

L'industrie agricole moderne a aussi exacerbé la résistance en « bourrant » le bétail d'antibiotiques, ces derniers étant un additif courant de l'alimentation animale. On s'en sert pour stimuler la croissance et pour contrer d'éventuelles maladies. On considère normal d'administrer des antibiotiques à des animaux possiblement stressés par un confinement systématique et par des méthodes d'élevage tenant des procédés d'usine. La moitié des antibiotiques produits dans le monde sont utilisés pour traiter les animaux, non les humains. L'Organisation mondiale de la santé voit un grave problème dans l'usage routinier des antibiotiques, notamment pour stimuler la croissance.

Si on permet au génie génétique de s'emparer de la ferme, la crise de la résistance aux antibiotiques risque de se transformer en véritable catastrophe. L'usage récent de l'hormone de croissance bovine génétiquement modifiée dans les fermes laitières des États-Unis en est un exemple parmi d'autres. Les craintes que l'excédent d'antibiotiques qu'entraîne cette pratique passe dans le réseau de distribution du lait ne sont que trop réelles. Le magazine de l'industrie laitière *Dairy Today* a rapporté qu'en 1995, la présence illégale d'antibiotiques dans le lait a augmenté de 50 % dans huit des 10 États qui produisent le plus de lait.

Le danger ne se limite pas au lait ou à la viande que nous consommons. La pratique courante consistant à ajouter des marqueurs géniques résistant aux antibiotiques à des formes de vie génétiquement modifiées est une source intarissable de préoccupation. Par exemple, la fameuse tomate *Flavr Savr* de Calgene a déclenché un long débat autour du marqueur génique résistant à la kanamycine. Souvent administré oralement à des patients avant une chirurgie, la kanamycine n'est pas un antibiotique que la pratique médicale peut se permettre de perdre. En 1991, 66 000 Américains se sont vu prescrire ce médicament.

Les scientifiques de Calgene ont soutenu que le marqueur génique résistant aux antibiotiques n'était pas transféré aux micro-organismes du système digestif des humains. Nous avons tous des micro-organismes vivant en nous, ce que la science appelle métaphoriquement la flore intestinale. En juillet 1994, dans une importante revue des marqueurs résistants aux antibiotiques, le United Kingdom Advisory Committee on Novel Foods s'est essentiellement rangé du côté de Calgene. Il a conclu que les processus digestifs décomposent l'essentiel de l'ADN des aliments crus avant qu'il ne soit en contact avec les micro-organismes intestinaux. Composé d'experts indépendants chargés de conseiller le gouvernement, ce comité a toutefois recommandé aux dirigeants de ne pas tolérer que des micro-organismes vivants génétiquement modifiés, tels les levures ou ceux qu'on trouve dans le yaourt, contiennent des marqueurs géniques résistants aux antibiotiques. Ces micro-organismes, concluait le comité, pourraient transmettre leur résistance aux antibiotiques à la flore intestinale des humains. Ces conseillers ont aussi recommandé que, dans l'avenir, toute firme qui propose un aliment modifé en laboratoire à l'aide d'un marqueur génique résistants aux antibiotiques soit forcée de « démontrer l'innocuité » des gènes et « la nécessité scientifique de leur utilisation ».

Malgré l'exonération de la *Flavr Savr*, des scientifiques ont continué d'être préoccupés par ce que la tomate pouvait ajouter à la résistance croissante aux antibiotiques, qui déconcerte la médecine moderne. Après avoir affirmé qu'il n'était pas certain que l'on puisse transposer ce qui se passe dans une éprouvette dans ce qui se produit dans le champ, Michael Gilmore, microbiologiste au University of Oklahoma Health Sciences Center, a déclaré à la presse : « Les bactéries sont très ingénieuses et des phénomènes inattendus surviennent assez régulièrement. » Et, au Royaume-Uni, l'héritage de la tomate demeure. Chaque fois qu'un nouvel aliment produit en laboratoire est présenté pour approbation, les scientifiques relancent le vieux débat des marqueurs géniques augmentant la résistance aux antibiotiques.

Les sociétés biotechnologiques aiment présenter les organismes de surveillance comme étant les ultimes gardiens d'une alimentation sécuritaire. En fait, les gouvernements américain et canadien ont la louable réputation d'assurer la sécurité des aliments de base essentiels à la vie.

Toutefois, dans l'évaluation des risques pour la santé humaine que comportait la tomate *Flavr Savr*, ces instances ont adopté un rôle passif. Le génie génétique modifie les aliments et de nouvelles protéines et d'autres nouveaux composés se retrouvent dans l'alimentation humaine. La seule manière de savoir si ces nouveaux aliments sont allergènes ou toxiques est de les analyser minutieusement. Toutefois, les organismes de contrôle des gouvernements canadien et américain ne requièrent pas une telle analyse, ni que ces produits soient étiquetés.

Au Canada, contrairement à la pratique pour tout nouveau médicament, on n'exige pas qu'un « nouvel » aliment soit testé sur les humains avant d'être mis en marché. Par exemple, le gouvernement fédéral a conclu que les pommes de terre *New Leaf*, qui ont une activité pesticide, étaient sécuritaires. Il s'est appuyé sur des tests de laboratoire dans lesquels des souris, des rats et des cailles ont été nourris de pommes de terre ou des extraits protéiques provenant de celles-ci. « Nous n'avons pas observé d'effets relatifs au traitement », affirmait le document par lequel la Direction de la production et de l'inspection des aliments faisait part de sa décision.

En Amérique du Nord, les gouvernements canadien et américain ont largement délégué la responsabilité de tester l'innocuité des aliments transgéniques aux compagnies même qui les produisent. Selon un éditorial de la revue *New England Journal of Medecine* paru en 1996, la FDA « paraît favoriser l'industrie au détriment de la protection des consommateurs ». Et comme le faisait remarquer avec ironie un opposant canadien, Santé Canada dit essentiellement aux producteurs de nouveaux aliments transgéniques : « Si votre nouvel aliment tue des gens, faites-le-nous savoir. »

Même des analyses complètes d'innocuité ne peuvent garantir avec une absolue certitude qu'un aliment génétiquement modifié soit sécuritaire. Par exemple, les tests faits auprès de sujets volontaires sur trois ans peuvent ne pas révéler des effets à long terme. Mais on devrait s'attendre à ce strict minimum de prudence de la part d'une science qui se veut responsable.

On pourrait caractériser la fin du XXᵉ siècle par ses alarmes alimentaires. Ce fut la maladie du hamburger, le virus du poulet, la maladie de la vache folle, de quoi faire regretter l'époque de la pomme quotidienne. Il est étrange que les gouvernements du Canada et des États-Unis aient donné carte blanche à l'industrie biotechnologique. Cette dernière profite de cette licence pour introduire furtivement des aliments transgéniques dans ce qui est en fait une vaste expérimentation nutritionnelle. Les risques pour la santé sont-ils si minimes qu'ils justifient une réglementation si évidemment laxiste ? L'histoire du L-tryptophane montre que même des modifications génétiques mineures peuvent avoir de graves conséquences.

Dot Wilson n'a pas confiance en la capacité du gouvernement ou de l'industrie à gérer un avenir fondé sur le génie génétique. Elle frémit à l'idée que les rayons de son supermarché débordent de produits qu'on a manipulés pour faire du profit, et qu'aucun étiquetage ne lui permette de les éviter.

De nos jours, Wilson se bat pour trouver un sens à ce qu'elle a vécu. Activiste, elle est prête à parler publiquement contre les aliments transgéniques. Elle est membre du conseil de direction du National EMS Network, un groupe sans but lucratif qui se souvient encore des dommages qu'a causés le L-tryptophane à la santé publique. Environ

1 000 Américains sont membres de ce groupe, dont les effectifs diminuent au fur et à mesure que meurent les victimes de ce produit.

Wilson est convaincue qu'il y aura d'autres victimes de maladies engendrées par le génie génétique, mais elle craint qu'on fasse la sourde oreille à ses appels à la prudence. « Nous ne sommes pas assez nombreux. Les gens nous voient comme un groupe de fanatiques », affirme-t-elle. Pour l'instant, il semble que les gouvernements nord-américains soient prêts à placer les sociétés biotechnologiques, avec leurs promesses d'emplois et de développement économique, avant toutes les Dot Wilson du monde.

L'histoire du L-tryptophane a connu une suite à la fin de 1998. Introduit par un marketing repensé, présenté dans un nouvel emballage et censément exempt de tout contaminant, le produit est de retour sur les rayons des magasins d'aliments naturels des États-Unis.

NOTES

1. Marque déposée d'une céréale de riz croquant.
2. Le gouvernement canadien a pris les mesures nécessaires pour statuer sur les suppléments alimentaires, leur classification et leur vente sur le territoire canadien; la réglementation est prévue pour l'an 2000.

Des champs de rêve 6

Visiblement irrité, Dean Moxham tourne la page du calendrier de la Manitoba Pool Elevators. L'illustration du mois de juin montre un garçon en tee-shirt et son chien prenant du bon temps sous un pommier en pleine floraison. Mais, en ce 1er juin 1996, la réalité de la vie sur les Plaines du Portage, au centre de la région agricole du Canada, diffère grandement de cette image. Un hiver interminable venait à peine de desserrer son étreinte sur le paysage. L'année précédente, à ce temps-ci, les semences de Moxham étaient en terre depuis deux semaines. Cette année, presque le quart de ses champs est encore trop trempé pour porter le poids d'un tracteur.

Deux jours plus tard, le timide soleil du printemps avait réchauffé le sol d'un champ de 40 hectares, situé au bout d'un sentier creusé des traces boueuses des pneus du tracteur. Vêtu d'une veste de denim le protégeant contre les vestiges des vents de l'hiver, Dean Moxham verse résolument de petites graines noires de colza dans la trémie de son semoir. Manquant de sommeil et non rasé, il monte sur le tracteur et sème frénétiquement, espérant que ses semences seront en terre avant qu'il ne soit trop tard.

Le climat actuel aggrave les choses, non seulement pour Moxham, mais pour tous les fermiers : le printemps vient trop tard, le gel commence trop tôt, il pleut trop ou pas assez. Le fermier qui se plaint de son sort est devenu un cliché, un sujet de caricature. Mais une tempête inhabituelle, une inondation ou une sécheresse peuvent menacer un revenu vital et des marges de manoeuvre souvent très ténues.

Moxham sait qu'il ne peut pas contrôler le climat. Comme des générations de fermiers depuis le début de l'agriculture, il ne peut qu'espérer la bienveillance de la nature. Mais, déterminé à s'assurer un minimum de contrôle, il fait appel à la biotechnologie. Quoique son quotidien n'ait pas changé, Moxham sème les graines d'une révolution, c'est-à-dire un colza génétiquement modifié dont on a dit qu'il résiste aux mauvaises herbes qui, autrement, menaceraient d'envahir la récolte. Sans le savoir, il prend aussi part à une vaste expérimentation environnementale.

Normalement, Moxham ne penserait même pas semer du colza dans son champ. La terre y est lourde, propice aux mauvaises herbes. Habituellement, on doit prendre soin du colza avec des herbicides et le gratifier de la meilleure terre. Mais les semences prévues pour ce champ sont censées constituer un colza « nouveau et amélioré » conçu par AgrEvo, multinationale de produits chimiques. Cette plante est supposée résister à un herbicide, aussi produit par cette firme, ce produit tuant tout ce qui pousse, sauf le colza transgénique.

Moxham sème les graines de l'avenir, non parce que les choses nouvelles et technologiques l'emballent particulièrement, mais parce que c'est un homme pratique. Il se dit prêt à utiliser n'importe quelle innovation soigneusement évaluée qu'on promet économique. En théorie, ce colza ne nécessitera qu'un épandage de l'herbicide polyvalent de la firme AgrEvo. Si cela fonctionne, Moxham ne fera pas de grandes économies; mais il pourra s'assurer un petit retour sur son investissement, tout juste ce qu'il faut à un fermier dans ce monde agricole exigeant.

Même de petits gains sont importants pour des fermiers dans la situation de Dean Moxham. Il est la troisième génération de sa famille à travailler ces 400 hectares de culture de la prairie manitobaine. Mais, contrairement à son père et à son grand-père, Dean Moxham se débat sans arrêt contre l'augmentation des coûts de la mécanisation et des produits chimiques, éléments essentiels de l'agriculture moderne. Le grand-père de Moxham travaillait la terre de ses mains, sans les fertilisants, herbicides et insecticides d'aujourd'hui. Sa production par hectare était beaucoup plus petite que celle de Dean. En 1917, un fermier nourrissait 10 personnes; aujourd'hui, un seul producteur agricole en nourrit 10 fois plus.

Mais, malgré les gains de productivité que les récoltes de Moxham ont connu d'une génération à l'autre, le prix des grains n'a pas suivi cette tendance et sa part de l'assiette au beurre a sans cesse diminué.

Selon Statistiques Canada, le revenu des fermiers a augmenté de 2,6 % en 1996 par rapport à l'année précédente, mais tout cet argent provient d'emplois à l'extérieur de la ferme contribuant à 52 % du revenu total moyen de la ferme. Dean et sa jeune épouse, Dawn, sont sur ce plan très représentatifs. Dawn est professeur d'éducation physique à l'école locale, alors que, chaque hiver, Dean entretient la glace du club de curling de Portage la Prairie, ville proche de chez lui.

Ces gens ne manquent pas de bon sens; ils feront tout ce qu'il faut pour continuer de vivre sur la ferme. Dean ne verse pas dans les envolées poétiques sur l'agriculture, mais son amour de la terre est évident. Il suffit pour s'en convaincre de l'observer apprécier une graine de semence ou balayer le vaste horizon de son regard. Il se perçoit comme le gardien de la terre, un gardien de l'environnement agricole. Un jeune Moxham fait maintenant partie du décor. Et comme son père l'a fait avant lui, il espère transmettre la ferme à son fils : « C'est ce que je souhaite et je veux la lui garder viable. »

En 1996, à l'instar de Dean Moxham, des milliers de fermiers nord-américains sont entrés dans le paradis de la biotechnologie, devenant les intendants de millions d'hectares utilisés pour une expérimentation visant à jauger la capacité de l'environnement à tolérer le génie génétique. À regarder les champs le long des autoroutes, on ne peut soupçonner qu'ils sont ensemencés des dernières créations du laboratoire. En juillet, le colza de Moxham s'épanouira et ses fleurs seront du même jaune intense qui caractérise les champs de colza naturel parsemant les prairies. La teinte brillante du colza transgénique masque ses origines.

Avant 1996, les cultures biotechnologiques étaient confinées à des champs expérimentaux situés dans des sites d'essai, souvent cachés derrière des végétaux de culture de haute taille. Mais en 1996, un flot de semences génétiquement modifiées ont été approuvées en Amérique du Nord. Elles pouvaient être ainsi utilisées sans restriction de lieu et offertes aux fermiers.

Le colza *Innovator* produit par AgrEvo, celui-là même que Dean Moxham cultivait, a été la première semence génétiquement modifiée sur le marché canadien. Elle ouvrait la voie à une vague de plantes manipulées de sorte qu'elles puissent être utilisées avec des herbicides spécifiques. En 1995, les fermiers de la Saskatchewan avaient participé à une série d'essais et ensemencé 16 000 hectares de colza modifié. L'année suivante, à travers les trois provinces des Prairies, l'ensemencement de colza s'est étendu sur 240 000 hectares. On estime qu'en l'an 2000, 75 % des 5,3 millions d'hectares de colza de l'Ouest canadien seront dotées d'une immunité aux herbicides génétiquement conférée.

L'année 1996 a marqué le premier test critique pour le génie génétique. Si le commerce de la biotechnologie voulait réussir, il lui fallait faire bonne impression, non seulement sur les organismes de contrôle et les consommateurs, mais aussi sur les fermiers. On devait persuader les producteurs agricoles que la biotechnologie allait les aider à maîtriser le monde de la nature sans nuire à l'environnement et qu'elle était économiquement accessible.

Il y a 400 ans, parlant du rêve des hommes de maîtriser la nature, le philosophe Francis Bacon a conseillé la prudence : « Si nous voulons contrôler la nature, il faut d'abord lui obéir. » La logique du propos de Bacon a retenti en ces premières années de la révolution biotechnologique. En faisant fi de cette règle fondamentale, le génie génétique pourrait déchaîner une série d'événements imprévus. Toute forme de vie synthétique présente une menace potentielle pour l'écosystème dans lequel elle est libérée. Malgré les assurances de l'industrie, les plantes biotechnologiques sont imprévisibles; elles se reproduisent, croissent et migrent. Une fois qu'on a libéré des organismes vivants du laboratoire, on ne peut plus les y ramener.

Depuis plusieurs siècles, des milliers d'organismes non indigènes ont été amenés en Amérique du Nord; ils provenaient de diverses régions du monde. Alors que la plupart de ces formes de vie se sont adaptées à leurs nouveaux écosystèmes sans bouleversements majeurs, un petit nombre d'entre elles se sont multipliées impunément. Les zigzags, la vigne kudzu, le champignon parasite de l'orme et la salicaire commune constituent quelques exemples de pollution vivante qu'on ne peut tout simplement pas éliminer. Dans les décennies à venir, l'industrie biotechnologique se propose de libérer chaque année dans l'environnement des milliers de produits génétiquement modifiés. Alors que la plupart de ces organismes s'avéreront probablement sans conséquence, les probabilités statistiques permettent de penser qu'une partie d'entre eux seront néfastes pour l'environnement.

En 1996, les sociétés biotechnologiques savaient très bien qu'elles visaient un marché désespéré. Aucun fermier ne voudrait nuire à l'environnement, mais l'avantage financier que les plantes à culture génétiquement modifiées pourraient présenter pour ces producteurs agricoles a finalement emporté leur adhésion. Ces sociétés ont lancé leurs machines de marketing à la conquête des fermiers, et ce à la télévision et à la radio, ainsi que dans les champs, les hôtels de ville et les expositions agricoles. Le baratin publicitaire reprenait les expressions familières du fermier : productivité, contrôle et rendement. « Le contrôle total des mauvaises herbes pour 21 dollars », promettait le représentant d'AgrEvo à un groupe de producteurs inquiets réunis dans une salle de réunion le long de la Transcanadienne. « Les rendements sont comparables à ceux des meilleures variétés », disait l'agent de Monsanto à des agriculteurs assemblés près d'un champ de colza en fleurs dans les prairies canadiennes.

On mentionnait rarement le génie génétique dans le marketing qui s'adressait aux fermiers et on ne parlait jamais de l'impact sur l'environnement. Dans un de ses messages publicitaires télévisés de 30 secondes, AgrEvo présentait son nouveau colza résistant aux herbicides comme « le nec plus ultra du contrôle des mauvaises herbes » et « la meilleure chose qui pouvait arriver au colza depuis que le colza existe ». Mais pas un mot sur l'épissage de gènes ou le croisement de micro-organismes avec une plante. Même s'il avait fallu plusieurs années et des millions de dollars pour créer ces merveilleux végétaux, l'industrie continuait de soutenir que les plantes transgéniques n'étaient pas très différentes de leurs modèles naturels; elles n'étaient que meilleures.

Toutefois, ce sont des fermiers comme Dean Moxham qui, grands livres en main, vont déterminer, selon leurs propres critères, si la biotechnologie est vraiment « meilleure ». Si le génie génétique manque à ses promesses, les semences du progrès scientifique vont s'étioler dans les entrepôts. Dean Moxham est bien représentatif de ses collègues fermiers. Pas de fougueuses déclarations d'enthousiasme, seulement un engagement sous condition de résultats : « Je vais l'essayer. Si je ne l'aime pas, je ne l'essaierai plus. »

À la fin de juin, les jeunes pousses de colza de Dean Moxham sortent du sol et embrassent le chaud soleil. Une impressionnante variété d'herbes rivales croissent au travers, de l'avoine sauvage, du vulpin, du millet, du chardon et de la mâche du mouton. Pour les fermiers d'aujourd'hui, la procédure normale est d'éliminer toute mauvaise herbe à l'aide d'une longue liste d'herbicides chimiques.

Les fermiers modernes de l'Amérique du Nord sont extrêmement dépendants des produits chimiques. Ils préparent leurs champs avec des fertilisants chimiques, puis en éliminent les insectes et les mauvaises herbes avec des pesticides chimiques. Chaque année, les producteurs agricoles canadiens utilisent 35 millions de kilogrammes de produits chimiques agricoles. Cette prédilection pour les solutions chimiques fait de l'Amérique du Nord la région du monde la plus propice à la vente de pesticides et de fertilisants. On s'attend à ce que les achats de ces produits augmentent de 6 % annuellement, et ce au moins jusqu'en 2001.

Dean Moxham n'aura pas de difficulté à choisir les produits chimiques pour son champ. Il n'aura qu'à semer du colza génétiquement manipulé et à épandre l'herbicide qui lui correspond, le *Liberty*, appellation commerciale du glufosinate d'ammonium, dont on dit qu'il est le rayon de la mort des herbicides. En théorie, il détruira tous les végétaux du champ de Moxham qu'il touchera, à l'exception du colza *Liberty Link Innovator*. En n'ayant qu'un seul produit chimique à acheter, Moxham devrait économiser 25 $ l'hectare.

Les agents de promotion d'AgrEvo, de Monsanto et d'autres firmes qui ouvrent la voie à l'agriculture chimique proclament que ces nouveaux plants constituent un exemple vivant d'une agriculture durable. Ils disent que les fermiers comme Moxham vont en fait utiliser moins de produits chimiques qu'ils ne le feraient normalement. Une seule utilisation de *Liberty* devrait faire le même travail que deux applications ou plus d'autres produits chimiques.

Non seulement y aura-t-il moins de produits chimiques, soutiennent ces firmes, mais les produits que les cultivateurs vont effectivement utiliser ne laisseront pas dans le sol de dangereux résidus susceptibles de polluer la nappe phréatique ou de perturber des semences ultérieures. Les ventes de produits chimiques continuent d'augmenter chaque année, mais les firmes agricoles disent que les fermiers remplacent de vieux produits plus dangereux, comme le D.D.T., par de nouveaux produits qui ont moins d'effets secondaires sur les autres formes de vie, sur le sol ou sur l'eau. Monsanto, par exemple, se plaît à dire que le *Round Up* n'est pas plus dangereux que le sel de table. Et la firme fait naïvement remarquer que le Charles Darwin Institute, un groupe consacré à la protection des espèces en voie d'extinction, a eu recours au *Round Up* pour éliminer les mauvaises herbes qui étouffaient l'habitat des tortues des îles Galapagos.

Mais il n'est pas tout à fait exact de prétendre que les nouveaux produits chimiques n'ont pas d'effets sur la santé humaine. Durant les dernières années du siècle qui vient de s'achever, même la belle réputation du *Round Up* a commencé à ternir. En 1996, le rédacteur en chef de la revue *Journal of Pesticide Reform* écrivait que « les produits contenant du glyphosate avaient causé de graves dommages aux cellules sanguines des humains et qu'ils avaient réduit la quantité de spermatozoïdes chez les rats alors qu'ils allongeaient les cycles menstruels et augmentaient le nombre de fausses couches chez les rates ». Dans une recherche remontant à 1988, des chercheurs allemands ont trouvé que le glyphosate augmentait le niveau d'estrogène végétal dans les haricots. Les jeunes enfants sont particulièrement sensibles à de hauts niveaux d'estrogène. Monsanto n'a pas fourni d'information sur les concentrations d'estrogène dans ses graines de soja *Roundup Ready* arrosées de glyphosate, et ce même si plusieurs scientifiques conseillaient vivement de ne pas permettre que ces graines de soja entrent dans la chaîne alimentaire. L'École de santé publique de l'Université de la Californie, à Berkeley, a trouvé que le glyphosate était la cause la plus couramment mentionnée de maladies reliées aux pesticides dont sont victimes les paysagistes.

Avec la résistance aux herbicides génétiquement conférée, on suppose que les mauvaises herbes vont être facilement exterminées par l'approche sans merci des pesticides à large spectre tels le *Liberty* et le *Round Up*. Mais l'expérience a montré que les plantes, notamment les mauvaises herbes tenaces, font montre d'une incroyable habileté à muter pour développer une résistance aux produits chimiques. L'un après l'autre, les herbicides ont perdu leur popularité à mesure que les mauvaises herbes ont développé une résistance à leurs ingrédients actifs. Le nombre d'espèces de mauvaises herbes résistantes est passé de 48 en 1986 à 270 en 1996, plusieurs d'entre elles résistant à plusieurs ingrédients actifs d'herbicides différents. Même le puissant *Round Up* commençait à montrer des signes de fragilité. En 1996, des chercheurs ont découvert une ivraie australienne devenue immune aux effets normalement mortels du glyphosate. Une étude de Jonathan Gressel publiée dans la revue *Resistant Pest Management* allait plus loin : le maïs, le riz, la carotte, l'orge, la chicorée et l'arachide avaient tous montré une résistance au glyphosate.

Comme il est impossible d'arrêter le vent ou une abeille butineuse, il est probable que le pollen transportera les caractères génétiquement introduits dans les plantes de culture chez d'autres plantes de la même famille. Presque toutes les plantes agricoles nord-américaines ont un parent proche dans la famille des mauvaises herbes. Le colza, par exemple, est étroitement apparenté à la moutarde sauvage. En 1996, au Danemark, des tests sur le terrain montraient déjà qu'une résistance aux herbicides génétiquement introduite est passée de la graine oléagineuse, comme on appelle le colza en Europe, à une plante sauvage de la même famille. Les deux plantes étaient membres de la famille des *Brassica campestris* et, en seulement deux générations, les deux variétés hybrides pouvaient transmettre le nouveau trait. C'est ainsi que serait née la nouvelle « super mauvaise herbe » immunisée contre les plus puissants herbicides.

Les firmes biotechnologiques rejettent l'hypothèse d'une « super mauvaise herbe » qui ne pourrait être tuée par des herbicides dévastateurs tels le glyphosate ou le glufosinate d'ammonium. En 1996, Stan Prokopchuk, directeur pour l'Amérique du Nord du marketing de Hoechst, la firme cousine d'AgrEvo, a déclaré que si une telle mauvaise herbe était créée, on pourrait la contrôler. « Elle serait contrôlée très facilement avec n'importe lequel des herbicides couramment utilisés de nos jours, tels les 2-4-D, les dicambas et les bromoxynils. Ce n'est donc pas comme si vous aviez une mauvaise herbe que vous ne pouviez contrôler », avançait-il. Cette façon de faire semble être le meilleur moyen d'augmenter et non de diminuer l'utilisation de produits chimiques; c'est un exemple patent de généralisation de l'usage des herbicides pour des gains apparemment éphémères.

À l'automne de 1998, plusieurs rapports ont semblé confirmer les pires appréhensions. Ce fut d'abord une scientifique de l'État d'Ohio, Allison Snow, qui a découvert que, contrairement à ce qu'on avait pensé, les mauvaises herbes qui avaient acquis la résistance aux herbicides ne devenaient pas moins fertiles, mais gardaient leur capacité à transmettre ce caractère aux générations suivantes. Puis, Joy Bergelson, professeur d'écologie et d'évolution à l'Université de Chicago, a trouvé que la manipulation génétique avait pour conséquence que les plantes avaient davantage tendance à se reproduire. Les fermiers se sont rarement inquiétés que leurs plants se croisent aux mauvaises herbes, parce que plusieurs végétaux s'autofertilisent et qu'il est ainsi moins probable que leurs gènes migrent. Toutefois, Bergelson a découvert que même les végétaux qu'on croyait autofertiles, ou qui s'autofertilisent, pouvaient se croiser avec des espèces semblables et que le génie génétique avait amplifié cette capacité. Les plantes résistantes aux herbicides issues de l'épissage de gènes étaient 20 fois plus aptes à fertiliser d'autres plantes que les plantes normales. « On ne sait trop pourquoi les plantes transgéniques montrent une incidence de croisement si anormalement élevée », a déclaré Bergelson dans un communiqué de presse faisant part de ses découvertes. « Mais les résultats montrent que le génie génétique peut augmenter substantiellement la capacité de croisement chez une espèce qui normalement s'autofertilise », précisait-elle. Le spectre de la « super mauvaise herbe » semblait soudainement bien réel.

Après la résistance aux herbicides, un autre caractère génétiquement conféré aux végétaux agricoles, soit la lutte contre les insectes, met l'environnement en danger. Et cette menace a quelque chose d'ironique, car la bactérie *Bacillus thuringiensis* (*Bt*) a longtemps constitué la pierre angulaire de l'agriculture biologique. Avec des ventes de 60 millions de dollars par année aux États-Unis, la *Bt* est le plus important pesticide biologique au monde. Épandu en poudre ou en liquide depuis 30 ans par les producteurs biologiques, il ne cause aucun dommage aux humains, aux animaux ou aux insectes utiles. De plus, il se dégrade rapidement au soleil. Et, parce que la *Bt* agit en produisant une protéine facilement digérée par les humains et les animaux, il n'y a pas de risque pour la santé lorsqu'il se retrouve dans les aliments.

Quand les sociétés biotechnologiques ont emprunté à l'agriculture biologique et inséré un gène de la *Bt* dans une plante alimentaire, elles pensaient avoir créé un incomparable outil pour les fermiers qui veulent se débarrasser de ces insectes dérangeants et potentiellement coûteux. Les diverses souches de *Bt* peuvent produire environ 100 différentes toxines : dans le cas du maïs, le gène de la *Bt* rend la plante mortelle pour tout insecte térébrant (perceur) qui l'ingère; dans celui des pommes de terre, la cible est la doryphore (coccinelle). En plus de son gène miraculeux ajouté, la plante produit sa propre *Bt* et, dans le cas du maïs, des pommes de terre et du coton, cette substance se répand dans les feuilles que les vers et les coccinelles mâchent, mais pas dans les graines du maïs ou les tubercules que les fermiers récoltent et mettent sur le marché.

En utilisant la manière de l'agriculture biologique, les firmes qui ont produit ces plantes à l'épreuve des insectes se drapent dans ce qu'elles appellent leur « agriculture durable ». À titre d'exemple, Monsanto fait la promotion de sa pomme de terre *New Leaf* en soutenant que les patates sont ainsi « mieux cultivées ». Grâce à ce que la firme appelle « modification génétique », les pommes de terre ne comporteraient aucun danger pour l'environnement et pourraient être « cultivées naturellement, avec moins de pesticides, d'énergie et de pertes ».

Toutefois, épandre sur une plante quelque chose qui se dissipe rapidement au soleil est une chose; introduire un gène dans son génome en est une autre. Par le génie génétique, toutes les cellules de la plante anti-insectes ont un gène *Bt*, et ce gène est « actif » durant toute la vie de cette plante.

Les généticiens ont commencé à introduire des gènes de *Bt* dans les végétaux agricoles alors qu'ils savaient que les insectes auraient vite fait de développer une résistance à ces gènes. L'industrie a fait montre d'un flagrant irrespect pour l'avis scientifique qu'elle avait reçu et pour les façons de faire de la nature. Les insectes sont remarquablement habiles à développer une résistance aux produits chimiques créés pour les détruire. Environ 500 espèces de mites et d'insectes ont déjà développé une résistance aux divers produits chimiques modernes. Le Conseil national de recherche écrivait en 1986 : « Au début des années 1950, la résistance était rare, alors que ce sont les populations entièrement sensibles, les populations d'insectes entre autres, qui sont devenues rares dans les années 1980. » Pour la plupart des scientifiques, la question n'était pas de savoir « si » une résistance à la *Bt* allait devenir problématique, mais « quand » elle allait le devenir. Même la U.S. Environmental Protection Agency (EPA) a prédit une résistance généralisée pour le début du nouveau millénaire si les plantes *Bt* étaient utilisées uniformément dans de vastes régions.

La nature semblait prête à ce changement et même les experts ont été surpris de la vitesse à laquelle elle s'est adaptée aux végétaux *Bt*. Les fermiers ne le savent peut-être pas mais déjà, des vers, des coccinelles et des insectes peuvent survivre à la *Bt*. Les scientifiques ont constaté qu'une chenille du tabac (*Manduca secta*) sur 1 000 est résistante à la *Bt*. Bruce Tabashnik de l'Université de l'Arizona, à Tucson, a trouvé que lorsque les teignes des crucifères, des ennemis importants du chou et d'autres végétaux de culture feuillus, ont acquis un unique gène de résistance à la *Bt*, elles deviennent capables de résister à quatre de ses différentes toxines. Cela signifie qu'une phalène (papillon de nuit) qui développe une résistance au gène de la *Bt* intégré au coton *Bollgard* pourrait aussi résister à la souche *Bt* incorporée au maïs. « Rien ne sera gagné et beaucoup peut être perdu si nous prétendons en savoir davantage sur la gestion de la résistance que nous n'en savons réellement », a écrit Tabashnik dans les *Proceedings from the National Academy of Sciences*. Des chercheurs ont aussi découvert que 21 % des teignes des crucifères d'une population isolée en laboratoire étaient résistantes au gène de la *Bt*. Antérieurement, les scientifiques avaient estimé que l'immunité n'apparaîtrait que chez un insecte sur 10 000.

Quand ce pesticide autrefois rarement utilisé devient un élément normal de la vie végétale, on peut s'attendre à ce que se généralise une résistance à toutes les plantes ou à tous les aérosols *Bt*. Et voilà disparu ce qui avait été un moyen valable de contrôle pour les fermiers pratiquant l'agriculture biologique. La revue *New Scientist* s'est sentie obligée de commenter. Elle écrivait ce qui suit dans son éditorial d'août 1997 : « C'est toujours une tragédie quand un cadeau de la nature est gaspillé, que ce soit une rivière qui meurt à cause de la pollution ou une forêt ruinée pour produire du bois de construction. Espérons que, dans son empressement à prendre le marché, l'industrie biotechnologique ne soit pas en train de dilapider l'énorme potentiel d'une simple bactérie, *Bacillus thuringiensis* [...] des cloneurs de gènes exagérément avides s'empressent déjà dans des sentiers où des écologistes prudents craignent de s'aventurer. Les dernières recherches portent à croire qu'il est temps de les ralentir. »

Prenant en compte les bénéfices éphémères de la *Bt*, l'EPA a exigé de Monsanto, Novartis et d'autres multinationales qui voulaient introduire des plantes anti-insectes dans le marché qu'elles présentent des plans de gestion de la résistance avant de les autoriser à vendre ces nouvelles semences transgéniques. Ces firmes ont donc demandé à des fermiers de semer des zones tampon, c'est-à-dire des bandes de culture de plantes non modifiées à côté de végétaux de culture génétiquement modifiées. Ces « refuges », comme on les appelle, sont censés constituer un véritable festin pour les pyrales du maïs ou les doryphores de la pomme de terre, ou pour tout autre insecte visé. Le raisonnement était que ces insectes ne seraient pas exposés au gène de la *Bt* et qu'ainsi ils ne pourraient développer une résistance à ce dernier. S'ils s'accouplaient avec des insectes qui avaient acquis l'immunité, le trait de résistance étant récessif, il ne serait pas conféré à la génération suivante.

Aux États-Unis, cette stratégie a été imposée avec vigueur. Par exemple, Monsanto a exigé des fermiers qui voulaient cultiver un coton résistant à deux phalènes, *Helicoverpa zea* et *Pectinophora gossypiella*, qu'ils consentent à planter 10 hectares de coton normal pour 40 hectares de coton transgénique *Bt*. Cette exigence a semblé être une mesure défensive minimale dans des endroits tel l'Alabama où 77 % de tout le coton cultivé en 1996 était du type génétiquement modifié par addition d'un gène de la *Bt*. La firme a embauché une horde de représentants chargés spécifiquement de visiter les producteurs de coton — 40 % des champs visés ont été inspectés. Randy Deaton, directeur de la production chez Monsanto, déclarait à la revue *Science* : « Monsanto est bien consciente de la possibilité que les insectes nuisibles s'adaptent à la protéine *Bt*, mais, avec de bons refuges, le développement de la résistance chez les phalènes peut être retardé considérablement ».

L'autre importante tactique des plans de gestion de la résistance était d'assurer que les plantes émettent une forte dose de *Bt* en tout temps. Quand Monsanto a demandé l'approbation de son coton *Bollgard* pour les États-Unis, elle a soumis des résultats de laboratoire montrant que le niveau d'endotoxine *Bt* était de 10 % à 100 % plus élevé que ce qui était requis pour tuer les phalènes qui s'attaquent au coton et au tabac. On pensait ainsi qu'aucun insecte ne pourrait survivre à l'assaut du pesticide intégré.

En théorie, le coton à pesticide intégré était un ajout intéressant à l'agriculture. Aux États-Unis, la culture du coton génère une récolte annuelle valant 50 milliards de dollars. Mais cette plante compte plusieurs ennemis naturels, tels les différentes phalènes qui s'en nourrissent. Au début de la saison agricole, les fermiers ont reçu une brochure illustrant une incommodante phalène accompagnée de cette brève fanfaronnade : « Vous allez voir ceci dans votre coton, et c'est normal. Ne faites pas d'épandage. Relaxez. *Bollgard* protégera votre coton. » Des milliers de producteurs de la région de culture du coton du sud ont cru ce spot publicitaire et semé le coton de Monsanto. Mais, vers la fin de la saison des cultures, une pluie de produits chimiques est tombée sur la culture américaine de coton, et ce dans un ultime effort pour contrôler une invasion massive de phalènes. Il semble que les plants de coton n'aient pas exprimé le gène de pesticide aussi efficacement qu'on l'avait espéré. Des 800 000 hectares de *Bollgard* planté dans la région du coton (Texas, Louisiane, Mississipi, Alabama et Georgie), jusqu'à la moitié ont requis des épandages supplémentaires pour contrôler les phalènes.

Environ 40 % des producteurs de coton *Bollgard* avaient dû faire de l'épandage. Monsanto s'est toutefois empressée de souligner que les fermiers qui avaient semé du coton non modifié ont dû inonder leurs champs de pesticides de quatre à six fois. La firme n'a pas mentionné que les fermiers avaient payé un permis d'utilisation de cette technologie équivalent à 80 $ l'hectare et que ce déboursé était censé compenser le coût de l'épandage. Ainsi, certains fermiers ont dû payer le permis et assumer en plus les coûts de pesticides non prévus. Certains producteurs de coton du Texas étaient si en colère qu'ils ont engagé une poursuite judiciaire contre Monsanto. Leur argument ? *Bollgard* ne fonctionnait tout simplement pas.

Les insectes avaient-ils déjà développé une résistance au *Bollgard* ? Sur ce point, les opinions étaient partagées. Mais on s'entendait sur le fait que, au début, dans la plupart des champs, la production de *Bt* avait été très élevée, alors qu'elle s'était estompée au fur et à mesure que la saison avançait. Et le gène *Bt* s'exprimait inégalement dans les diverses parties de la plante. Un consultant en culture de la Louisiane a rapporté que le contrôle était à 90 % dans le haut du plant, mais à moins de 25 % dans le bas du plant, proportion inférieure à la dose létale.

Dans un rapport de 1997 intitulé *Return to the Stone-Age of Pest Management* (Retour à l'âge de pierre de la gestion des insectes nuisibles) et présenté à l'EPA, les chercheurs Charles Benbrook et Michael Hansen concluaient que les plantes *Bt* allaient finir par nuire à l'écosystème. Quand la résistance à la *Bt* aura rendu le pesticide biologique inopérant, entre 800 000 et 1,2 millions d'hectares de plantations de fruits et de légumes demanderont des applications supplémentaires de pesticides chimiques, écrivaient-ils. D'après leurs calculs, cette situation augmenterait l'exposition des humains aux insecticides de quatre à six millions de livres (deux à trois millions de kilos), sans compter les végétaux consommés par les gens. « Nous et plusieurs autres (chercheurs) croyions qu'en acceptant initialement les plans de gestion de la résistance pour le coton et le maïs *Bt*, l'EPA a accordé trop de crédit aux modèles théoriques et aux hypothèses audacieuses », ont affirmé les auteurs du rapport.

L'approbation de végétaux à pesticide *Bt* intégré par l'EPA a remis l'agence sur la sellette. En septembre 1997, une coalition de 31 groupes de défense de l'environnement et d'organisations agricoles et scientifiques a entrepris contre elle des poursuites judiciaires en cour fédérale. Selon cette coalition, en approuvant les plantes transgéniques, l'EPA avait fait montre de grave négligence, mettant en grand danger l'avenir de l'agriculture biologique et compromettant la variété génétique des plantes alimentaires majeures.

Même si les feux orange clignotaient furieusement, les sociétés biotechnologiques continuaient de soutenir qu'elles pouvaient gérer les futures conséquences de l'utilisation de la *Bt*. La stratégie du refuge exigeait des fermiers qu'ils sacrifient une partie de leurs récoltes pour soutenir les efforts déployés par l'industrie biotechnologique pour garder son avance sur les insectes. Selon cette logique, les problèmes surgissent quand les fermiers font un usage abusif de la technologie, exactement comme la prescription abusive d'antibiotiques peut aboutir à une bactérie résistante au traitement.

On ne sait trop comment les firmes ou les dirigeants des organismes de contrôle gouvernementaux réagiront si les fermiers refusent de laisser confisquer une partie de leur terre en faveur de la création de refuges. Si les plans de gestion ont quelque chance de retarder la résistance de quelques années, c'est à la condition que tous les fermiers s'y conforment entièrement et scrupuleusement. Un seul champ non compensé par un refuge peut donner naissance à une petite population d'insectes portant le gène de résistance qui se répandrait ensuite dans la population générale. Certains fermiers pourraient considérer comme immoral d'assister sans rien faire à la destruction d'un refuge de récolte. Comme l'a fait remarquer un observateur, les fermiers ne veulent pas donner leurs récoltes pour créer un refuge, c'est à leurs voisins de le faire.

L'industrie biotechnologique est certaine de pouvoir contrôler la vie génétiquement manipulée qu'elle libère dans l'écosystème. Des problèmes graves de résistance, reliés aux mauvaises herbes ou aux insectes, n'apparaîtront probablement pas avant plusieurs années. Plusieurs générations de plantes seront requises avant qu'une pollinisation et une hybridation croisées ne produisent des mauvaises herbes ou des insectes mutants. Comme il arrive dans le monde de la santé, quand on se rendra compte de l'impact environnemental du génie génétique sur les plantes, il sera trop tard. Quoi qu'il en soit, il est justifié d'appréhender des effets négatifs sur l'environnement.

Les sociétés biotechnologiques aiment dire que des milliers d'essais au champ ont été faits sur toute la planète et qu'aucun effet négatif n'a été observé. Mais les partisans exagèrent le bilan positif de la biotechnologie. On a documenté plusieurs exemples d'essais qui ont mal tourné. Ils n'ont pas semblé prendre des proportions monstrueuses, mais même un micro-organisme ou une bactérie échappant au contrôle peuvent avoir des répercussions désastreuses.

L'industrie ne parle pas beaucoup d'une certaine expérimentation menée en 1989. La firme américaine Biotechnia International voulait tester un micro-organisme génétiquement modifié, *Bradyrhizobium japonica*, lequel, espérait-elle, allait améliorer la fixation de l'azote au sol et, ainsi, la fertilité de ce dernier. Une année de tests sur le terrain de fèves de soja enrobées de rhizobiums modifiés a démontré que les micro-organismes génétiquement manipulés l'emportaient sur les souches indigènes. Ce résultat était inattendu; il s'agissait d'un exemple d'une vie créée en laboratoire qui élimine les espèces naturelles. Les tests sur le terrain ont abouti à l'incinération des plantes et des graines, et le champ a été labouré et réensemencé. Donc, même quand il est question de micro-organismes dont on connaît tous les antécédents, le génie génétique peut susciter des événements imprévisibles.

Voici un autre exemple d'expérimentation scientifique qui a mal tourné. Un étudiant gradué de l'Université de l'Orégon cherchait à modifier génétiquement un micro-organisme, *Klebsiella planticola*, pour lui faire produire de l'éthanol à partir des rebus de récolte. Le matériau résultant a ensuite été épandu sur les champs comme compost. Toutefois, ce compost a eu un effet secondaire inattendu : les plants de blé de ces champs sont tous morts. Il semble que l'organisme génétiquement modifié tuait les organismes qui soutiennent la vie du sol. Ces malencontreuses répercussions n'ont été comprises qu'après une série de tests spécifiques effectués à l'université. Ces tests ne faisant pas partie de l'arsenal d'évaluation régulier de l'EPA, il est tout à fait concevable qu'une manipulation génétique mineure soit approuvée, qu'elle vide le sol de ses nutriments et de ses organismes et le rende à toute fin pratique stérile.

En fait, un scénario très apparenté a incité un groupe d'employés anonymes de l'EPA à remettre en question la traditionnelle sagesse scientifique et gouvernementale de l'agence. En 1997, dans un rapport intitulé *Genetic Genie*, ils accusaient leur employeur « d'avoir négligé d'évaluer les risques d'une libération massive — des centaines de milliers de kilos sur des millions d'hectares — d'un nouvel organisme ne pouvant être ni contenu ni éradiqué ». Les scientifiques dissidents se reportaient à ce que plusieurs ont peut-être considéré comme une manipulation inoffensive, à savoir une bactérie appelée *Rhizobium melitoli RMBPC-2*, conçue comme agent inoculateur du sol, c'est-à-dire comme moyen d'induire un niveau critique de formation de nitrate et d'augmenter ainsi le rendement de la luzerne et d'autres légumineuses.

Les scientifiques ont affirmé que la nouvelle bactérie n'avait même pas été soumise à une analyse comparant risques et rentabilité. Selon eux, l'efficacité du rhizobium est discutable et cette bactérie « risque de réduire à tout jamais la rentabilité des terres dans lesquelles il est appliqué ». En rendant public un rapport qui critiquait leur propre agence, ces chercheurs posaient un geste inusité; ils voulaient sonner l'alarme, espérant secouer l'EPA et l'amener à réviser une décision qu'elle était sur le point d'annoncer. Ce rapport disait « qu'alors que l'EPA ne dispose pas d'un dispositif fiable d'évaluation des risques que pourraient comporter ces organismes pour la santé humaine et les écosystèmes de l'Amérique du Nord, elle s'apprête à abandonner son pouvoir de réglementer des catégories entières de créations génétiquement modifiées. » (En septembre 1997, l'EPA a approuvé une commercialisation limitée du micro-organisme inoculateur de semences, justifiant sa décision en affirmant que la version naturelle avait été utilisée depuis 100 ans et que la version génétique avait été testée sur le terrain depuis quatre ans. L'agence reconnaissait certaines incertitudes, mais statuait que la *RMBPC-2* posait « un faible risque pour la santé et l'environnement. »)

Encore un exemple de conséquences inattendues sur l'environnement. En 1994, des scientifiques de l'Université du Michigan ont introduit dans des plantes des fragments de gènes de virus infectant des végétaux pour créer des plantes résistantes à ces virus. Ils ont plutôt constaté que les gènes ajoutés peuvent se recombiner avec les virus des plantes non modifiées et produire ainsi de tout nouveaux virus à un rythme beaucoup plus élevé que celui qu'avait rapporté ou anticipé les experts de l'EPA et du ministère de l'Agriculture des États-Unis. Les chercheurs ont conclu leur rapport par une recommandation soigneusement formulée : « La recombinaison d'ARN devrait être prise en compte lors de l'analyse des risques que posent les plantes transgéniques résistantes aux virus. » D'autres scientifiques ont appuyé davantage : l'Union for Concerned Scientists a réclamé un moratoire sur la commercialisation de végétaux agricoles résistants aux virus.

Toutefois, il semble que la prochaine grande vague de production des sociétés biotechnologiques sera composée de plantes agricoles antivirus. Aux États-Unis, une courge à cou tors, de la famille (*Cucurbita pepo*) a ouvert la marche de ce progrès « comestible ». Créé par Asgrow, ce légume a reçu le feu vert en 1994 et on l'a commercialisé comme aliment pour bébés. De plus, les États-Unis ont déjà approuvé ou sont sur le point d'approuver d'autres légumes résistants aux virus, une betterave, un concombre, une laitue, un melon, un poivron, une pomme de terre, un tournesol, une tomate et une pastèque (melon d'eau).

Malgré des échecs expérimentaux, l'Amérique du Nord continue d'être le principal terrain d'évaluation de l'expérimentation environnementale mondiale des produits du génie génétique. Puisque des végétaux agricoles génétiquement modifiés ont commencé à y être testés dès 1984, les États-Unis sont en tête du groupe de pays ayant approuvé le plus d'essais sur le terrain, suivis de près par le Canada. La plupart des essais au Canada ont été effectués par des multinationales qui menaient leur recherche de laboratoire ailleurs, mais choisissaient le sol canadien comme terrain d'expérimentation. Par exemple, un colza résistant aux herbicides a été créé dans des laboratoires américains et européens pour être ensuite testé au Canada. Un partisan dirait que c'est parce que le colza est cultivé à grande échelle au Canada, alors qu'un opposant ferait peut-être remarquer que les autres pays ne voulaient pas autoriser des tests sur le terrain.

L'Agence internationale d'accès aux techniques de l'agro-biotechnologie (ISAAA, pour International Service for the Acquisition of Agri-Biotech Applications) a mené une revue des essais sur le terrain effectués de 1986 à 1996. Elle a ainsi montré que l'Amérique du Nord était beaucoup plus disposée que l'Europe à approuver des expérimentations biotechnologiques à ciel ouvert. Durant cette période, le Canada et les États-Unis ont accueilli presque quatre fois plus de tests (2476) que l'Union européenne, une différence particulièrement frappante si on considère que l'Europe est une région majeure de production agricole. Il semble que d'autres pays soient plus préoccupés que le Canada et les États-Unis de possibles désastres environnementaux.

S'appuyant sur ses propres chiffres, le U.S. Animal and Plant Health Inspection Service (APHIS) a documenté davantage d'essais de nouveaux produits agricoles sur le terrain. Selon les rapports de cet organisme, de 1987 à la fin de 1997, il y a eu 3 315 essais au champ sur 14 154 sites. Les firmes qui demandent l'autorisation d'effectuer ces tests doivent fournir de l'information sur le but de l'étude, sur la plante elle-même, incluant tous les gènes qu'on y a introduits et les substances que ces derniers produisent, ainsi que sur son origine, sur le cadre expérimental et les précautions à prendre pour éviter que du pollen, des plantes ou des parties de plantes ne s'échappent du site d'expérimentation. On s'attend à ce que les candidats à l'approbation de plantes agricoles modifiées surveillent eux-mêmes les essais et qu'ils fassent un rapport au gouvernement.

Pour accélérer la procédure à l'avantage des firmes, le APHIS a choisi de déréglementer le commerce de la biotechnologie en permettant des essais sur simple « avis ». Environ 86 % des essais sur le terrain sont actuellement effectués sans l'analyse requise avant 1993. Avec la déréglementation, des organismes testés sur le terrain, mais dont on ne sait pas s'ils deviendront ou non des ennemis des plantes, peuvent entrer sur le marché en passant par le plus superficiel des processus d'évaluation. En 1996 et 1997, suivant ces règles, le APHIS a approuvé 14 nouveaux produits dans sept régions de culture, dont le maïs anti-insecte de Northrup-King, le coton résistant aux herbicides de DuPont et la pomme de terre résistante au doryphore de Monsanto.

Dans le passé, le APHIS s'attendait à ce que son personnel vérifie chaque site. La déréglementation a fait disparaître cette obligation. Au Canada, il n'y a jamais eu de procédure de vérifications ou d'inspections faites à l'improviste par les dirigeants gouvernementaux. Un postulat premier fonde cette politique : les firmes ou les agences qui effectuent les essais agiront de façon responsable.

Dans certaines parties de l'Europe, là où la résistance à la biotechnologie est la plus forte, des terrains d'évaluation sont régulièrement détruits. En Allemagne, en 1995, quand l'emplacement de cinq sites de tests a été connu, des activistes ont saccagé les récoltes expérimentales. En d'autres occasions, des contestataires ont dressé ce qu'ils ont appelé des camps de résistance. Alimentées en énergie par les rayons solaires, ces installations étaient situées près des champs d'expérimentation. Les résidants de petites villes et villages avoisinants ont montré leur appui en fournissant gracieusement nourriture et provisions. Au Royaume-Uni, en 1998, une action communautaire appelée Genetix Snowball a vu de plus en plus de gens se lever pour détruire tout site d'expérimentation autorisé par le gouvernement. L'hostilité a tellement grandi que les firmes ont demandé au gouvernement de ne plus révéler l'emplacement des sites de tests.

Au Canada, les sociétés biotechnologiques ont déjà gagné cette bataille. L'emplacement des essais au champ n'est pas révélé. Agriculture Canada (ministère fédéral de l'Agriculture) affirme que c'est pour les protéger contre les activistes, mais il est difficile d'imaginer un assaut du type Greenpeace livré dans les vastes étendues inhabitées de la région agricole de la Saskatchewan, loin de toute concentration humaine et des journalistes. Il est probable que les fermiers du coin ne se sentiraient pas concernés, qu'ils seraient peut-être même indifférents à ce qui se passe derrière la zone tampon sur le terrain au bout de la route.

La politique de l'autocontrôle continue de s'appliquer même si les firmes demandent l'autorisation d'utiliser leurs plantes transgéniques de façon étendue. Pour obtenir cette approbation, les firmes doivent démontrer les risques que leurs plantes se croisent avec des espèces sauvages apparentées, qu'elles aient un éventuel impact sur les insectes ou animaux nuisibles ou sur tout autre organisme non visé, ou qu'elles n'entraînent toute autre conséquence sur l'écosystème naturel. Mais les organismes de contrôle s'appuient sur l'information qui leur est fournie, sans faire leurs propres analyses ou leurs propres tests. Et quand le feu vert est donné aux nouveaux végétaux de culture, au Canada comme aux États-Unis, ces instances n'exigent rien d'autre que d'être informées si des problèmes surviennent.

Au mieux, la recherche gouvernementale visant à évaluer les risques du génie génétique est faite de façon sporadique. Aux États-Unis, il est de plus en plus accepté que des scientifiques traitent publiquement des risques de la biotechnologie. Le ministère de l'Agriculture de ce pays, par exemple, a commencé à consacrer l'équivalent de 1 % de son budget de biotechnologie à des études visant à en évaluer les risques. Au Canada, les études des risques de la biotechnologie ne sont pas bien financées; en pratique, elles n'existent pas. Si des erreurs sont découvertes, elles ne sont connues que dans la petite communauté scientifique; le public ou les médias n'en sont pas informés.

Les failles du système réglementaire canadien sont devenues évidentes au printemps de 1997. Une confusion a nécessité le rappel d'une grande quantié de deux des colzas *Roundup Ready* de Monsanto. Environ 60 000 sacs de graines, soit assez pour ensemencer 240 000 hectares de colza, ont dû être retirés des mains des distributeurs de semences et des fermiers deux semaines seulement avant qu'elles ne soient déposées en terre. Le gène qu'elles portaient n'était pas le bon. Deux agriculteurs du sud de l'Alberta ont dû déterrer les graines qu'ils venaient tout juste de semer.

Dans cette histoire, un matériel génétique erroné, et non approuvé, s'était retrouvé par erreur dans le colza. Monsanto avait reçu une approbation pour la lignée de gènes n° 73 et, d'une façon ou d'une autre, c'est la lignée de gènes n° 100 qui est apparue. Les autorités canadiennes n'ont pas décelé l'erreur. Monsanto et Limagrain Canada Seeds, la firme qui a produit la semence, ont pris l'initiative du rappel. Il semble que les deux firmes avaient travaillé sur deux gènes, tous deux codant pour la résistance aux herbicides, mais qu'elles avaient décidé de ne soumettre qu'un seul de ces gènes au processus complet d'approbation sur les plans de l'environnement, de l'alimentation du bétail et des humains.

Monsanto s'était vanté que son colza résistant aux herbicides serait semé au Canada au printemps de 1997 sur une superficie aussi vaste que 400 000 hectares. Le rappel allait réduire ces prévisions des deux tiers au moins. Dans la course vers le marché, les scientifiques de l'industrie et les responsables des instances réglementaires avaient déçu les fermiers et le public. Il est impossible de dire si le colza non approuvé aurait été dangereux pour l'environnement ou pour la santé humaine. Toutefois, l'incident discrédite une industrie qui est à une étape de son évolution où tout devrait être vérifié deux ou trois fois.

Durant l'été de 1996, les champs de Dean Moxham ont bénéficié des chauds rayons solaires. La combinaison d'humidité et de chaleur ayant été parfaite, les plants de colza *Innovator* s'élevaient fièrement vers le ciel, leurs cosses remplies des graines dont on allait tirer l'huile précieuse qui fait la réputation de ce crucifère. Ils ondulaient doucement sous la brise estivale. On aurait dit un manteau d'une couleur uniforme non marquée de taches de mauvaises herbes. Dans les coins du champ épargnés par l'épandage chimique, on pouvait aisément voir ces laides mauvaises herbes qui, n'eût été de l'herbicide *Liberty*, auraient maculé cette superficie.

Alors qu'il préparait sa moissonneuse-batteuse pour la récolte de l'automne, Dean Moxham a connu un moment d'hésitation. Il ne voulait sûrement pas participer à une mode qui pourrait être dangereuse pour la santé humaine ou l'environnement. Mais il s'est rassuré en se disant que sa semence génétiquement modifiée avait été analysée et approuvée par le gouvernement canadien : « Les précautions que le Canada prend sont de bonnes précautions. Je pense qu'en bout de ligne les consommateurs bénéficieront d'un produit de qualité. »

Ce qu'il récolterait de son champ ne serait pas destiné au marché européen, où les inquiétudes des consommateurs avaient barré la route à une approbation du colza génétiquement modifié. Non, en Amérique du Nord, l'huile qui serait extraite des graines de colza de Moxham allait se retrouver chez des producteurs d'aliments et sur les rayons du supermarché, là où il y avait peu d'opposition.

L'évaluation qu'allait faire Dean Moxham du colza transgénique dépendrait presque entièrement de l'effet qu'il aurait sur son portefeuille. Cette plante lui a été vendue, ainsi qu'à d'autres fermiers canadiens, comme étant l'arme ultime du contrôle facile et économique des mauvaises herbes. Et, à ce titre, elle était un succès. Aucun signe d'une « super mauvaise herbe » n'apparaîtrait avant quelques années. Pour le moment, il s'agissait de savoir de combien serait son rendement par rapport à celui d'une variété jardin de colza que Moxham avait aussi semée.

Après la récolte, Moxham put faire ses calculs de rendement. Le colza résistant aux herbicides n'avait pas été à la hauteur : il n'avait donné que 80 boisseaux par hectare. Le colza traditionnel était plus productif, donnant environ 100 boisseaux. La biotechnologie était censée livrer des rendements plus élevés aux fermiers à court d'argent et éliminer toute appréhension d'un effet négatif sur l'environnement. En 1996, pour Dean Moxham, ces promesses ne s'étaient pas réalisées.

Même si, à travers le continent, on rapportait des augmentations de rendement chez des fermiers, plusieurs, comme Moxham, n'ont pas bénéficié des profits tant annoncés. L'année suivante, dans la partie méridionale de l'Amérique du Nord, des producteurs de coton ont été aux prises avec des récoltes fort différentes de celles qu'on leur avait promises. Le coton anti-insectes *Bollgard* de Monsanto avait déjà fait faux bond à quelques-uns d'entre eux; en 1997, le coton *Roundup Ready* résistant aux herbicides n'avait pas non plus été tout à fait à la hauteur des promesses faites. Vers la fin de l'été, après un deuxième épandage de *Round Up*, sur une partie des 240 000 hectares ensemencés du coton génétiquement modifié, les capsules des plants ont commencé à se flétrir et à tomber. Monsanto a eu de la difficulté à expliquer les dommages causés à une récolte génétiquement améliorée par la biotechnologie. La firme maintenait que les pertes s'étaient limitées à une toute petite partie de la récolte. En octobre 1997, des chercheurs du Center for Ethics and Toxics, en Californie, rapportaient : « Nous avons tenté de parler à un scientifique de Monsanto pour connaître le pourquoi de l'échec de la récolte. On nous a dit que l'information n'était pas disponible. Le gouvernement américain n'exige pas ce type de rapport, laissant le public et la communauté agricole dans le noir quant à la véritable cause du problème.» Au delà des conséquences possibles sur l'environnement, on commençait à penser que la technologie ne fonctionnait même pas.

Il est tentant de croire que nous pouvons contrôler les irritants de l'agriculture. Une exposition du Epcot Center du Disney World de la Floride suggère une agriculture de haute technologie dans laquelle tous les facteurs sont contrôlés : au lieu de séjourner dans cette terre malpropre, les plants sont soutenus par des filets; les nutriments sont fournis à intervalles précis par un système de distribution automatisé; l'air est filtré et stérilisé pour prévenir l'introduction d'insectes et de maladies.

Ce monde parfait relève et continuera de relever de la fantaisie. Les efforts que fait la biotechnologie pour créer ce paradis sont voués à l'échec car, comme Francis Bacon l'a dit il y a plusieurs siècles, au bout du compte, c'est la nature qui mène; elle ne fera que muter et s'adapter aux tentatives des humains pour créer de la vie. En fait, les efforts que nous déployons pour contrôler la nature pourraient tourner à son désavantage en éliminant plusieurs espèces naturelles. Nous pourrions nous retrouver très bientôt avec des champs remplis de plantes artificielles, avec des jardins de fleurs dont la couleur a été fabriquée génétiquement et avec des forêts dont les arbres sont manipulés pour croître plus rapidement et produire plus de bois. Comme le demande Jeremy Rifkin : « Voulons-nous que nos enfants grandissent dans un monde où les codes génétiques des plantes, des animaux et des humains sont interchangeables et où les formes de vie sont conçues comme des produits du génie génétique sans autre valeur intrinsèque que celle des autos ou des fours à micro-ondes ? »

Bien des gens craignent que les conséquences du génie génétique soient bien plus qu'esthétiques. Mae Wan-Ho écrit : « La libération à grande échelle d'organismes transgéniques est bien pire que les armes nucléaires ou les déchets nucléaires radioactifs, car les gènes peuvent se reproduire à l'infini, se répandre et se recombiner. Il se peut qu'il ne soit pas trop tard pour empêcher que le rêve de l'industrie biotechnologique ne se transforme en cauchemar; il faut agir maintenant, avant que le point critique de la " fusion génétique " ne soit atteint. »

Pour vendre leurs produits, les sociétés biotechnologiques exploitent la situation financière désespérée d'une communauté agricole assiégée. Il s'agit d'un avantage éphémère qui sera payé d'un désavantage qui, lui, ne le sera pas. Il est déjà tout à fait évident qu'il était prématuré et mal avisé de libérer dans l'environnement des plantes génétiquement modifiées. On peut promettre aux fermiers des cultures commodes et efficaces, mais il est peu probable que cela dure. Un retour d'ici quelques années à des produits plus toxiques et plus risqués semble inévitable. Bien sûr, ces sociétés peuvent toujours consacrer leurs énergies à la recherche de nouvelles solutions aux effets secondaires de l'épissage de gènes. Il y aura toujours des gens qui tenteront de devancer les insectes et les mauvaises herbes et les autres monstres de la nature.

Les animaux objets 7

Babe, la star porcine du film hollywoodien du même nom, est le fin du fin de l'idée rassurante qu'on se faisait de la famille dans les années 1990. Babe ne prend jamais d'embonpoint comme le font ordinairement les cochons. Sa voix rappelle l'innocent babillage de l'enfant. Il vit sur une ferme d'autrefois avec ses canards, ses coqs et ses moutons bavards. Il est assez brillant pour déjouer les colleys rassembleurs de troupeaux et assez attachant pour attirer la sympathie du fermier en chemise à carreaux qui, heureusement, n'aime pas particulièrement les côtelettes de porc.

Évidemment, en ce début de XXIe siècle, la vie d'un véritable porc est bien différente de celle de son congénère cinématographique. On n'oserait pas filmer l'épouvantable cycle de vie du porc moderne pour faire les délices d'enfants des villes nourris d'images de la ferme d'antan.

Le vrai Babe serait plutôt conçu par insémination artificielle suivant une rigoureuse recette de gènes porcins visant à répondre aux goûts de l'Homme moderne. Jamais il ne se blottirait contre sa grosse mère, même pas durant les jours suivant sa naissance; la chaleur de lampes infrarouges remplacerait celle de la truie. Peut-être têterait-il ses mamelles, mais les barreaux de ce qu'on appelle la cage de mise bas tiendraient la truie à distance pour éviter que, par inadvertance, sa maladroite corpulence n'écrase l'importante petite marchandise porcine. Après trois semaines, notre Babe moderne ferait ses adieux aux mystérieuses mamelles et irait rejoindre les 1 000 à 2 000 autres porcs dans une énorme étable de béton et de métal équipée de dispositifs d'alimentation et d'abreuvement automatiques. Durant sa brève vie de cinq mois, il ne toucherait probablement jamais à de la paille, encore moins à un brin d'herbe. Il recevrait son unique rayon de soleil lors de son transport en camion vers un autre bâtiment pour y achever son cycle d'engraissement ou au moment où il fera la queue vers l'abattoir.

Voilà la vraie histoire de la production moderne du bétail, un processus conçu pour assurer un poids maximal à un coût minimal. Les porcs d'aujourd'hui grossissent plus rapidement et leur viande est plus maigre; leur alimentation est plus efficace et ils coûtent moins cher à produire que ceux d'il y a 30 ans. Ce type « d'élevage d'usine » donne une côtelette de porc plus maigre pour le consommateur moderne conscient des dangers du gras animal. Dans ses efforts pour produire ce qu'elle appelle affectueusement « l'autre viande blanche », l'industrie ne se préoccupe guère du bien-être psychologique de l'animal. Les porcs de la ferme usine n'ont pas le loisir de se comporter comme des porcs. D'ailleurs, il ne s'agit pas de porcs, mais d'élevage de porcs.

Avec l'assentiment tacite de la société, l'agriculture moderne traite les animaux comme une marchandise invisible destinée à la consommation humaine. La ferme usine applique à la pratique de l'élevage les principes et les pratiques de la production en série. Et elle le fait très bien. Au Canada, environ 450 millions d'animaux sont abattus annuellement. Ils ne sont pas considérés comme des êtres sensibles, mais plutôt comme des moyens d'atteindre une fin : des oeufs, de la viande, du cuir, etc.

Tout compte fait, les façons de faire de l'industrie manufacturière, combinées à une amélioration de l'alimentation, à des équipements agricoles et à des techniques de reproduction ont donné des résultats remarquables. Par exemple, en 1951, 800 000 vaches fournissaient le lait pour tout le Canada; en 1991, alors que la population du pays avait augmenté, 443 000 bêtes suffisaient.

C'est principalement à la science qu'on doit le changement vers des systèmes industrialisés de production du bétail, plus particulièrement au développement de technologies de reproduction. L'insémination artificielle, la surgélation de sperme, les ovulations multiples et le transfert d'embryons sont tous des moyens couramment utilisés pour contourner le long et pénible processus de reproduction imposé par la nature.

Dans les systèmes de reproduction définis par la science, les mâles de l'espèce sont considérés comme des donneurs de sperme, et les femelles, comme des récipients. De nos jours, parmi les vaches laitières de race enregistrées, un nombre important résultent de transferts d'embryons. Les scientifiques travaillent pour faire en sorte qu'on n'ait pas à attendre que les vaches atteignent la puberté avant de devenir mères. Des ovules sont extraits de génisses qui n'ont que cinq mois, pour être ensuite fertilisés in vitro et transférés à des mères porteuses. Dans les fermes d'aujourd'hui, les vaches et les truies n'ont même pas besoin d'être vivantes pour être mères. Des animaux sur le point d'être abattus sont surfertilisés et leurs ovules sont recueillis après leur mort.

Le clonage est sûrement le point culminant du rôle de la science dans la reproduction. Ce procédé élimine ce qui pouvait rester de la procréation naturelle. En février 1997, l'idée du clonage a soulevé la controverse sur toute la planète. Une brebis Dorset était née au Roslin Institute, une ferme expérimentale doublée d'un laboratoire située près d'Édimbourg, en Écosse. Le « siècle de la biotechnologie » prophétisé par *Business Week* était « soudainement parmi nous, non sous la forme d'un lion, mais déguisé en brebis ». Cette brebis, Dolly, était un clone, c'est-à-dire une copie génétiquement exacte d'une brebis adulte. Elle n'avait pas de père et le rôle de sa mère avait été limité à fournir des cellules d'une mamelle pour les fins de l'expérience. On a retiré l'ADN d'une de ces cellules et celui-ci a été fusionné à un ovule dont l'ADN avait été retiré. Un choc électrique a provoqué la croissance de l'ovule, qui a ensuite été introduit dans l'utérus d'une autre brebis. Les scientifiques savaient déjà comment cloner des copies d'une cellule souche extraite d'un jeune embryon, mais tous les efforts pour cloner des mammifères à partir de cellules d'un adulte avaient échoué, et ce jusqu'à l'arrivée de Dolly. La nouvelle technologie allait permettre aux chercheurs de choisir un animal adulte aux traits intéressants et d'en faire une copie. En théorie, cette même technologie permettrait à la science de cloner une vache laitière qui produit d'énormes quantités de lait, ou un Michael Jordan, ce grand athlète du basketball américain.

Pendant des années, les scientifiques avaient réussi à cloner d'autres animaux. Il s'agissait d'une technique différente dont on a peu parlé. Ces clones étaient produits à partir de l'ADN de cellules foetales et non de cellules d'un animal adulte. Un bricolage génétique fait à l'Université de Guelph et dans une firme privée de l'Alberta a donné un petit troupeau de bétail. Au début des années 1990, la Commission britannique du lait a encouragé le clonage d'environ 1 000 vaches. Et en 1993, le *New York Times* rapportait qu'un certain nombre d'expérimentations avaient conduit au clonage de 17 embryons humains. Ces embryons ont été détruits avant qu'ils ne deviennent des clones complets, mais ces expériences ont démontré que la chose était possible.

Après Dolly, il y a eu Polly, puis Molly, puis toute une famille de créatures de ferme clonées, la plupart accompagnées de jolis noms et de photos des jeunes copies identiques rappelant celles de jeunes bébés. Mais la technologie progressait rapidement, dangereusement peut-être. Polly, qui avait aussi été créée par le Roslin Institute, n'était pas seulement un clone; elle résultait aussi d'un croisement entre l'humain et la brebis. Elle a été élaborée à partir d'ADN qu'on a extrait d'une brebis pour ensuite le modifier en y introduisant un gène humain. Polly ne montre pas de caractères humains apparents, mais son « humanité » génétique signifie que son sang contiendra des molécules spéciales, soit des protéines, des facteurs de coagulation et d'importants produits biochimiques. Puis, un laboratoire commercial a pu produire les deux premiers singes identiques, rapprochant ainsi ces expériences du clonage humain. Enfin, une firme américaine est sortie de l'ombre pour annoncer qu'elle avait trouvé une façon de produire des clones en série, cette nouvelle mettant en évidence qu'une course au profit était en cours. Et, ajoutait la firme, la technique fonctionnait qu'il s'agisse de cellules d'un foetus ou d'un adulte.

L'annonce de la naissance de Dolly a provoqué une hystérie dans une population qui voyait sans doute dans l'événement la concrétisation de *The Boys from Brazil*. Cette réaction a semblé surprendre les scientifiques du Roslin Institute. Après tout, ont-il déclaré, ils n'avaient pas l'intention d'utiliser la technologie qui a donné Dolly pour produire des clones humains. Bien sûr, leur expérience montrait justement que la chose était possible. Si un animal de ferme complexe pouvait être cloné, un humain pouvait l'être aussi. Bill Clinton, président des États-Unis, a demandé qu'une commission nationale examine ce qu'il a appelé les implications « inquiétantes » du clonage. Le ministre français de l'Agriculture parlait ouvertement de fermes transformées par des poulets à six pattes et des brebis en ayant huit. Et partout sur la planète, sinistrement, les gens ont semblé anticiper l'arrivée imminente d'armées d'Hitler ou de laboratoires d'Einstein.

Les leaders politiques de la planète ont rapidement tenté de limiter la progression vers le clonage humain mais, en quelques mois, il est devenu clair qu'on n'arrêterait ni la science ni les individus aux visées discutables. En janvier 1998, Richard Sears, un scientifique de Chicago, a fait part à la radio de son intention de mettre sur pied une clinique de clonage d'enfants. « Dieu et nous ne ferons plus qu'un. Nous aurons presque autant de connaissances que Dieu, autant de pouvoir que Dieu », déclarait-il. À la fin de 1998, il annonçait qu'il allait se cloner lui-même. Et un groupe religieux, les Raéliens, qui soutiennent que des extraterrestres ont apporté la première vie sur la Terre, a fait savoir qu'il voulait offrir des services de clonage à ses 4 000 membres. Il annonça qu'il allait établir une clinique dans un pays qui n'aurait pas de réticence à cloner des humains, déclarant qu'elle allait commencer à fonctionner en l'an 2000, mais qu'elle allait auparavant cloner des animaux de compagnie.

La possibilité d'un monde fait de clones a soudainement amené les gens à se demander s'il fallait restreindre l'expérimentation sur la vie animale. On a appris qu'il avait fallu 277 tentatives avant d'aboutir à la création de Dolly. « Ils ont tué un grand nombre d'embryons et produit beaucoup de brebis difformes », a déclaré à *Business Week* le biodéontologue Arthur Caplan de l'Université de la Pennsylvanie. Le scientifique qui a ouvert la voie à une reproduction du type Dolly a reconnu que le succès commercial du programme pourrait être entravé par le fait que de très nombreux moutons viennent au monde anormalement gros et qu'ils meurent peu après leur naissance. Une taille à la naissance de deux fois la taille normale menace aussi bien la vie de la mère que celle du mouton. Des organisations luttant pour le bien-être des animaux ne se demandaient pas de quel côté de la barricade elles se rangeraient. Joyce D'Silvia, directrice de Compassion in World Farming, déclarait au journal *Sunday Times* de Londres : « Nous croyons que les naissances difficiles et les césariennes peuvent causer de grandes souffrances aux animaux et que ces expériences devraient être bannies ». La perspective scientifique demeurait par ailleurs pragmatique. Alan Colman, directeur de la recherche chez PPL Therapeutics, le pendant commercial du Roslin Institute, suggérait aux scientifiques de considérer recourir à de plus grosses brebis comme mères porteuses.

Des témoignages confirmant que les essais de clonage pouvaient nuire aux animaux filtraient à travers les portes closes des laboratoires de recherche. Une « supervache » d'Afrique du Sud, que des scientifiques voulaient cloner à cause de sa capacité à produire plus de 135 litres (30 gallons impériaux) de lait par jour, est morte des suites d'une expérimentation qui a mal tourné. Furieux, le propriétaire de la vache, Ludwig van Deventer, a déclaré à l'agence de presse *Reuters* : « Les scientifiques ont tout gâché. » Mais, pour les scientifiques, tout n'était pas perdu; les chercheurs avaient réussi à recueillir quelques ovules de la vache avant qu'elle ne meure.

Le clonage, le transfert d'embryons, les ovulations multiples et les autres moyens scientifiques de l'élevage semblent appartenir à un autre monde. Mais ces grands pas de la génétique moderne ont été accomplis sans forcer les secrets de la carte générique (le génome) de l'animal. L'habileté de la biotechnologie à mélanger et à combiner des gènes provenant d'espèces différentes offre à l'agriculture et à la science une nouvelle occasion de faire d'énormes progrès dans le développement d'un bétail amélioré. Ou, d'un autre point de vue, le génie génétique aggravera la tendance qui s'accélère depuis trois décennies, à savoir le confinement des animaux dans des espaces restreints et leur élevage selon des procédés propres à l'usine.

Comme dans le développement de cultures végétales, le génie génétique permet aux scientifiques de créer des animaux de consommation et des vaches laitières améliorés sans avoir à passer par l'encombrant et long processus de la reproduction naturelle. Et, faut-il s'en surprendre, l'industrie vise à développer des produits animaux commercialement acceptables.

Le premier et le plus évident des marchés du génie génétique appliqué aux animaux est un public de consommateurs devenu obsédé par le gras. Depuis deux décennies, les ventes de viande de poulet ont augmenté et celles des oeufs ont diminué parce que les gens cherchent des produits faibles en matières grasses et en cholestérol. Les généticiens s'affairent à créer de nouvelles formes de vie qui vont répondre aux goûts des consommateurs modernes. Pour produire un porc moins gras, les scientifiques ont déjà tenté d'introduire un gène humain dans le génome de cet animal — les humains ne sont-ils pas plus maigres que les porcs ? Si les gens veulent des poulets ayant de grosses poitrines de viande blanche, les épisseurs de gènes trouveront un gène qui gratifiera les oiseaux de grosses poitrines mal formées. Il faudra tout simplement tuer ces oiseaux avant que leurs pattes ne puissent plus les porter.

La recherche de la biotechnologie dans le règne animal ressemble grandement aux efforts qu'elle déploie dans le monde végétal : elle vise des fermiers à court d'argent. L'élevage industrialisé a augmenté le stress des animaux, ce qui se manifeste souvent par encore plus de maladies. L'essentiel de la recherche d'épissage de gènes vise à créer génétiquement des animaux qui peuvent endurer des conditions affreuses, entre autres des poulets moins sensibles qui ne se picorent pas à mort. Étant des créatures intelligentes qui peuvent s'irriter du confinement que leur impose l'élevage moderne, les porcs sont parfois si stressés que leur viande a mauvais goût. S'ils sont génétiquement modifiés de manière à être moins intelligents, ils auront plus de facilité à tolérer leur vie restreinte.

Plusieurs partisans des modes industrialisés d'élevage applaudissent à ces changements. Des animaux génétiquement modifiés pour être plus robustes économiseront aux fermiers les coûts de vaccins et d'agents antibactériens et constitueront un bétail en meilleure santé, ce qui diminuerait d'autant les risques que des résidus de médicaments se retrouvent dans l'assiette des consommateurs. En Amérique du Nord, il semble rare que l'on pense à modifier les façons de faire pour élever le bétail de façon plus humaine. Dans des pays comme la Suède, où existe un fort mouvement en faveur du bien-être des animaux, les cages à poules électrifiées ont déjà été proscrites, comme l'ont été les porcheries de total confinement.

Le Canada mène la marche dans le développement biotechnologique de nouveaux vaccins et de nouveaux tests pour le bétail. Ironiquement, ils améliorent la santé animale, mais ils permettent aussi aux modes d'élevage industriels de continuer de plus belle. Des scientifiques de l'Université de Toronto et de l'Université de Guelph ont isolé le gène responsable du syndrome du stress porcin et le test pour le déceler est utilisé à travers le monde pour éliminer les porcs susceptibles d'y être prédisposés. Des observateurs ont toutefois noté que ce problème pourrait être résolu d'une façon plus simple et plus humaine en améliorant la manière de traiter les animaux et de les loger.

De la même manière, la firme Biostar de Saskatoon a génétiquement élaboré deux vaccins pour contrôler la fièvre pneumonique, un mal qui atteint généralement les veaux lors de leur transport vers les pâturages. La fièvre du transport coûte un milliard de dollars par année aux producteurs de bétail canadiens. On pourrait soutenir une façon plus logique, bien que moins technologique, de résoudre le problème; il suffirait sans doute de moins stresser et de moins entasser les veaux.

Jusqu'ici, l'industrie biotechnologique internationale n'a pas fouillé jusqu'au fond de sa boîte à trucs pour créer du bétail et des volailles transgéniques. Même si des aliments génétiquement modifiés comme le colza (canola), les graines de soja et les pommes de terre sont déjà sur le marché, aucun des nouveaux aliments transgéniques ne concerne les animaux génétiquement manipulés.

Les scientifiques ont déjà réussi à introduire des gènes humains dans les souris, les bovins, les moutons, les porcs et les saumons. Toutefois, le développement d'animaux transgéniques est long et très coûteux. Seulement une faible proportion des animaux du groupe expérimental exprime le gène visé. Et les sociétés biotechnologiques ont fini par comprendre ce qui paraît évident à plusieurs, à savoir que les consommateurs peuvent accepter un colza supplémenté d'un gène, alors qu'un porc porteur d'un gène humain heurte leur tolérance. Cela explique sans doute en partie que les firmes biotechnologiques aient consacré leur énergie et leur argent à manipuler des plantes et des micro-organismes plutôt que des animaux destinés à l'abattoir.

Seule l'aquaculture fait exception à la règle. En 1982, un petit groupe de scientifiques canadiens travaillaient en pisciculture. En 1991, ils étaient plus de 60. Au Canada, durant cette même décennie, le consommateur a développé un goût pour le poisson et la pisciculture a pris de l'expansion. Au laboratoire des pêcheries de Vancouver-Ouest, des scientifiques ont créé un saumon géant susceptible de satisfaire les nouveaux goûts du consommateur, mais des chercheurs ont admis que ces animaux déploient parfois des masses difformes de calcium et qu'ils ne peuvent nager aussi facilement que les poissons normaux. Souffrent-ils d'inconfort ou de douleurs ? On pourrait le penser, mais cela reste une hypothèse.

L'application de la biotechnologie dans le monde animal force la société à se demander jusqu'où elle est prête à aller pour assurer son confort et satisfaire ses goûts. Jusqu'à des vaches handicapées par la somatotropine bovine ? Jusqu'à des poissons incapables de nager agilement ? Jusqu'à des clones d'un poulet à grosse poitrine ?

Les sondages le montrent, le soutien du consommateur à des viandes génétiquement manipulées est faible. La recherche biomédicale est le seul champ d'application de la biotechnologie animale où ce soutien est susceptible de se manifester. Dans ce domaine, au lieu d'être confinés dans des fermes usines, les animaux sont eux-mêmes considérés comme des usines. L'épissage de gènes crée des « bioréacteurs », c'est-à-dire des animaux auxquels on a ajouté un gène humain pour qu'ils expriment dans leur lait ou dans leur sang des protéines qui jouent un rôle important dans l'élaboration de médicaments. Ces produits médicinaux sont habituellement extraits du sang humain ou laborieusement cultivés en laboratoire dans des cultures cellulaires qui n'en donnent quotidiennement que d'infimes quantités. Utilisés comme bioréacteurs, la chèvre, le mouton, le porc ou la vache peuvent produire ces éléments en des quantités plusieurs fois supérieures. Dolly et ses successeurs ont été clonés pour servir à la production de médicaments pour les humains.

Par exemple, au début des années 1990, des chercheurs danois ont réussi à introduire le gène de la lactoferrine humaine dans un taureau. Dans le lait maternel humain, la lactoferrine constitue une bonne source de fer pour les bébés, favorisant ainsi leur immunité naturelle. La tâche d'Herman-le-taureau était de transférer ce caractère à ses filles pour qu'elles soient capables de produire un lait contenant de la lactoferrine, ce qui constitue une évidente bénédiction pour les mères qui ne peuvent allaiter. Toutefois, des activistes des droits des animaux ont soulevé tellement d'inquiétude pour la sécurité d'Herman qu'il a été transporté dans un pâturage de la Californie pour y finir ses jours.

Vers la fin des années 1990, les médias rapportaient que le commerce des animaux transgéniques accusait des progrès constants. La Genzyme Transgenics Corporation du Massachusetts avait manipulé des chèvres pour qu'elles produisent de l'antithrombine III humaine, une protéine qui contrôle la coagulation du sang. En Écosse, les gens de la firme PPl Therapeutics et du Roslin Institute ont généré un mouton transgénique produisant l'alpha-1-antitrypsine humaine, une protéine qui, espère-t-on, aidera les patients atteints de fibrose kystique. Dans l'État du Maryland, des truies génétiquement manipulées généraient dans leur lait des produits sanguins humains tels le Facteur VIII et le fibrinogène. Et, à Sainte-Anne, au Québec, la firme Nexia Biotechnologies a produit une brebis naine qui, éventuellement, produira dans son lait des protéines qui renforceront le système immunitaire des transplantés et réduiront les effets secondaires de la chimiothérapie. Dans ce nouveau siècle qui commence, les médias parleront de plus en plus d'animaux clonés qui produisent des produits biomédicaux pour les humains.

Même si ces bioréacteurs de médicaments sont des animaux de ferme à quatre pattes, il est peu probable qu'ils en viennent à constituer la pierre angulaire de la ferme de l'avenir. Ils sont les animaux les plus importants au monde et on leur assurera une vie sécuritaire dans des installations de haute technologie où ils recevront la meilleure alimentation et les meilleurs soins vétérinaires.

L'intérêt des bioréacteurs vivants réside dans le fait qu'on peut en tirer des protéines ou des médicaments sans sacrifier la vie de ces animaux. Mais d'autres animaux producteurs de ces éléments sont conçus expressément pour être sacrifiés en faveur de vies humaines. Au milieu des années 1990, au moins quatre firmes biotechnologiques ont travaillé au développement de porcs dotés d'organes pouvant être transplantés chez les humains.

Avant l'avènement de la biotechnologie, la transplantation d'organes d'une espèce à une autre, la xénotransplantation, était impossible. L'organisme humain s'empressait de rejeter les organes provenant d'autres animaux. Ces transplantations provoquent l'inflammation des protéines du système immunitaire humain et déclenchent ainsi un rejet aigu des organes étrangers. De nos jours, toutes les firmes engagées dans la course aux manchettes scientifiques produisent des porcs modifiés par l'addition de gènes humains destinés à camoufler l'origine étrangère des organes implantés.

Les porcs sont considérés comme les donneurs les plus propices parce que leurs organes sont de la taille des organes humains et qu'on peut les reproduire facilement. Les premières expérimentations avaient porté sur des primates, mais les groupes de défense des droits des animaux étaient particulièrement choqués qu'on puisse prélever les organes de formes de vie supérieures. Et les scientifiques ont exprimé l'inquiétude que des nouveaux virus, tel le virus du sida des primates puissent être transférés aux receveurs. En 1997, ce danger potentiel a amené la FDA à interdire tout essai clinique de transplantation d'organes, de tissus ou de cellules de porcs. Mais ce n'était pas un bannissement absolu; les essais de transplantion ont continué pour les personnes atteintes des maladies de Parkinson et de Huntington.

En 1997, des scientifiques britanniques ont découvert un virus, le rétrovirus endogène du porc (RVEP), disséminé un peu partout dans le génome de l'animal. Leur découverte portait à croire que les organes du porc utilisés en xénotransplantation pouvaient introduire de nouveaux virus mortels dans la population humaine. En août 1998, la revue médicale *The Lancet* faisait part du rapport alarmant d'un groupe de l'École de médecine de Hanovre, en Allemagne. Ces chercheurs ont décelé le RVEP chez trois familles de porcs dans 12 régions de l'Europe, et ce dans chaque échantillon de cellules de la peau, du foie, des poumons et de l'endothélium (paroi intérieure du coeur et des vaisseaux sanguins). La culture de ces cellules en présence de cellules rénales embryonnaires humaines a conduit à l'infection des cellules humaines, ce qui semblait démontrer hors de tout doute que les virus porcins pouvaient se retrouver chez les humains. Un autre rapport a fait contrepoids. Les Centers for Disease Control (centres de contrôle de la maladie) des États-Unis ont rapporté que 10 patients souffrant du diabète insulodépendant à un stage très avancé avaient reçu des îlots pancréatiques producteurs d'insuline tirés de foetus porcins et que cinq patients avaient survécu sans montrer de signe d'infection au RVEP.

Le meilleur argument en faveur de la xénotransplantation est la rareté des donneurs d'organes humains. Aux États-Unis, il y a environ 60 000 patients sur la liste officielle de transplantation, mais il n'y a d'organes que pour 18 000 transplantations par année. Chaque année, environ 3 000 individus meurent alors qu'ils attendent leur tour. Ce manque d'organes humains motive fortement à investir de l'argent dans la course à la xénotransplantation. Les principaux fabricants de médicaments et d'équipements médicaux ont déjà fait d'importants investissements dans les firmes inscrites dans cette course, et d'autres s'apprêtent à en faire autant. Les investisseurs prévoient des affaires de plus d'un milliard de dollars pour l'an 2000, et bien davantage les années suivantes. Les analystes prédisent qu'un organe de porc vaudra environ 10 000 $.

En avril 1997, dans une lettre adressée au rédacteur en chef de *The Lancet*, on lisait ce qui suit : « On suppose généralement que les patients dont l'organe malade est sur le point de céder seront des enthousiastes des mesures de xénotransplantation. » Toutefois, continuait-il, la recherche australienne a montré que sur 113 patients souffrant d'une déficience rénale chronique, seulement 48 % croyaient approprié d'élever des animaux pour fournir des organes aux humains.

Au moment de la rédaction du présent ouvrage, on n'avait pas encore transplanté d'organes d'animaux chez des humains. Toutefois, des transplantations entre espèces avaient déjà été tentées. Des chercheurs de la firme américaine de biotechnologie Nextran ont rapporté que des coeurs de porcs génétiquement modifiés pour résister au rejet avaient survécu 30 heures après avoir été attachés au cou de babouins. Les coeurs de porcs qui n'avaient pas bénéficié d'une manipulation génétique n'ont résisté au rejet que de 60 à 90 minutes.

À l'automne 1996, la firme britannique Imutran a surpris le monde entier en déclarant qu'elle pourrait transplanter des coeurs de porcs chez des humains durant l'année qui venait. La firme prédisait que la xénotransplantation serait monnaie courante d'ici 2005. Richard Nicholson, rédacteur en chef du *Bulletin of Medical Ethics*, a accusé Imutran de faire « des prédictions trop optimistes quant à ses travaux ». Plus tard en 1996, Imutran a été achetée par Sandoz et, depuis, cette dernière a fusionné avec Ciba-Geigy pour former Novartis. De toute évidence, la xénotransplantation était une affaire de gros sous, réservée aux gros joueurs. James Murray, professeur de sciences animales et de médecine vétérinaire à l'université californienne Davis, a commenté comme suit : « C'est un gros coup. C'est ce qui explique que l'essentiel du travail est fait par des compagnies pharmaceutiques. Elles y voient une mine d'or. »

En réaction aux déclarations téméraires de Imutran, le gouvernement britannique a statué qu'il n'y aurait pas de tranplantation d'organes animaux chez des humains avant que d'autres recherches n'aient été menées. Pour leur part, les États-Unis ont réagi en établissant des balises allant de l'élevage d'animaux transgéniques à la formation d'équipes de transplantation. Au Canada, où la University of Western Ontario, à London, a mené plusieurs expérimentations devant apparemment aboutir à la transplantation d'organes de babouins chez des humains, le gouvernement a invité les parties intéressées à un forum tenu en novembre 1997.

Au début de 1998, un lobby de New York composé de scientifiques, de professionnels de la santé et de groupes d'intérêt public a lancé une campagne de responsabilisation (*Campaign for Responsible Transplantation*). Cette action visait à contrer ce qu'il appelait l'empressement irresponsable à transplanter des organes animaux chez les humains. Il affirmait que le monde médical aurait avantage à promouvoir des méthodes de transplantation qui ne mettent pas la santé humaine en danger par l'introduction de virus animaux mortels. Un représentant de la campagne, Alix Fano, déclarait : « Transplanter l'organe d'un animal chez un patient dont on a supprimé le système immunitaire pourrait ouvrir une boîte de Pandore pleine d'agents infectieux nouveaux et mortels. »

Jusqu'à maintenant, la manipulation génétique d'animaux a eu peu d'impact sur l'environnement ou la santé humaine, surtout parce que la recherche est largement confinée au laboratoire. Il est très peu probable que des chèvres modifiées élevées pour la valeur de leur lait « humanisé » s'échappent et se mêlent à des chèvres naturelles, créant ainsi une nouvelle espèce échappant à tout contrôle. Comme il est improbable que des scientifiques permettent que de précieux animaux transgéniques se retrouvent dans le réseau alimentaire. Mais les préoccupations sont plus importantes quand il s'agit de développer des poissons transgéniques, une technologie qui est relativement avancée. Si ces « superpoissons » étaient offerts aux pisciculteurs, comment ces derniers s'y prendraient-ils pour empêcher qu'ils ne se mêlent à des poissons sauvages ? Et quelles seraient les conséquences sur l'équilibre écologique si des fuites survenaient ?

La manipulation des formes de vie animales pour produire des aliments plus appétissants ou de nouveaux produits médicaux peut ne susciter aucune inquiétude immédiate concernant la santé humaine ou l'environnement, mais elle se situe au coeur de nos croyances quant à notre rapport avec les autres créatures vivantes avec lesquelles nous partageons la Terre. Est-il correct ou sage pour les humains de créer de nouvelles espèces animales ? Cette question suscite un enchevêtrement d'enjeux scientifiques, philosophiques, religieux, économiques et politiques, et la controverse est particulièrement grande quand la biotechnologie propose de prendre le pas sur la nature en élaborant de nouvelles créatures pour les seuls besoins de l'homme.

On ne peut guère compter sur les lumières du gouvernement. Il n'y a au Canada aucune réglementation concernant la manière dont les animaux devraient être traités une fois sur la ferme. L'utilisation d'animaux de laboratoire n'est soumise qu'à un ensemble de lignes de conduite gérées par une agence paragouvernementale, le Conseil canadien de protection des animaux. En gros, chaque organisme de recherche doit se donner un comité de surveillance et se conformer à des procédés dictés par le bon sens. Ces procédés concernent habituellement les questions d'entretien telles la grandeur des cages, les besoins des animaux en nourriture et en eau, ainsi que le maintien d'une humidité et d'une température appropriées. Le concept de « souffrance nécessaire » est considéré comme un élement légitime de la recherche, n'étant ainsi soumis à aucune réglementation.

En 1993, au Canada, 2,3 millions d'animaux ont été utilisés par les institutions de recherche, d'enseignement et d'évaluation. On s'attend à ce que la biotechnologie utilise encore plus d'animaux pour ses expérimentations. On doit à l'industrie biotechnologique de la Grande-Bretagne la première augmentation importante dans l'utilisation d'animaux de laboratoire depuis des années. Au Canada, on a tellement recours aux souris transgéniques qu'on a surgelé leur sperme pour assurer une future propagation. Pourtant, aucune balise ni aucune loi provinciale ne vise spécifiquement le génie génétique. Par exemple, il n'est pas requis que les animaux transgéniques qui souffrent soient euthanasiés, comme il n'y a aucune procédure concernant la façon de se débarrasser des animaux transgéniques.

En février 1996, le Conseil canadien de protection des animaux a suscité des espoirs en rendant public un avant-projet de lignes de conduite concernant les animaux transgéniques. Toutefois, ce document suggère simplement que les règles concernant les animaux produits par génie génétique soient les mêmes que celles concernant les autres animaux ou, en d'autres mots, que les comités de surveillance des soins des animaux de chaque organisme de recherche soient chargés de surveiller les choses.

En réaction à cette ébauche de balises, la Fédération canadienne des sociétés humaines a exprimé la déception de la communauté luttant pour le bien-être des animaux, faisant remarquer que les propositions ne faisaient aucune place à la participation du public. Et la fédération continuait en déclarant que « les lignes de conduite reposent sur le postulat que la commercialisation et l'usage d'animaux transgéniques font partie d'une pratique courante et acceptable ».

Les animaux font partie intégrante d'à peu près tous les aspects de la transformation de l'agriculture par la biotechnologie. Ils sont utilisés non seulement comme aliments, mais aussi comme éléments essentiels de l'élaboration de nouveaux produits pharmaceutiques. Pourtant, ils sont généralement absents des débats sur cette industrie.

Invariablement, quand les généticiens parlent des défis que pose la création de nouveaux animaux, ils se préoccupent de questions pratiques, non des aspects moraux de leur activité. Quand des scientifiques envisagent d'introduire un gène humain dans un porc pour obtenir un animal plus maigre, ils s'intéressent à la façon d'insérer le gène ou de faire se développer un embryon, et non à la possibilité que l'animal puisse souffrir de l'intervention ou en être traumatisé. Le refus de l'industrie de la biotechnologie de reconnaître les droits et intérêts intrinsèques des animaux institutionnalise encore davantage l'idée que les animaux ne sont que des outils au service de l'homme.

La manipulation d'animaux de la ferme par des moyens naturels pour augmenter la productivité et l'efficacité a déjà donné lieu à une escalade de souffrances et de maladies animales. Les antibiotiques et les autres médicaments ont fini par faire partie des procédés normaux des fermes usines d'aujourd'hui. Mais la biotechnologie lève la barre à des niveaux jamais vus. La manipulation transgénique entre espèces peut provoquer chez les animaux des changements de beaucoup plus profonds qu'il n'avait été possible de le faire auparavant. Maintenant, les animaux peuvent être traités comme de la pure matière, donc être altérés à volonté. Les tentatives de création de nouvelles formes de vie ont déjà donné des animaux arrivant au monde frêles, maladifs et stériles, leurs organes et leurs os ne pouvant supporter une mystérieuse augmentation de poids. Quelles nouvelles horreurs attendent les animaux de laboratoire si tout est vraiment possible ?

L'application de la biotechnologie aux animaux soulève quelques questions éthiques fondamentales. Le biodéontologue Arthur Schafer dit que les gens comparent nécessairement les risques aux profits à partir de la valeur qu'ils accordent à la vie animale. Les activistes des droits des animaux, par exemple, considèrent que les animaux ont exactement la même valeur que les humains. À l'opposé, certains individus voient les animaux comme des objets à mettre au service de l'homme. Devant le spectacle d'une étable du XXIe siècle qui ne compterait que des copies identiques d'un mouton, d'une vache, d'un poulet ou d'un porc choisis en fonction de la coupe parfaite de viande qu'ils permettent, notre réaction dépend largement de la valeur qu'on accorde à l'existence de ces animaux. Pour plusieurs, les questions d'éthique relèvent du juste milieu. Schafer propose aux gens de se demander jusqu'à quel point ils croient que la souffrance et la mort d'un animal en valent la peine. Le tort et la souffrance causés à une créature sensible valent-ils une meilleure coupe de viande ? Une nouveau médicament pour les humains ? Ou un nouvel organe et une nouvelle chance de vie pour un humain ? Et finalement, en évaluant les risques et les profits de la biotechnologie appliquée à la vie animale, les consommateurs devraient se demander si la manipulation génétique est vraiment nécessaire.

Il est difficile de prédire ce que sera la vie d'un Babe du XXIe siècle. Ses gènes auront peut-être été manipulés pour lui conférer une plus grande résistance à la maladie ou pour assurer qu'il constituera la meilleure côtelette de porc quand il sera à l'abattoir. Ou peut-être son génome aura-t-il été abêti par l'ajout du gène d'un autre animal qui le rendra insensible à la vie de béton et d'acier qu'on lui impose. Ou peut-être fera-t-il l'ultime sacrifice en donnant son sang ou même ses organes pour qu'ils soient transplantés dans ses scientifiques maîtres.

Le prix du progrès 8

S ur la proue du traversier miroitait la végétation luxuriante et verdoyante de Saltspring Island à travers les doigts d'une brume qui se levait au-dessus des eaux grises du détroit de Georgia. L'île est une sorte de refuge, un endroit isolé où l'on peut oublier le monde de l'urbanisation, de la mécanisation et de la globalisation. Avec ses 180 kilomètres carrés de superficie, elle est la plus grande île d'un chapelet d'îles le long de la côte Ouest du Canada. Saltspring est aussi la terre d'accueil de rusés toxicomanes, de riches retraités, de gens d'affaires et de professionnels marginaux et de quelques-uns des meilleurs artistes du pays.

Au début du XXe siècle, Saltspring Island abritait une florissante industrie de la pomme. La saison de croissance y était longue, la température y était douce et il ne pleuvait pas trop. Somme toute, le climat idéal pour ce type de culture. Avec ses quelque 14 000 arbres fruitiers, l'île était considérée comme la plus importante région de culture fruitière de la Colombie-Britannique.

À cette époque, plus de 7 000 variétés de pommes étaient disponibles aux États-Unis. Le choix allait de la pomme presque blanche à la pomme presque noire; certaines variétés se prêtaient mieux à l'entreposage hivernal, d'autres étaient parfaites pour les tartes aux pommes; il y avait la saveur forte et piquante de la Lemon Pippin et le léger goût sucré de l'Ananas Reinette.

Aujourd'hui, les branches démesurées et difformes des pommiers abandonnés témoignent en silence d'un commerce de la pomme qui a depuis longtemps disparu de l'île de Saltspring. Accessibles uniquement par bateau, les petits vergers ne pouvaient soutenir la compétition qui fait loi dans le monde de l'industrie agricole moderne. La pomme Grimes Golden avait fait connaître les fruits de la Colombie-Britannique dans l'univers de la cuisine; elle n'est plus disponible sur le marché canadien. De nos jours, de nouvelles variétés « améliorées », telles la McIntosh, la Spartan et la Golden Delicious sont massivement produites dans de vastes vergers plus facilement accessibles. Polies pour être reluisantes et étiquetées de l'autocollant de la firme productrice, ces pommes sont livrées sur tous les marchés de l'Amérique du Nord.

Ces pommes ont gagné l'approbation des épiciers parce qu'elles sont de taille uniforme, qu'elles n'ont pas tendance à se meurtrir et qu'elles sont faciles à expédier. Le goût et la valeur alimentaire ne sont pas les préoccupations premières du nouvel ordre mondial. Par exemple, quoique prolifiques et juteuses, les pommes Wealthy ne mûrissaient pas toutes en même temps; elles ont donc été jugées impropres à la production massive. Le Rural Advancement Fund International a trouvé qu'il fallait 10 pommes McIntosh pour obtenir la teneur en vitamine C d'une seule pomme Wegner, fruit introuvable au supermarché.

On ne devrait pas se surprendre que, sur l'île de Saltspring, un mouvement se dessine pour faire faire demi-tour au « progrès ». Les mini-fermes polyvalentes où quelques moutons paissent sur de douces collines montrent bien qu'on ne vit pas au rythme de ce que nous appelons l'agriculture moderne. Il y a là une communauté qui croit que l'agriculture traditionnelle pourrait bien être la meilleure des agricultures. Dan Jason dirige la Saltspring Seeds, le plus gros patrimoine de semences du continent. Les gouvernements assemblent dans des banques de gènes ce qu'ils croient être des semences de grande valeur, mais il appartient à des individus comme Jason de réunir, vendre, conserver et faire pousser les graines de variétés de plantes qui ne sont plus populaires dans l'agriculture et le jardinage modernes. Page après page, son catalogue manuscrit liste des variétés de haricots et 32 sortes d'ail. Il est fier de préserver ce qui autrement serait perdu sur le sentier de l'agriculture moderne. « Il vient un temps où les gens sont trop vieux pour continuer. Ils ont cultivé ce qu'ils appellent les haricots d'une tante ancestrale, quelque chose qui a été transmis dans la famille. Ils me postent ces graines et me demandent de les faire pousser. »

Mike McCormick est le conservateur du Preservation Orchard, un projet du Heritage Seed Program. Il s'agit d'une organisation de bénévoles qui s'efforce de maintenir les variétés de plantes d'autrefois en échangeant des graines. Le verger est un véritable musée vivant de variétés de fruits rares, soit 320 types de pommes, de poires, de cerises et de prunes. Il reflète ce que l'île et l'agriculture ont dû être il y a un siècle. « À un moment donné, ils ont éliminé toutes les pommes vertes », raconte McCormick. Il ne leur restait que des pommes rouges qui brillaient et craquaient dans la nuit. Ce sont les trois seules catégories de culture qui allaient être cultivées durant les 20 années suivantes. Ce qu'ils ont obtenu, c'est une pomme plus économique produite massivement et plus attrayante pour le consommateur. Ce qu'ils ont perdu, je n'en sais rien. »

Durant des milliers d'années, l'activité agricole a consisté à arracher la vie du sol, à cultiver des plantes et à élever des animaux qui, un jour, se retrouveraient dans la marmite. On regardait sans cesse le ciel du coin de l'oeil, appréhendant la prochaine calamité naturelle. C'était la dure nécessité. Les familles fermières vivaient au rythme des saisons et étaient habituées aux caprices de la nature.

Tout cela a changé au milieu des années 1960. La « révolution verte » est venue transformer la ferme en une grosse activité commerciale. Même si la nature fait encore des ravages de temps à autre, l'agriculture des pays développés est davantage déterminée par l'industrie alimentaire que par la tradition. La révolution verte a engendré quelques nouvelles plantes hybrides — de véritables cultures miraculeuses — qui assimilent mieux les nutrients, entraînant de grands rendements à de bas niveaux d'azote. Si on ajoute à cela la nouvelle mécanisation et les fertilisants et pesticides chimiques, la révolution a déclenché une nouvelle agriculture superproductive. En gros, de 1950 à 1980, les rendements du maïs, du riz et du blé ont triplé. Du temps de mon grand-père, une famille de cultivateurs pouvait, avec l'aide de ses nombreux enfants pour arracher les mauvaises herbes, travailler 65 hectares de terre; maintenant, avec le développement de produits chimiques et d'équipements, un fermier peut à lui seul exploiter 40 000 hectares ou plus. Quand nous pensons à l'agriculture moderne, nous voyons une mer de cultures propres, uniformes et sans mauvaises herbes qui s'étendent à l'horizon et qu'on travaille avec d'énormes et impressionnantes machines.

Plusieurs avancent que, logiquement, la prochaine étape du « progrès » agricole sera franchie grâce à la biotechnologie; ils l'appellent la « double révolution verte ». Après tout, la nouvelle technologie ne permet-elle pas aux scientifiques d'augmenter plus efficacement le rendement à court terme en implantant l'efficacité directement dans le code génétique d'une espèce. Mais, comme elle cherche à produire des aliments et des cultures « artificiels », il est peu probable qu'elle reproduise les énormes améliorations de rendement qu'ont données les développements de l'après-guerre. En fait, on serait porté à croire que la biotechnologie pourrait exacerber les pires aspects de la transformation de l'agriculture en industrie.

Dans l'agriculture d'aujourd'hui, les cultures sont sélectionnées selon un modèle industriel, c'est-à-dire non seulement pour leur rendement, mais aussi pour la facilité avec laquelle on peut les traiter et les transformer. De nos jours, parce que la récolte est mécanisée, toutes les cultures doivent mûrir en même temps et atteindre la même taille. Par exemple, la Campbell Soup Company veut que ses tomates soient toutes de la même taille, car elles se prêtent mieux à une transformation automatisée. PU DE DIVERSITÉ

L'agriculture moderne visant la facilité de manutention autant que les hauts rendements, les fermiers du monde industrialisé ont été forcés d'exploiter à grande échelle un petit nombre de cultures populaires. Par exemple, dans les Prairies canadiennes, on ne sème que quelques variétés de cultures et on ne trouve que quelques types de pommes supermarché local. Dans cette course vers le progrès on a abandonné plusieurs des cultures traditionnelles, c'est-à-dire des cultures longuement améliorées par les techniques conventionnelles de reproduction sélective, le patrimoine agricole pourrait-on dire.

« La précarité de l'agriculture moderne résulte en partie de son incapacité à tolérer la diversité. Autant l'uniformité génétique qu'écologique — les mêmes cultures semées dans des champs s'étendant sans interruption d'un horizon à l'autre — entraînent une dépendance coûteuse, souvent dangereuse, sinon futile envers les produits chimiques, et ce pour contrer les insectes et les animaux nuisibles, ou encore les maladies qui se répandent et évoluent rapidement », écrit le Worldwatch Institute dans son rapport de 1992 sur l'État du monde intitulé *Conserving Biological Diversity*.

Cette homogénéisation de l'agriculture érode rapidement le bagage mondial de variétés de cultures alimentaires. Cette situation est devenue tellement critique qu'on a appelé biodiversité (diversité biologique) l'ensemble des manifestations de la vie sur la terre. Environ les trois quarts de la biodiversité des 20 cultures alimentaires clés du monde ont été perdus au cours des 50 dernières années. Environ 97 % des variétés de légumes qu'on trouvait habituellement sur la liste du ministère de l'Agriculture des États-Unis sont maintenant considérées comme disparues. Il n'y a plus une seule variété indigène de brocoli dans ce pays. Entre 4 000 et 6 000 espèces de plantes et d'animaux disparaissent de la Terre chaque année, plusieurs sous la charrue du fermier et sous la pression de sa détermination à refaçonner la nature. Si le progrès agricole continue au rythme qu'on lui connaît depuis cinq décennies, au moins 20 % des espèces terrestres seront éliminées durant les 50 prochaines années.

Les espèces ont commencé à disparaître beaucoup plus rapidement après l'apparition de l'homme. Par exemple, on estime que le taux courant de l'extinction des mammifères due aux humains est 100 fois plus grand que la moyenne qu'on peut déduire de l'examen des fossiles; pour les oiseaux, le taux est environ 1 000 fois plus élevé.

Au delà des considérations éthiques et spirituelles en faveur de la diversité des formes de vie, la perte d'une espèce végétale ou animale, s'agirait-il d'une plante inférieure ou d'un insecte des plus nuisibles, constitue un risque, et ce pour des raisons très pragmatiques. Parmi les 150 médicaments les plus prescrits aux États-Unis, 118 ont dérivé originellement de plantes, de champignons ou d'autres espèces. Par exemple, la cyclosporine, un important répresseur des réactions immunitaires, était obtenue à partie d'un obscur champignon de la Norvège. Personne ne peut dire que le remède contre le cancer n'a pas été perdu dans l'extinction de ce que certains ont considéré comme une plante improductive.

On sait depuis longtemps qu'un excès de croisements et d'hybridations peut comporter des dangers. Tout individu qui s'y connaît en croisement de plantes ou d'animaux sait que tout effort pour rationaliser l'efficacité des espèces ou pour satisfaire des goûts capricieux peut se traduire par des souches et des races plus lucratives mais plus fragiles. Le nez écrasé qui caractérise les boxers et les bouledogues s'accompagne de problèmes respiratoires. Les roses hybrides multicolores risquent de ne pas survivre aux hivers canadiens. Les dindes d'aujourd'hui peuvent bien garnir la table des fêtes de leurs énormes poitrines, mais elles sont incapables de relations sexuelles naturelles.

La dépendance à quelques « supersouches » ou « superraces » augmente aussi la vulnérabilité à la maladie. La biodiversité est un mécanisme de survie. Elle fait en sorte que chaque espèce soit suffisamment diversifiée génétiquement pour s'adapter efficacement aux changements de l'environnement. En éliminant les souches non rentables ou inefficaces, nous minons la capacité d'adaptation de la vie. Les monocultures, la culture généralisée d'une seule espèce, rendent nos ressources alimentaires vulnérables à de nouvelles maladies, à des invasions d'insectes et d'animaux nuisibles, ainsi qu'aux changements climatiques.

La famine de la pomme de terre qui a sévi en Irlande au XIX⁰ siècle constitue l'exemple classique des périls encourus en se restreignant à une seule variété d'aliment. Environ deux millions de personnes sont mortes sur cinq ans parce que l'aliment de base des Irlandais pauvres — en fait, un type de pomme de terre — a été décimé. L'agriculture industrialisée des temps modernes semble avoir oublié les enseignements du passé; elle encourage subrepticement les fermiers d'aujourd'hui à dépendre d'un éventail de plus en plus réduit de cultures. Il n'y a pas si longtemps, les producteurs de maïs américains ont été frappés par un charbon dévastateur qui, sans bruit, a ruiné 15 % de la récolte nationale de maïs. « La plupart des Américains ignorent à quel point nous avons failli devenir un pays importateur quand le charbon a frappé le maïs du Sud durant les années 1970 », a déclaré au *National Geographic* en 1991 Steve Eberhart, directeur du National Seed Storage Laboratory.

Dans le monde de la reproduction animale, les vaches Holstein dominent l'industrie laitière grâce à leur rendement laitier supérieur. Mais ces animaux exigent des aliments particuliers, un éventail de moyens technologiques de soutien et une surveillance constante. Nous avons donc une vache plus productive, mais aussi trop fragile pour survivre à un hiver nordique hors de l'étable. Et, dans la quête de la vache ultime, le modèle industriel a donné lieu à une grande augmentation des croisements entre individus de même souche. Du demi-million de vaches Holstein au Canada, 75 % sont inséminées artificiellement à partir du sperme d'environ une douzaine de boeufs, des bêtes qui ont fait leurs preuves comme géniteurs de vaches de haut rendement.

Plusieurs scientifiques et opposants voient dans la perte de la biodiversité due à l'agriculture une menace à l'existence même de l'humanité. « Simplifier l'environnement comme nous l'avons fait en agriculture, c'est détruire les relations complexes entre les formes de vie qui garantissent l'existence même de la nature. En réduisant la diversité des formes de vie, nous diminuons nos options sur l'avenir et nous rendons notre propre survie précaire », affirme Arran Stephens, du groupe biologique Nature's Path. Gary Fowley et Pat Mooney écrivent dans leur livre *Shattering: Food, Politics and the Loss of Genetic Diversity* : « La diversité des plantes constitue le facteur sous-jacent du contrôle de la diversité des autres organismes et, par conséquent, de la stabilité de l'écosystème du monde. De ce seul point de vue, la conservation des végétaux de la planète est en définitive une question de survie pour la race humaine ».

En plus d'accélérer l'industrialisation de l'agriculture, la biotechnologie propose de créer de nouvelles formes de vie qui remplaceront les espèces naturelles. La vie créée en laboratoire pourrait fort bien être l'ultime forme de pollution génétique. Plusieurs écologistes craignent que des organismes génétiquement modifiés agissent comme le font souvent les espèces exotiques, à savoir se multiplier rapidement, sans contrainte aucune, étant donnée l'absence de prédateurs et de compétiteurs naturels. Le danger, c'est que ces espèces étrangères envahissantes en viennent à éliminer la vie naturelle indigène. Grâce à leurs gènes de « l'ère spatiale », certaines plantes et certains animaux génétiquement manipulés se répandront inévitablement comme un cancer, prenant le dessus sur les espèces sauvages de la même façon que les espèces exotiques ont créé des problèmes en Amérique du Nord.

Ironiquement, la plus grande partie de la biodiversité de la planète — environ 70 % — s'exprime dans les pays les plus pauvres du monde. Un petit volcan des Philippines contient plus d'espèces végétales ligneuses qu'on peut en trouver dans les vastes forêts du

Canada. Une petite île panaméenne offre plus de diversité florale que tout le Royaume-Uni. Les États-Unis sont reconnus comme le panier à pain du monde; pourtant, une seule des cultures majeures qui y sont récoltées est indigène, le tournesol. Les 15 cultures alimentaires des États-Unis valant un milliard de dollars et plus dépendent de la diversité génétique d'autres pays : le maïs, les pommes de terre et les tomates proviennent de l'Amérique latine; le riz et la canne à sucre, de l'Indochine; les graines de soja et les oranges, de la Chine; le blé, l'orge, les raisins et les pommes, de l'Asie.

Les pays pauvres sont riches de leur biodiversité et cette dernière est actuellement en danger. Les fermiers des pays en voie de développement s'empressent souvent d'imiter les pratiques de leurs congénères des pays plus riches des continents industrialisés. Quand ils peuvent assumer le coût des nouveaux investissements — les semences hybrides, l'équipement et les pesticides —, ils abandonnent les cultures patrimoniales, les remplaçant souvent par une seule variété. Dans le processus, ils passent les forêts vierges au bulldozer et défrichent de fragiles flancs de collines pour les transformer en terrasses cultivables. Les variétés de blé à haut rendement telles le Maxipack et le Sonalika ont déjà été semées sur 70 % des terres à blé traditionnelles de l'Arabie saoudite et du Liban. En Indonésie, aux Philippines et au Viêt-nam, 60 % des 14 millions d'hectares de terre à riz ont été ensemencées d'une seule variété.

La liste des pertes ne s'arrête pas là. Les fermes familiales apparaissent aussi sur la liste des espèces en voie d'extinction. Par un effet secondaire de l'industrialisation d'après-guerre, les prix des cultures les plus importantes n'ont pas suivi ceux des produits et services de base en Amérique du Nord. De 1947 à 1997, les prix du blé, du maïs et de l'orge ont augmenté respectivement de 35 %, 69 % et 3 %, alors que, durant la même période, le prix d'un timbre-poste a augmenté de 966 %, celui d'un tracteur, de 481 %, et celui d'un accouchement à l'hôpital, de 13 000 %.

✗ Les fermiers qui avaient accueilli les progrès technologiques de la révolution verte se sont rapidement rendu compte que s'ils voulaient rester en affaires, il leur faudrait cultiver de plus grandes superficies et dépenser davantage en produits chimiques et en équipement.

Plusieurs ont découvert qu'ils ne pouvaient pas joindre les deux bouts et ils ont opté pour la faillite ou pour une retraite hâtive. Les statistiques du recensement montrent que moins de 2 % des Américains vivent actuellement sur une ferme. Les familles d'agriculteurs sont si peu nombreuses qu'elles ne constituent même plus une catégorie du recensement. Par contraste, environ 70 % des Américains choisissent de vivre dans les villes et les banlieues, loin des lieux de production des aliments.

Les fermes familiales ont disparu dans le sillage de l'industrialisation de l'agriculture en même temps que les espèces de plantes et d'animaux. En 1940, neuf millions d'Américains vivaient sur des fermes; au milieu des années 1990, ce nombre avait diminué à environ deux millions. Et les observateurs disent que ce nombre est artificiellement gonflé par des gens à l'affût d'avantages fiscaux, le nombre réel de fermiers aux États-Unis étant plus proche de 500 000.

La perte des populations agricoles en Amérique du Nord a transformé la vie rurale. De nos jours, de vastes étendues du Midwest américain sont constituées de terres pratiquement inhabitées. On peut voyager pendant des kilomètres sur des routes de gravier empoussiérées bordées de champs de maïs parfaitement uniformes, et ne voir aucune demeure. Le tissu de la vie rurale a été irrévocablement déchiré : les églises, les écoles et les banques des petites villes ont été fermées.

L'agriculture était autrefois une réserve de pionniers épris de liberté. Dans l'imaginaire américain, un fermier ne tolérait pas qu'on lui dicte sa conduite; il décidait seul ce qu'il voulait semer et la façon de travailler sa terre et de récolter ses semences. La vie se perpétuait grâce à l'entraide communautaire. Les familles échangeaient tout simplement les semences.

En développant de nouvelles cultures hybrides qui devaient être achetées tous les printemps, la révolution verte a créé une brèche dans cette légendaire indépendance du fermier américain. Fini les sympathiques échanges d'antan ! Les sociétés biotechnologiques sont sur le point d'agrandir cette brèche. Bientôt, vu le développement de leur nouvelles technologies, le fermier n'aura plus aucun contrôle sur son univers.

L'establishment de la biotechnologie maintient qu'aucune industrie n'accorde autant d'importance à la biodiversité qu'elle. Ce commerce peut prétendre créer de nouvelles espèces, mais le plus important, c'est que les jongleurs de gènes sont pour la diversité génétique parce qu'ils sont constamment à la recherche de gènes qui conféreront à leurs créations des caractères qui les rendront rentables. C'est en regard de ce type de biodiversité que la nouvelle science technologique pourrait faire face à son plus grand défi.

Les pays en voie de développement ont souvent vu des chercheurs du monde industrialisé débarquer chez eux pour ramasser des semences, pour se rendre compte par la suite que le matériel génétique des cultures locales longuement sélectionnées est en voie d'être breveté par des firmes pharmaceutiques ou des semencières qui vont en tirer un généreux profit. Les pays en voie de développement voient leur biodiversité naturelle pillée, et c'est à peine si les pilleurs reconnaissent la source de leur butin. Et, bien sûr, il n'y a aucune rétribution pour ces gènes que les pays en voie de développement croyaient leurs. D'ailleurs, ces derniers appellent « biopiraterie » ce que les sociétés biotechnologiques disent être leur « intérêt pour la biodiversité ».

Les pays en voie de développement se défendent. Ils veulent une partie des profits dont les sociétés du monde industrialisé semblent bénéficier, soit les millions de dollars en redevances (*royalties*) pour l'utilisation des espèces et des gènes indigènes. La moitié des espèces de plantes connues du Brésil, un des pays dont la biodiversité est la plus riche, ont fait l'objet de brevets par de grandes multinationales. En réaction, l'État d'Acre du Brésil a annoncé qu'il allait restreindre l'accès des chercheurs et des scientifiques à ce qu'il appelle « le commerce illégal du colonialisme moderne », c'est-à-dire le commerce des gènes. On a constaté qu'un organisme non gouvernemental faisait des échanges avec six tribus indiennes de l'État d'Acre : on troquait des analgésiques contre des espèces végétales à propriétés médicinales. Ces plantes étaient ensuite vendues à des compagnies pharmaceutiques internationales. À l'avenir, les biologistes chercheurs devront obtenir des permis spéciaux pour récolter des gènes. Et s'ils trouvent quelque chose de rentable, ils auront à payer des redevances à la communauté d'indigènes concernée.

En 1989, le Costa Rica a pris le contrôle de sa riche biodiversité en mettant sur pied une agence, l'Instituto Nacional de Biodiversidad (INBio), et en la chargeant de réunir les éléments chimiques, les gènes, les enzymes et les micro-organismes de ses diverses forêts tropicales et de les mettre sur le marché de la biotechnologie. En fait, le Costa Rica a décidé que la biodiversité était une ressource exploitable. INBio a conclu un marché avec Merck & Co., le géant américain des produits pharmaceutiques. Selon cette entente, INBio consentait à expédier à cette compagnie les substances chimiques qui pourraient être utilisées à des fins thérapeutiques. En retour, Merck acceptait de payer à l'agence un million de dollars en droits et redevances sur les profits de tout nouveau médicament. Huit contrats du même type ont suivi.

La valeur de la biodiversité a trouvé sa reconnaissance quand la majorité des nations qui ont participé au Sommet de la Terre de Rio de Janeiro de 1992 ont signé la Convention sur la biodiversité. L'article 19 de cette convention faisait mention « d'une entente renouvelée fondée sur les faits concernant la sécurité lors du transfert, de la manutention et de l'utilisation de tout organisme vivant modifié par la biotechnologie ». Les efforts pour le définir ont pris le nom de Protocole de biosécurité. Vers la fin de la décennie qui l'a vu naître, il semblait que le Protocole de biosécurité avait été développé comme arme contre la biotechnologie et les pays qui en font la promotion.

Le protocole tombant sous la juridiction du programme environnemental des l'Organisation des Nations Unies, les organismes environnementaux ont eu tendance à mener les discussions. Selon ces groupes, la réglementation ne doit pas porter uniquement sur le transfert, la manipulation et l'utilisation commerciale des semences; elle doit s'étendre à tout aliment ou à toute forme de nourriture génétiquement modifiés. Cela signifie qu'on devrait considérer toute cargaison de blé, de maïs ou de colza comme un organisme vivant modifié, et ce même si ces céréales sont destinées à la culture, et non à la consommation. Toujours selon ces organismes, le protocole signifie aussi que les compagnies exportatrices devraient obtenir un permis formel d'expédition de leurs produits.

L'industrie de la biotechnologie considère ce débat avec circonspection. Elle avance que l'obligation d'obtenir une autorisation officielle d'expédition spécifique à chaque pays concerné ajouterait des millions aux coûts de la recherche et du développement. Bill Leask, vice-président de l'Association canadienne du commerce de semences, membre d'un groupe de travail consultatif de définition du protocole, a poussé le débat d'un cran. Dans l'*Ag Biotech Bulletin* de juillet 1997, il déclarait : « J'en suis arrivé à conclure qu'au Canada, cela (l'obtention d'un permis d'expédition) pourrait mettre fin à la recherche et au développement reliés aux cultures génétiquement modifiées. »

Le Protocole de biosécurité était devenu une pomme de discorde entre les pays en voie de développement et les pays industrialisés. Ayant refusé de signer la Convention sur la diversité biologique, les États-Unis n'ont pas participé pleinement aux discussions. Toutefois, on a dit que la APHIS et les autres agences gouvernementales de ce pays travaillaient « à établir des politiques appropriées pour garantir, sur le plan international, l'utilisation et le développement sécuritaires de nouveaux produits dérivés de la biotechnologie ».

Les promoteurs de la biotechnologie, comme les États-Unis, ont soutenu que les aliments transgéniques étaient sécuritaires et qu'ils étaient déjà trop réglementés. Toutefois, des pays en voie de développement, tels la Malaisie et l'Inde, ont maintenu leur position malgré l'importante pression qu'ils ont subie de la part des sociétés industrielles. La décision de continuer les discussions sur la création d'un Protocole de biosécurité a été acclamée comme une victoire majeure par les pays en voie de développement. Gurdial Nijar, un avocat malaisien, écrivait dans le bulletin *Third World Network* : « Les pays industrialisés ont promis de se pourvoir de réglementations de sécurité adéquates en ce qui concerne la technologie qu'elles ont imposée aux pays en voie de développement; nous verrons dans les mois qui viennent s'ils étaient sincères. »

Vers la fin des années 1990, les pays en voie de développement étaient vraiment décidés à se battre, leur cible étant les sociétés biotechnologiques. Ils ont réussi à lier ce qu'ils considéraient comme la menace de la biotechnologie à leurs efforts de protection de la biodiversité. Il semblait se dessiner que le plus gros défi de l'industrie biotechnologique pourrait finalement venir d'une source inattendue dont le pouvoir n'avait pas été jusque-là considéré, le Tiers-Monde.

Par ailleurs, aux États-Unis comme au Canada, il semble y avoir une étonnante acceptation des conditions qui ont entraîné l'extinction de milliers d'espèces et contraint tant de fermiers à une retraite hâtive. Sur toute la planète existent des banques commanditées par les gouvernements et chargées de conserver les précieuses semences qui, autrement, auraient totalement disparu. À l'instar des musées ou des jardins zoologiques, les banques d'entreposage de gènes et de semences ne remplaceront jamais la diversité qui vit et fleurit dans l'écosystème. Il est curieux que dans cette ère de commercialisation qui célèbre le choix, la plupart des consommateurs ne semblent pas se préoccuper que ce choix soit plus limité dans les étalages de victuailles. Et la plupart des fermiers ont stoïquement tenu le coup alors même que le progrès dévastait leur mode de vie.

La contestation du progrès agricole est venue sans bruit d'endroits comme l'île de Saltspring, où des approches alternatives fleurissent dans des vergers abandonnés. Des organismes non gouvernementaux, tel le Unitarian Service Committee Canada (USC) se sont rendus sur l'île pour explorer la possibilité de faire revivre le passé. L'intérêt du USC dans la biodiversité est né de l'aide qu'il a apportée aux pays en voie de développement.

Mike McCormick, qui a amoureusement ensemencé le Preservation Orchard, ne se fait pas d'illusions sur ce qu'il fait. Il peut faire renaître une partie de la diversité que l'île de Saltspring a connue il y a un siècle, mais il sait que ses efforts ne ralentiront pas le rythme du progrès au delà de l'île. « C'est une opération de survie partant de la base et non une entreprise rivale des grandes compagnies de l'industrie du fruit », explique-t-il. « Nous ne faisons revivre qu'une petite partie de ce qui a été perdu. »

L e café-restaurant où je pénètre est l'un de ces faux bistrots anglais qui se sont multipliés dans les centres commerciaux de l'Amérique du Nord. On y trouve du citron vert thaïlandais, de la tomate italienne et du cari indien, un menu qui détonne dans le décor de nos cités nord-américaines, mais qui représente bien par ailleurs la cuisine cosmopolite des années 1990. Dans un geste obstinément délinquant, je commande un hamburger au fromage et des frites.

Des défenseurs des aliments transgéniques sont venus partager mon repas dans l'intention de promouvoir l'avancement de l'agro-biotechnologie. Ils sont du Food Biotechnology Centre, un laboratoire canadien qui se dit indépendant de l'industrie. Le professeur et le responsable des relations publiques optent pour des soupes et des salades, mais la diététicienne, Milly Ryan-Harshman, m'absout de ma culpabilité nutritionnelle en commandant une portion de hachis Parmentier (pâté chinois) bien gras. Aucune réprimande, aucun avertissement, aucun conseil. La spécialiste de la bonne alimentation ne ressemble en rien aux disciples de la diète stricte qui, dans les années 1960, visitaient nos écoles primaires pour prêcher l'évangile du *Guide alimentaire canadien*. Le message de discipline a tout de même fait son chemin : même son repas expéditif d'aujourd'hui comprendra des éléments des quatre groupes d'aliments importants.

« Un jour, lance Ryan-Harshman en jetant un oeil dans mon assiette, la biotechnologie créera des frites aussi nutritives que le brocoli. Les membres de ma profession sont bien conscients que c'est ce qu'il faudra arriver à produire pour que les Nord-Américains en viennent à s'alimenter sainement. » En ce début de XXIᵉ siècle, les Américains sont ceux qui s'alimentent le plus mal au monde : près de 40 % de leur apport quotidien moyen en calories vient sous la forme de gras; 11 % d'entre eux ne mangent généralement pas de fruits ou de légumes;

seulement 1 % des enfants âgés de 2 à 19 ans ont une alimentation réunissant des portions adéquates de tous les groupes d'aliments.

Les Canadiens n'ont pas de quoi se vanter. Si, de 1980 à 2000, leur consommation moyenne de viande rouge a baissé de 10 %, ils mangent deux fois plus de fromages très gras; si la plupart d'entre eux boivent moins de lait qu'auparavant et optent pour du lait contenant 1 % ou 2 % de matières grasses, leur consommation de crème a augmenté de 50 %.

L'American Dietetic Association et les tistes du Canada se sont épuisés à essayer de convaincre les Nord-Américains d'éviter le gras et le prêt-à-manger (*fast food*). Ces deux organisations pensent maintenant que la biotechnologie peut constituer une bonne solution. Ils sous-crivent à la science nouvelle comme moyen de produire « des aliments sécuritaires, nutritifs, sains, abondants et savoureux ». Les nutri-tionnistes modernes adhèrent à la bible de la biotechnologie; ils croient qu'il n'est pas nécessaire d'étiqueter les aliments génétiquement manipulés et que l'épissage de gènes s'apparente aux procédés de croisement qu'a développés l'agriculture durant des millénaires. Et au lieu de forcer les gens qui ont opté pour un régime de mets prêt-à-l'emploi (*fast food*) à s'astreindre à la discipline des cinq fruits et légumes par jour[1], Ryan-Harshman affirme que la biotechnologie adaptera les aliments aux goûts des consommateurs modernes.

Il se peut que plusieurs d'entre nous apprécient une époque où les frites ne seront pas vraiment des frites. Alors que les régimes alimentaires nord-américains sont catastrophiques, on assiste paradoxalement à un intérêt grandissant pour la santé et la nutrition. Alors que les enfants du baby-boom approchent de la cinquantaine, on recherche avec frénésie une fontaine de jouvence alimentaire. On peut lire « faibles en matières grasses » ou « contient moins de sel » sur des milliers de produits alimentaires étalés dans les rayons du super-marché. Les Américains sont de gros consommateurs de suppléments alimentaires. Ils dépensent environ 2,5 milliards de dollars par année en vitamines et autres suppléments, qu'il s'agisse de vitamine E pour prévenir les crises cardiaques ou de mégadoses de vitamines C pour combattre le rhume. Aux États-Unis, depuis 1993, le nombre de magasins d'aliments naturels a augmenté de 14 % par année; durant la même période, les supermarchés n'ont augmenté que de 3,3 %. Les librairies reflètent bien la tendance à se préoccuper de sa santé — les best-sellers ont comme titres *Heinerman's Encyclopedia of Juices* (Encyclopédie des jus de Heinerman), *Teas and Tonics* (Tisanes et fortifiants). Le magazine Maclean canadien a consacré sa page couverture d'octobre 1997 à l'obsession du « manger sainement ».

Depuis des siècles, les humains consomment des aliments non seulement pour leur goût et leur contenu en fibres, mais pour les vertus médicinales qu'ils leur prêtent. Quatre siècles avant Jésus-Christ, Hippocrate écrivait : « Que votre nourriture soit vos remèdes, que vos remèdes soient votre nourriture. » De nos jours, la soupe au poulet « antirhume » de grand-mère peut sembler relever du folklore, mais la science a confirmé la logique de ce régime thérapeutique : le chrome du brocoli peut nous protéger contre le type de diabète survenant à l'âge adulte; le pectate de calcium des carottes peut abaisser le taux de cholestérol sanguin; les produits à base d'avoine contiennent de la bêta-glucane, une fibre soluble, dont on a montré qu'elle pouvait aussi réduire le cholestérol sanguin. On sait aussi que le vin rouge consommé modérément peut contrer les maladies cardiovasculaires, que la racine du ginseng peut avoir des effets médicinaux sur le coeur, le foie, la rate, les poumons et les reins, en plus d'augmenter les habiletés d'apprentissage, la mémoire à court terme et l'énergie; enfin, on croit que la lignane et l'acide alpha-linolénique des graines de lin réduisent le risque de maladie cardiaque et de cancer.

Ryan-Harshman affirme que c'est là que la biotechnologie entre en scène. La nature a toujours limité les bénéfices des aliments pour la santé. Le génie génétique enrichira le menu des aliments de santé en permettant aux gènes d'un aliment d'être insérés dans un autre. C'est ce qui justifie le transfert du gène « anticancer » du brocoli dans la pomme de terre frite.

La science sélectionnera des aliments très populaires, qui passeront par le laboratoire pour finalement les présenter à l'épicerie comme aliments fonctionnels. Le marché américain pour ces aliments « guérisseurs », médicinaux, est immense; on l'estime à 250 milliards de dollars par année. Dans l'avenir, le choix d'un restaurant ne se fera peut-être plus en se demandant : « Devrions-nous manger chinois ou italien ? » mais plutôt « Devrions-nous réduire notre risque d'un cancer du côlon ou abaisser notre tension artérielle ? » Et tous les Nord-

Américains, même ceux qui adorent les hamburgers et les frites, pourront se nourrir sainement.

Pour l'instant, les aliments fonctionnels du génie génétique relèvent encore du rêve, mais l'industrie agricole en a reconnu le marché potentiel. Ne sont-ils pas après tout le fin du fin dans le monde de l'alimentation branchée ? Monsanto espère lancer en 2002 une pomme de terre qui absorbera moins de matières grasses lors de la friture. Les frites faites de ces pommes de terre génétiquement modifiées ne seront peut-être pas aussi bonnes pour votre santé que le brocoli, mais elles ne boucheront pas vos artères. La firme prévoit aussi mettre en vente au début du nouveau millénaire plusieurs types d'huiles de colza et de soja comme substituts de la margarine, c'est-à-dire sans apport d'acides gras *trans* susceptibles d'augmenter le taux de cholestérol sanguin.

Ailleurs, on fait de la recherche pour définir des gousses d'ail contenant davantage d'allicine, ce qui peut aider à abaisser le taux de cholestérol sanguin, et des fraises contenant plus d'acide ellagique, ce qui peut réduire le risque de cancer. Des scientifiques d'Edmonton tentent d'isoler la composante de la bêta-glucane de l'avoine qui abaisse le taux de cholestérol pour l'ajouter à d'autres aliments. D'autres chercheurs essaient de créer une bêta-glucane qui pourrait être introduite sous la forme d'un yaourt dans le groupe des produits laitiers.

Dans l'Union européenne, un programme connu sous le nom de Projet de priorité à la technologie a alloué des millions de dollars à des équipes de laboratoire pour faire des recherches sur les aliments fonctionnels. En juillet 1997, une équipe installée à Egham, dans la banlieue de Londres, a rapporté avoir élaboré génétiquement des tomates qui contiennent quatre fois plus de bêta-carotène et deux fois plus de lycopène que la normale; ces tomates, espère-t-on, aideront à prévenir les maladies cardiaques et le cancer. Les chercheurs croient que ces tomates supernutritives seront « mieux acceptées par les Européens, ces derniers craignant les aliments transgéniques ». En Espagne et en Allemagne, des équipes travaillent sur des poivrons et, ailleurs en Europe, des scientifiques essaient de créer un riz riche en bêta-carotène.

Le génie génétique peut bien conférer aux aliments quelques nouvelles et importantes propriétés, mais il n'est pas simple de modifier les aliments sans affecter d'autres caractères. Quelques exemples ? Des tests d'évaluation des produits en développement montrent que la bêta-carotène peut conférer un goût d'oeuf aux aliments; les minéraux peuvent leur donner un goût sec s'apparentant à celui de la craie; les vitamines ne résistent pas à la chaleur; et on doit masquer le goût des fibres alimentaires.

Même si les aliments fonctionnels ne sont pas encore prêts à être semés, un vent d'optimisme souffle dans la communauté agricole à propos de nouvelles cultures payantes. En attendant une future vie agricole remplie d'espoir, les observateurs ont déjà inventé un nouveau mot. La ferme de l'avenir sera une « pharm[2] », c'est-à-dire une usine pharmaceutique qui produira à la fois des aliments fonctionnels et des produits biopharmaceutiques.

Terry Sharrer est le conservateur du secteur agricole de la Smithsonian Institution située à Washington, capitale des États-Unis. Quelque peu futurologue, il prédit que, dans le nouveau millénaire, la demande d'aliments « guérisseurs » et de médicaments transformera l'agriculture et la vie rurale. « Selon nous, l'agriculture sera vraiment réinventée », a-t-il déclaré récemment à la Virginia Farm Bureau Federation, ajoutant que « les principales plantes et les principaux animaux de la ferme de la prochaine génération n'existent même pas aujourd'hui ».

Le plus gros défi posé par les aliments fonctionnels est d'établir une législation équilibrée qui, à la fois, encouragera le développement d'aliments valables et découragera la production d'aliments qui ne feraient que répondre aux caprices de consommateurs. De tout temps, des vendeurs astucieux ont fait la promotion de cures sans qu'une sérieuse recherche scientifique ne fonde leurs dires. Plusieurs personnes se rappellent sans doute la récente volte-face de la bêta-carotène. Il y a d'abord eu beaucoup de publicité disant qu'elle aidait à prévenir le cancer du poumon. Puis, en 1994, une étude finlandaise portant sur 29 000 fumeurs d'âge moyen a montré le contraire. En fait, les suppléments de bêta-carotène accentuaient le risque de développer ce cancer.

Au Japon, les aliments fonctionnels sont reconnus comme substituts de médicaments, ce qui place ce pays à l'avant-garde de la réglementation de la publicité des produits dits bénéfiques pour la santé. Selon une loi votée en 1991, de tels aliments sont offiellement classés sous la catégorie des Foods for Specified Health Use (FOSHU) (aliments à usage thérapeutique). Il n'est pas facile d'obtenir cette certification; les fabricants doivent franchir un processus complexe en trois étapes. Toutefois, à la fin de 1990, des dizaines d'aliments fonctionnels étaient apparus sur les étalages des supermarchés japonais. Entre autres produits, on trouvait du thon contenant de l'acide docosahexaénoïque (DHA), une substance qui, croit-on, améliore les habiletés d'apprentissage, aiguise la mémoire, réduit le cholestérol sanguin et inhibe les allergies; on trouve aussi des boissons non alcoolisées additionnées de bifidobactéries pour améliorer l'état du système gastro-intestinal.

La législation est loin d'être aussi claire en Amérique du Nord. Pour commencer, l'appellation « aliment fonctionnel » n'a pas de sens légal aux États-Unis, ni au Canada. Des lois interdisent que la publicité prête des propriétés thérapeutiques aux aliments, obligeant ainsi les fabricants à diffuser leurs prétentions à travers des médias non réglementés ou par le bouche à oreille. Il n'est pas surprenant que certains fabricants de produits alimentaires tentent de magnifier les effets bénéfiques de leurs produits sur la santé. Récemment, un fabricant a transgressé les normes régissant l'obligation de vérité dans la publicité en prétendant que son jus de fruit enrichi de fibres pouvait réduire le taux de cholestérol sanguin et le risque de maladie coronarienne. Les organismes de contrôle américains sont intervenus, statuant que la publicité exagérait les éventuels bienfaits de cette boisson pour la santé. Autrement, dans le monde de ces nouveaux suppléments diététiques, les consommateurs sont laissés à eux-mêmes; ils doivent distinguer le battage publicitaire de ce qui est bon pour leur santé. On trouve du thymus cru, du cartilage de requin, du ginseng sibérien, des vitamines C et E, ou de la bêta-carotène pour ceux qui craignent de développer un cancer. L'embonpoint ? Vous pouvez essayer l'herbe phen-fen, le thé diète, ou des stimulants diététiques, tel le Diet Pep. L'impuissance sexuelle ? Si vous ne pouvez vous procurer du Viagra, vous trouverez du yohimbine, de la gelée royale, de la vitamine E, du ginseng, ou des suppléments d'acides aminés.

Les aliments fonctionnels peuvent éventuellement être d'un grand secours pour les consommateurs soucieux de leur santé, mais seulement si la publicité qu'on en fait est honnête et soigneusement réglementée. Le battage publicitaire qui accompagne la mise en marché des remèdes alternatifs laisse entrevoir un avenir inquiétant dans lequel les aliments fonctionnels génétiquement élaborés ne sont pas réglementés adéquatement. Il y a de nombreux exemples de remèdes naturels qui ont mal tourné. Rappelez-vous le L-tryptophane que la publicité présentait comme la cure infaillible de l'insomnie. Ces dernières années, aux États-Unis, 20 personnes sont mortes et des centaines d'autres ont souffert d'étourdissements, de tremblements, de maux de tête, de crises cardiaques et d'attaques parce qu'elles avaient ingéré de l'éphédrine, un alcaloïde aussi connu sous l'appellation Ma Huang, une herbe chinoise dont il constitue l'élément actif. Ces gens se sont tournés vers les suppléments alimentaires parce qu'ils voulaient perdre du poids, augmenter leur tonus ou leur masse musculaire. Les autorités ont aussi signalé une intoxication du foie causée par *Acorus calamus* et des dommages aux reins provoqués par *Magnolia officinalia* ainsi qu'une hépatite aiguë due au Shou Wu Chih[3].

PR Watch, un bulletin spécialisé dans les reportages d'intérêt public portant sur l'industrie des affaires publiques, a décrit le commerce des remèdes alternatifs comme une industrie géante de quatre milliards de dollars par année qui n'a épargné aucun effort pour se donner l'image d'un simple retour à la nature, d'une opposition à la « sale » médecine traditionnelle. Mais, du même coup, cette industrie fait la promotion de parties crues de bétail — rate, ganglions lymphatiques, moelle épinière, glandes pituitaires — sous des appellations qui suggèrent des effets positifs sur la santé telles « Surrénale nature » et « Capsules d'hypophyse ». On ne faisait aucune mention du tort qu'ils pouvaient causer, mais des scientifiques avaient trouvé que tous les ingrédients de ces produits pouvaient constituer des sources de transmission de l'encéphalopathie spongiforme bovine, la maladie de la vache folle.

Ce n'est qu'un exemple parmi d'autres d'une industrie qui exagère les vertus curatives de ses produits. En 1997, Bruce Silverglade, directeur des questions légales du Center for Science in the Public Interest, déclarait au *PR Watch* : « Les gens devraient avoir le droit d'essayer tout type de soins de santé qui leur convient. Mais la question ici, c'est de savoir si les fabricants ont le droit de les matraquer de leur publicité en s'appuyant sur une information scientifique douteuse ou, pire, sur de fausses prétentions. »

En 1994, les États-Unis ont adopté le Dietary Supplement Health and Education Act, loi qui permettait à l'industrie des aliments alternatifs de continuer de vanter les bienfaits de ses produits pour la santé sans s'appuyer sur des données scientifiques. Au Canada, en 1998, c'était encore très différent. Selon la Loi sur les aliments et les médicaments, tout ce que les Canadiens ingèrent est soit un aliment, soit un médicament. Parce qu'ils sont des produits d'usage courant, les aliments ne sont généralement pas réglementés. Les médicaments sont par ailleurs soumis à un rigoureux processus d'approbation conçu pour évaluer leur caractère sécuritaire et leurs bienfaits pour la santé. Les suppléments nutritionnels ou les plantes médicinales, les bouteilles de capsules ou les infusions que vous trouvez dans les magasins d'aliments naturels tombent dans la zone grise. Les vendeurs peuvent s'enthousiasmer à leur sujet, mais la loi interdit aux fabricants de prétendre que leurs produits ont un quelconque effet bénéfique.

Les consommateurs en quête de la fontaine de Jouvence sont doublement contrariés, d'abord parce qu'ils considèrent comme répressives les mesures énergiques de Santé Canada contre la distribution de suppléments alimentaires jugés « illégaux » mais déjà en vente au sud de la frontière. Le DHEA a été le supplément nutritionnel le plus largement utilisé dans les années 1990, mais, au Canada, il est considéré comme un médicament et, comme tel, n'est disponible que sur prescription médicale. Les éventuels acheteurs Canadiens qui ont lu sur ce produit ou qui ont entendu parler qu'il pouvait éventuellement procurer un regain d'énergie et contribuer à une diminution de poids sont frustrés de constater que, au Canada, l'accès à ce produit passe par la consultation médicale. En 1997, à la suite de fortes pressions des consommateurs canadiens désirant un plus grand accès aux plantes médicinales, le ministre de la Santé Allen Rock a commandé une étude publique sur la façon dont les suppléments alimentaires devaient être réglementés. La décision du gouvernement de réglementer, ou de déréglementer, ces produits pourra constituer une indication de ce que sera l'avenir des aliments fonctionnels au Canada.

En plus de créer des aliments de santé complets, la nouvelle science de la biotechnologie souhaite faire franchir un autre pas aux aliments « surnutritifs ». Des scientifiques espèrent, avec un coup de pouce du génie génétique, développer des cultures et des animaux de ferme capables de produire des médicaments de grande valeur. La technologie nécessaire à la création de produits biopharmaceutiques ou nutraceutiques, comme on les appelle, est encore au stade expérimental. Mais les experts de l'industrie des produits biopharmaceutiques, qui lie la science des plantes et des animaux à la santé humaine, croient qu'elle pourra surclasser à la fois les médicaments prescrits et les produits pharmaceutiques en vente libre.

Comme on compte environ 10 000 protéines humaines importantes, la perspective de plusieurs nouvelles denrées de grande valeur nutritive est bien réelle. Les sociétés multinationales, telles Novartis et Monsanto, réagissent à l'évolution du marché en restructurant leurs opérations de manière à ce que leurs intérêts pour les produits agricoles et pharmaceutiques s'inscrivent dans leurs nouvelles stratégies commerciales concernant les soi-disant sciences de la vie. Bayer et Bristol Mayer investissent beaucoup d'argent dans la recherche.

Près du quart de tous les médicaments prescrits durant les dernières années contiennent des extraits de plantes ou des ingrédients actifs tirés de substances végétales ou élaborés en s'inspirant de leur structure moléculaire. Quelques-uns de nos remèdes les plus connus entrent dans cette catégorie — l'aspirine est une version synthétique d'un analgésique naturel dérivé de l'écorce de saule. Selon des enquêtes menées auprès des consommateurs, la « fermaceutique », c'est-à-dire l'utilisation de plantes transgéniques pour produire des substances pharmaceutiques, est l'aspect le plus moralement acceptable du développement de l'agriculture biotechnologique.

En 1998, même si les aliments ou les médicaments issus de la biotechnologie n'étaient pas encore disponibles sur le marché, la recherche avait conduit la science médico-agricole au seuil d'un changement. En 1997, la firme Agracetus du Wisconsin commençait à faire des essais de traitement de cancéreux avec des anticorps humains cultivés dans un maïs mutant. Si le remède a l'efficacité attendue, les anticorps humains vont se fixer aux cellules tumorales et libérer des radioscopes qui leur seront fatals. Une firme installée à Calgary, SemBioSys, travaille à développer une technique d'insertion des gènes de protéines humaines dans des plantes oléagineuses tel le colza; elle a récemment reçu une injection de capital de 17 millions de dollars provenant de Dow Elanco. Cet investissement rapproche encore davantage du marché les médicaments faits à partir d'huile de colza. En 1998, des essais portant sur des pommes de terre auxquelles on avait génétiquement intégré un vaccin contre la diarrhée infantile étaient déjà en cours.

Cargill et ADM, deux semencières géantes, investissent dans la technologie d'extraction de la vitamine E naturelle en ayant recours au maïs, aux graines de soja et au blé. Petoseed, un important fournisseur de semences, oriente sa recherche vers les usages pharmaceutiques des poivrons et des carottes. Et à l'Université John Hopkins, des essais sur le terrain sont en cours concernant un brocoli enrichi de sulforaphane, ce qui pourrait aider à prévenir le cancer du sein. Les chercheurs de cette institution croient tellement en l'avenir des produits nutraceutiques qu'ils ont monté un nouveau Laboratoire de chimioprotection destiné à relier les recherches sur les humains à celles menées sur les plantes. Au Canada, le commerce biopharmaceutique suscitait tellement d'optimisme que le gouvernement fédéral a créé un centre d'innovations nutraceutiques de trois millions de dollars à Portage la Prairie, au Manitoba.

Le tabac est facile à modifier génétiquement. « L'herbe du diable » peut donc être métamorphosée en une substance bonne pour la santé et, grâce à la science, devenir une usine de produits biopharmaceutiques. Des chercheurs ont manipulé des plants de tabac de manière à ce qu'ils produisent le Composé Q, une substance antivirale à laquelle on a recours dans le traitement des sidéens. Au Canada, une recherche en collaboration a réussi à produire un tabac transgénique contenant des gènes humains qui contrôlent la coagulation du sang, des protéines vitales dans la transplantation d'organes humains, ainsi qu'un vaccin utile contre le CMV, un virus dangereux pour les gens dont le système immunitaire est affaibli. La firme Plant Biotechnology de Californie est à tester un rince-bouche anticarie fait d'anticorps extraits de plants de tabac transgénique.

La recherche qui vise le développement d'animaux modifiés capables de générer des médicaments de grande valeur continue sur toute la planète. Dolly, la brebis clonée en Écosse, a été produite dans l'espoir que des congénères pourraient être créés pour exprimer des produits biopharmaceutiques très importants. Enzon, une firme du New Jersey, a demandé à la Food and Drug Administration(FDA) l'autorisation de mettre en marché ses produits sanguins obtenus à partir de vaches. Genzyme Transgenics, une firme du Massachusetts, espère tester chimiquement des chèvres qui produisent des anticorps contre le cancer, non dans les tissus de leur organisme, mais dans leur lait. La firme PPL d'Édimbourg projette de développer par le mouton transgénique une protéine humaine pour le traitement de l'emphysème.

On a déjà fait mention de l'économie que comporte l'utilisation de plantes ou d'animaux dans la production de médicaments. Il peut en coûter 50 millions de dollars pour construire une installation pouvant produire des produits pharmaceutiques à partir de cultures de tissus. Par comparaison, une fois la recherche et le développement achevés, cultiver des plantes productrices de médicaments ou traire les animaux est relativement peu coûteux — peut-être seulement le dixième du coût d'une usine. Bien sûr, il est risqué d'affirmer que les consommateurs profiteront de cette diminution de coût. Par exemple, l'insuline est actuellement produite par génie génétique, un procédé beaucoup moins coûteux que le prélèvement d'insuline sur des porcs d'abattoir. Mais la plupart des diabétiques disent qu'ils n'ont pas vu de baisse du prix de l'insuline à la pharmacie.

Bien sûr, si on compare les médicaments aux aliments, on n'a besoin que de petites quantités; les produits biopharmaceutiques ne seront donc jamais cultivés sur une aussi large échelle comme c'est le cas pour les cultures régulières. Agracetus, la firme qui teste des anticorps cultivés dans du maïs génétiquement modifié, a reconnu qu'elle pourrait fournir en médicaments cultivés dans un champ de 12 hectares tout le marché américain du cancer, soit des dizaines de milliers de patients. Et toutes les Dollys du royaume des animaux transgéniques vont vraisemblablement continuer d'être dorlotées dans les étables expérimentales des sciences de la vie et chez les fabricants de produits biopharmaceutiques. La production de médicaments à l'aide de cultures ou d'animaux conduira sans doute à une diversification de l'économie agroalimentaire qui ouvrira à quelques fermiers l'accès à des marchés cibles. Mais, malgré l'enthousiasme de Terry Sharrer de la Smithsonion Institution, la production de médicaments à partir de cultures ou d'animaux ne donnera probablement pas un nouveau souffle de vie à la ferme familiale.

Par ailleurs, cette technologie va remodeler les industries alimentaire et pharmaceutique. Dans ce nouveau siècle, une tomate ne sera peut-être plus une simple tomate; ni une vache, une source de lait; ni une portion de frites, la route vers des matières grasses superflues. De toutes les manifestations du génie génétique dans le domaine alimentaire, l'activité agropharmaceutique est sans doute la plus facile à justifier. Mais encore ici, il faut se poser les questions fondamentales portant sur les avantages en regard des risques. Est-ce que l'avantage tiré d'une frite partageant les vertus du brocoli vaut les possibles dommages que pourrait causer à l'environnement une nouvelle plante génétiquement manipulée ? Les avantages de la lactoferrine dans le lait valent-ils les possibles douleurs et souffrances infligées à une chèvre modifiée par l'ajout d'un gène humain ? Quelle que soit la manière dont il est fait, à long terme, l'épissage de gènes comporte toujours des risques pour la santé et pour l'environnement.

À n'en pas douter, le nouveau millénaire comportera pour les consommateurs des choix alimentaires et nutritionnels complexes. Même si les diététiciens d'aujourd'hui continuent de les presser d'adopter une alimentation saine, Ryan-Harshman pense que les biotechnologies de demain leur donneront accès à une alimentation saine, même s'ils ont un fort penchant pour les hamburgers et les frites.

NOTES

1. Campagne de bonne alimentation américaine appelée « 5-a-Day ».
2. En anglais, le mot *farm* et l'abréviation *pharm* (de *pharmacy*) se prononcent de la même manière, ce qui permet un jeu de mot efficace. Le néologisme « fermaceutique » est ici créé pour rendre l'idée de plantes et d'animaux de la ferme utilisés pour la production de médicaments.
3. Mélange de plusieurs herbes chinoises sous forme de préparation liquide supposée avoir un effet tonique puissant sur le foie et les reins ainsi que des effets sur d'autres systèmes de l'organisme.

La privatisation des cerveaux **10**

A nn Clark arrive au campus Davis de l'Université de la Californie au début des années 1970, remplie de l'enthousiasme de sa jeunesse. C'est l'époque de l'activisme étudiant, des luttes pour l'égalité des droits civiques et de l'opposition à la guerre du Viêt-Nam; partout on entend le langage contestataire de l'Université Kent[1]. Connue pour son école d'agriculture, la ville californienne de Davis est une charmante petite agglomération universitaire au coeur de la région de la tomate californienne. Ann Clark y est née et y a été éduquée, et souhaite désormais y réaliser son rêve d'enfance, devenir vétérinaire.

Mais durant sa troisième année de formation qui la préparait à soigner des animaux, elle se découvre une fascination pour l'étude des relations entre les plantes, les animaux et les humains. Il lui suffit d'un cours en écologie démographique pour se convaincre qu'elle allait faire sa marque dans le domaine. Elle abandonne alors son projet de médecine vétérinaire et entreprend aussitôt une maîtrise en agronomie, spécialisée dans l'étude des interrelations végétales. « J'allais sauver le monde », dit-elle.

Ce sont les universités comme celle de Davis qui ont donné le jour à la biotechnologie et qui ont constitué par la suite sa source principale d'inspiration. Les chercheurs universitaires de cette institution ont été parmi les premiers à reconnaître le potentiel commercial de cette nouvelle discipline. Par exemple, Raymond Valentine, professeur de génétique, lançait Calgene, une firme d'applications biotechnologiques. Toutefois, en ce début des années 1970, il s'agissait encore d'un rêve. La plus grande partie de la recherche dont Ann Clark a été témoin et à laquelle elle a participé au College of Agriculture and Environmental Sciences était menée sur le terrain. Il s'agissait de développer de nouvelles cultures végétales et de nouveaux animaux, le tout selon les règles de croisement conventionnelles, et à observer les réactions réciproques des plantes et des écosystèmes hors du laboratoire.

À cette époque, seule la quête du savoir justifiait les études universitaires. Les écoles d'agriculture étaient certainement plus pragmatiques que les départements de physique quantique ou de littérature russe du XIXᵉ siècle. Faisant partie du réseau américain d'écoles d'agriculture subventionnées présent dans chacun des États, l'école de Davis devait servir les intérêts des fermiers américains. Cependant, même si les étudiants en agriculture travaillaient sous le soleil de la Californie, ils étaient, avec leurs professeurs, engagés dans une formation de haut savoir.

Dans ce temps-là, les sciences agricoles n'étaient pas soumises aux droits de propriété, c'est-à-dire aux lois régissant la propriété intellectuelle, ni aux intérêts d'une énorme agrobusiness. C'était plutôt un mode de vie fondamental et égalitaire pratiqué par la société. Tout au long de l'histoire de l'agriculture, les fermiers ont retenu leurs meilleures cultures et leurs meilleurs animaux et, par essais et erreurs, ont domestiqué des variétés et des espèces utiles à tout le monde. Chaque producteur était en quelque sorte un scientifique de l'agriculture. Le croisement sélectif des plantes et des animaux relève, depuis 100 ans seulement, des universités et des stations de recherche affiliées, lieux où des chercheurs scientifiques s'adonnent à l'étude de la nature profonde des plantes, des animaux, des sols, des environnements, des marchés et de l'application du savoir à la production et à la préparation d'aliments. Toutefois, une éthique ultime régissait ces activités, à savoir le libre échange d'information.

Les chercheurs en agriculture de Davis croyaient avoir le mandat de développer un nouveau savoir d'intérêt public. Ces valeurs ont poussé Clark aux études. Animée par sa passion pour la croissance des plantes, elle s'est engagée à l'Université de l'Iowa dans des études doctorales portant sur la production et la physiologie des cultures végétales. Son parler franc et direct a fait de Clark un professeur naturel et populaire. Elle est venue au Canada en 1979 comme maître assistant à l'Université de l'Alberta, puis, en 1983, elle s'est retrouvée au Department of Crop Science (sciences des cultures végétales) de l'Université de Guelph.

L'Université de Guelph peut être considérée comme l'équivalent canadien du campus Davis de l'Université de la Californie. Comptant quelque 16 000 étudiants, elle compose l'essentiel de la communauté de Guelph. À l'instar de la région de la tomate qui environne le campus Davis, Guelph est au coeur de la région agricole du sud de l'Ontario, à une heure de route de Toronto et à une heure et demie de Niagara Falls. Chaque année, dans son analyse des institutions d'enseignement postsecondaire, le magazine canadien d'information *Maclean* situe Guelph au premier ou au second rang des meilleures universités à vocations multiples du pays.

Pourtant, à la fin des années 1990, l'université a connu d'énormes problèmes de financement. Les universités de l'Ontario ont reçu moins par étudiant que toutes les institutions d'enseignement des autres provinces du Canada. En novembre 1995, le gouvernement provincial annonçait une réduction de 15 % de son soutien financier, soit la plus grande compression budgétaire d'une institution d'enseignement postsecondaire ontarienne de tous les temps. Pour l'année scolaire 1996-1997, cela signifiait un trou de 20 millions de dollars dans le budget de l'Université de Guelph, ce qui a entraîné une diminution du personnel, une réduction de la taille des facultés et un accroissement de la pression de l'industrie sur les chercheurs.

Dans la même période, la situation fut aggravée par d'énormes coupures de financement — 15 % sur trois ans — de la part des agences fédérales de subvention, notamment le Conseil national de recherche en sciences et en génie et le Conseil national de recherche. De tous les pays industrialisés, le Canada consacre la plus petite proportion de son P.N.B. à la recherche, soit la moitié de ce qui est dépensé pour la même fin aux États-Unis et au Japon, et à peu près la même proportion qu'en Grèce et en Albanie. Au Canada, la science est sous la responsabilité d'un ministre d'État, pas même d'un ministre à part entière.

Depuis qu'elle a été reconnue comme institution de haut savoir, en 1965, l'université de Guelph s'était gagné la réputation d'être une des universités du Canada les plus actives en recherche. Le sinistre scénario financier menaçait cette situation. Depuis ses débuts, l'université s'était développée comme l'institution de recherche et d'enseignement agricole de la province d'Ontario et, à ce titre, elle avait toujours eu un esprit pratique. Après une année de révision de sa structure et de ses services, l'université a conclu qu'elle devait accentuer ce caractère. Dans son rapport de mission de 1995, intitulé *Power to Change* (Le pouvoir de changer), l'Université de Guelph a reconnu que si elle voulait maintenir son fonds de recherche, elle aurait à développer « de nouvelles sources de financement par le biais de partenariats inventifs ».

L'expression « partenariats inventifs » était un euphémisme pour le secteur privé. Même si Guelph se présentait comme « une université centrée sur l'étudiant et fort active en recherche » dont la valeur fondamentale était « la poursuite de la vérité », l'entreprise privée allait devenir la première source de financement de la recherche au Collège d'agriculture, notamment dans le domaine de la biotechnologie. Et pour souligner son acceptation du rôle du secteur privé dans la recherche publique, l'université est aussi devenue partenaire de la Guelph University Alumni Research and Development (GUARD), une agence soutenue par un capital d'investissement de 10 millions de dollars et dont le but était de commercialiser les inventions et les découvertes des scientifiques universitaires.

Wayne March, directeur des services de recherche de l'université, affirme que l'institution n'a pas d'autres choix que d'être très dynamique dans sa recherche du soutien privé. À la fin des années 1970, environ 3 % de la recherche menée par l'université était financée par le monde des affaires. À la fin des années 1990, cette proportion avait atteint 15 %. Mais March maintient que « l'industrie privée ne dicte pas l'orientation de la recherche ». Par exemple, les politiques de recherche de l'université stipulent que « la recherche protégée par le droit de propriété » est admise, mais que les chercheurs ne doivent pas mener des « recherches confidentielles ». Le commun des mortels appellent cela couper les cheveux en quatre.

Il est probable qu'aucun des programmes d'agriculture de l'université n'a été aussi touché par le financement privé que celui du département des sciences agricoles. Un cynique pourrait dire que ce secteur aurait avantage à être renommé département de biotechnologie. De fait, en 1998, il s'est retrouvé intégré au Département des sciences horticoles, à l'Institut de recherche horticole de l'Ontario et à un tout nouveau secteur de biotechnologie des végétaux. En annonçant cette fusion,

David Hume, le directeur du Département des sciences agricoles, déclarait : « Le principal motif de cette fusion était de réunir une masse critique de scientifiques des végétaux, notamment en biotechnologie, de manière à ce qu'ils puissent travailler ensemble, partager leurs installations, leurs dépenses en équipement et leurs idées et créer des innovations dont tous les producteurs agricoles pourraient profiter. »

Durant les années 1980, les professeurs de la faculté membres du département des sciences agricoles avaient joué un rôle capital dans la mise sur pied de Allelix, une des premières firmes de biotechnologie canadiennes à connaître le succès, son secteur agricole ayant depuis été vendu à Pioneer Hi-Bred. Avant d'être recruté comme directeur international de la recherche chez Ciba Seeds, la firme qui allait être absorbée par Novartis, la plus grande entreprise des sciences de la vie au monde, Wally Beversdorf avait été directeur de ce département.

En peu de temps, 5 des 15 professeurs du département des sciences agricoles travaillaient à plein temps en génie génétique et cinq autres avaient recours à la technologie de l'ADN recombinant dans leurs champs de travail respectifs. Au département de sciences agricoles, les travaux de laboratoire en biotechnologie, financés par un partenariat avec le monde des affaires, sont monnaie courante. Le directeur Hume affirme que le département reflète ce qui se passe à l'université : « Ça ressemble bien plus à l'Université de Guelph inc. »

Par exemple, en 1997, les chercheurs travaillaient à créer un maïs génétiquement manipulé immunisé contre le champignon *Fusarium*, ainsi qu'une luzerne plus résistante à l'hiver et un fourrage qui protégerait les animaux qui en mangeraient. De fait, au moins deux des projets de recherche n'étaient que des services rendus à l'entreprise privée : à toutes fins utiles, un généticien moléculaire travaillait, au bénéfice de Monsanto, à introduire le gène *Roundup Ready* dans diverses variétés de graines de soja en demande sur le marché ontarien; une autre équipe de recherche, financée par un vignoble privé, essayait de créer génétiquement une tolérance accrue au froid chez plusieurs variétés de raisins cultivés dans la péninsule du Niagara. Hume affirme que ce travail vise à créer des produits « utiles et compétitifs ». Un projet en cours comporte une recherche fondamentale consistant à introduire dans du fourrage des produits chimiques qui immuni- seraient les animaux au pâturage. Si cela réussit, ajoute Hume en jubilant, « les compagnies vont se bousculer au portillon pour mettre la main sur ce produit. »

Ann Clark fait partie de la faculté des sciences agricoles. Comme elle est spécialisée en agronomie des pâturages, elle n'est pas membre du club de biotechnologie. Ses admirateurs la disent franche, directe, et bon professeur. Ses détracteurs disent plutôt qu'elle est mal informée et qu'elle n'a pas l'esprit d'équipe.

Clark critique le génie génétique et la nouvelle façon, hautement technologique, de voir l'agriculture par la lunette de la génétique moléculaire. Elle soutient que cette approche perpétue le fardeau financier des fermiers et une dépendance dommageable pour l'environnement à une agriculture fondée sur les produits chimiques. Elle affirme que, souvent, un problème agricole pourrait être résolu par des techniques de gestion élémentaires : il fait plus chic d'opter pour la biotechnologie moderne. Par exemple, une rotation soignée des cultures dans les champs limiterait la croissance des mauvaises herbes aussi facilement que la production de plantes agricoles résistantes aux herbicides destinées à être semées dans les mêmes champs année après année. Clark répète que la recherche est insuffisante pour prévoir les réactions des plantes génétiquement élaborées dans différents environnements, ou les désastres que la biotechnologie pourra causer dans l'avenir. Croyant que, sous l'égide de la nouvelle science, il faut s'attendre au pire, Clark commente ainsi : « Je ne veux pas que mon garçon me demande dans dix ans pourquoi je n'ai rien fait pour empêcher ça. »

Si on les compare au génie génétique, les intérêts de Clark en recherche sont rudimentaires. Elle met l'accent sur une « augmentation du rendement des pâturages » qui ne requiert pas du fermier qu'il achète à gros prix des produits chimiques ou de l'expertise. De par sa nature même, la recherche portant sur la gestion des pâturages n'est pas soumise aux droits de propriété, donc peu susceptible d'intéresser les firmes biotechnologiques qui produisent des herbicides ou de nouvelles semences transgéniques. Clark s'intéresse davantage à la recherche des solutions de gestion communes qu'à la structure génétique d'un plant de luzerne. Par exemple, elle serait plutôt encline à examiner la possibilité de déplacer le bétail d'un pâturage à un autre à tous les jours ou une fois par semaine pour assurer le meilleur engraissement possible des animaux et la santé de la prairie. Mais, le financement pour ce type de recherche est difficile à trouver. Comme solution de rechange, elle a mis sur pied une firme de consultation et, puisant dans son idéalisme des années 1970, elle intègre les activités de ce travail dans sa recherche.

Elle déplore la perte des sources publiques de recherche qui jadis caractérisaient l'action des universités. Aujourd'hui, l'essentiel du travail effectué par ses collègues ne vise pas à créer des produits agricoles d'intérêt public, mais à fournir à l'entreprise privée les moyens de développer des produits exclusifs et rentables. « Moralement parlant, ces partenariats avec l'industrie sont fort discutables », affirme-t-elle.

Une partie de sa contribution au comité du statut de la femme de la faculté a consisté à mener une enquête visant à savoir ce qui était advenu des femmes reçues au doctorat en 1990. Elle soupçonnait qu'elles n'avaient pas obtenu des emplois aussi bons que ceux des hommes. Ce qu'elle a trouvé était encore plus choquant : 45 % de ces diplômées travaillaient en biotechnologie, 25 % en reproduction plus conventionnelle et le reste, dans n'importe quoi d'autre, soient la science des mauvaises herbes, le labourage et les rotations, l'agronomie et la gestion des pâturages : « Nous voici avec un département de biotechnologie, de reproduction, et de n'importe quoi d'autre. »

Comme Clark, David Hume parle « d'intérêt public ». Il voit toutefois le génie génétique comme un outil parmi d'autres permettant aux chercheurs de développer des variétés de cultures appropriées. Il croit que le travail des jongleurs de gènes modernes n'est pas très différent de ce qui se fait dans les stations de recherche qu'on a échelonnées le long du Canada il y a 100 ans pour conseiller les fermiers. Quoi qu'il en soit, le génie génétique offre une occasion unique, celle de résoudre des problèmes qui, autrement, paralysent les producteurs agricoles. Il donne en exemple le charbon du blé et du maïs causé par le *Fusarium*, affirmant que ce problème ne sera jamais résolu par les méthodes traditionnelles. Hume affirme que l'ultime question que les scientifiques de l'université doivent se poser avant de lancer leur recherche biotechnologique est la suivante : « Le tissu social du pays en sortira-t-il amélioré ? »

Hume concède que l'environnement de la recherche universitaire a beaucoup changé depuis les années 1970. De nos jours, admet-il, les chercheurs universitaires doivent penser « davantage en termes d'entreprise ». Hume passe une grosse partie de son temps à signer des contrats, non seulement avec des bailleurs de fonds de la recherche privée, mais pour accéder à des données de recherche protégées par des brevets. « Mais, en ce qui me concerne », affirme-t-il d'une manière pragmatique, « c'est ainsi que les choses se font ».

Les hautes instances de l'administration universitaire ne sont guère dérangées par les exigences pratiques de la recherche actuelle et par la dépendance qui en découle envers l'argent de l'entreprise privée. Selon Wayne March, l'université traditionnelle qui visait à développer un savoir d'intérêt public peut être considérée comme « une espèce d'utopie où les gens mènent des recherches qui n'intéressent personne ». Et, continue-t-il, « on pourrait argumenter que la relation avec l'entreprise privée est une bonne chose pour le pays ». Les emplois et l'activité économique en sont les sous-produits, affirme-t-il, et, bien sûr, l'université a aussi sa part du gâteau.

L'approche « affaires » de la recherche est consacrée par le gouvernement canadien. Les auteurs du rapport de 1998 du comité consultatif national sur la biotechnologie sont fiers de la nouvelle orientation du monde des études supérieures. « Les scientifiques de l'université sont de plus en plus réceptifs à l'idée de liens avec le monde des affaires et ils apprennent que le commerce de la biotechnologie est différent de la recherche. »

Aux États-Unis, le monde de la recherche universitaire a aussi changé, mais pas à cause de problèmes de sous-financement. Au début des années 1980, le gouvernement américain a conclu que si le pays voulait demeurer compétitif sur le marché mondial face à des rivaux comme le Japon, des fonds publics devaient être investis en biotechnologie. Même si les subventions n'ont pas suivi le rythme de l'inflation, le soutien fédéral à la recherche publique provenant, notamment de la National Science Foundation, du Department of Agriculture, de la Food and Drug Administration (FDA) et de l'Agency for International Development (AID) n'a pas baissé sensiblement depuis.

En mai 1996, le U.S. Department of Agriculture (USDA) a produit un rapport intitulé *Agricultural Research and Development: Public and Private Investments Under Alternative Markets and Institutions* (Recherche et développement en agriculture : les investissements publics et privés dans le contexte de nouveaux marchés et de nouvelles institutions). Le ministère américain de l'Agriculture y réaffirmait son engagement dans la recherche agricole, mais soulignait qu'en termes réels, les dépenses fédérales n'avaient pas progressé depuis le milieu des années 1970. Jusqu'à 30 % des sommes avaient été utilisées à maintenir les niveaux de productivité usuels. « Du point de vue de l'ensemble de la société, il y eu un sous-investissement dans la recherche agricole », affirmaient les auteurs du rapport.

ex. Secteur privée qui finance les recherche

Le rapport concluait aussi qu'il y avait eu un net virage vers le financement de la recherche publique par le monde des affaires. En 1992, l'industrie privée a dépensé au moins 3,4 milliards de dollars en recherche alimentaire et agricole et, en comparaison, le secteur public n'a investi que 2,9 milliards. Plus de 40 % des fonds privés de recherche et de développement ont été assignés au développement de produits, alors que le secteur public consacrait moins de 7 % de ses fonds à la recherche agricole publique. On peut penser que le déséquilibre a continué de croître durant les années où la biotechnologie a pris son élan commercial.

La USDA a fait écho de la préoccupation grandissante de ceux qui pensaient que la recherche avait été déviée vers des champs d'intérêt du secteur privé. Le rapport déclarait : « Plus spécifiquement, les programmes de recherche publique pourraient être exagérément déterminés par les besoins de l'industrie privée plutôt que par les intérêts plus larges des fermiers ou des consommateurs. Par exemple, une firme peut accorder une allocation à un département universitaire à la condition qu'il mène une recherche déterminée. »

Encore il y a 10 ans, affirme Lawrence Busch, professeur de sociologie appliquée aux politiques de recherche en agriculture à l'Université du Michigan, les universités répugnaient à accepter des fonds de recherche privés. Durant les dernières années du XXe siècle, cette réticence a fait place à un pragmatisme d'affaires qui reflète l'influence grandissante de ce monde sur la vie politique, économique et sociale. Busch estime qu'il y a 25 ans, les deux tiers de la recherche aux États-Unis étaient conduits par des institutions publiques telles les universités, l'autre tiers étant mené par le secteur privé. Au milieu des années 1990, ajoute-t-il, cette proportion s'était inversée.

La majorité des nouveaux aliments transgéniques introduits sur le marché américain ont été développés par le secteur privé — à l'exception d'une inscription, si peu courante qu'elle a été signalée par l'Animal and Plant Health Inspection Service (service d'inspection sanitaire des animaux et des plantes). Une papaye résistante aux virus, approuvée en 1996, avait été créée par des chercheurs de l'Université Cornell, de l'Université d'Hawaï et du ministère de l'Agriculture des États-Unis (USDA). C'était la seule contribution du milieu universitaire à avoir fait l'objet d'une demande d'approbation auprès des organismes de contrôle et, à l'évidence, il s'agissait d'un végétal qui ne risquait guère d'éveiller l'intérêt du commerce.

Le financement des universités par les sociétés commerciales menace de déstructurer le système de recherche agricole soigneusement établi aux États-Unis. Quand le président Lincoln a créé le ministère de l'Agriculture en 1862, il l'a appelé « le ministère du Peuple ». Bien sûr, à cette époque, 60 % des Américains étaient agriculteurs. Peu de temps après, des universités comme l'Université de la Californie (Davis) ont été créées dans chaque État et dotées de fonds publics pour la recherche, le développement et l'implantation d'innovations agricoles susceptibles d'aider les fermiers locaux et les communautés rurales. On les appelait les écoles de l'État.

Ces universités subventionnées et leurs stations agricoles expérimentales affiliées pourraient faire beaucoup de nos jours pour améliorer le bien-être économique des communautés rurales et pour contrer la disparition de la famille agricole. Au contraire, l'emphase mise sur le génie génétique semble plutôt chercher à accélérer le démantèlement des communautés rurales. Protégée par des droits de propriété, la recherche sur des porcs porteurs de gènes humains ou sur des cultures immunisées contre des herbicides ne cadre pas avec l'esprit de 1962, celui du ministère du Peuple.

Même s'il est difficile de dénicher des statistiques, il est généralement admis que le monde des affaires agricoles a eu une influence considérable sur les universités subventionnées et sur leurs stations expérimentales. Wally Huffman, économiste agricole à l'Université de l'Iowa, affirme qu'en 1980, 9 % du travail effectué par les stations expérimentales était commandité par le secteur privé; en 1995, le taux était passé à 14 %. Le rapport du USDA, intitulé *Agricultural Research and Development*, affirme que le secteur privé a assumé 60 % des coûts de la recherche agricole menée aux États-Unis en 1996; toutefois, il n'a effectué que 54 % du travail, les 6 % résiduels de cette recherche commanditée ayant été faite par les stations agricoles expérimentales.

En 1984, les observateurs estimaient que près de la moitié des firmes engagées dans le commerce de la biotechnologie soutenaient la recherche universitaire. On peut penser que cette proportion a sensiblement augmenté. Toujours en 1984, des chercheurs rapportaient dans la revue *Science* que le secteur des affaires avait consacré 120 millions de dollars dans des laboratoires universitaires de biotechnologie, ce qui constituait environ 20 % de son investissement en R&D. En comparaison, les autres industries versaient annuellement de 4 à 5 % de leur budget en R et D à la recherche universitaire.

Les gens d'affaires semblent considérer le monde universitaire comme une source d'idées nouvelles et de techniques novatrices et comme le moteur premier de la recherche fondamentale. Les firmes biotechnologiques s'appuient largement sur les scientifiques de l'université pour effectuer ce type de recherche à leur avantage. Quand la recherche semble s'orienter vers le développement d'un nouveau produit, les firmes s'amènent avec leur argent ou effectuent elles-mêmes le reste du travail. Le soutien que le secteur privé apporte à la recherche universitaire assure au monde des affaires un accès à la technologie sans avoir à investir de fortes sommes en équipement, en temps et en personnel.

Lawrence Busch affirme que le virage dans le financement de la recherche ne se fait pas sans d'importantes conséquences. Les sociétés biotechnologiques étant à la barre des orientations de cette activité, la recherche tend à se concentrer sur les grosses cultures américaines potentiellement rentables, à savoir sur le maïs, le soja, le coton et le blé. À l'exception du blé, toutes ces cultures ont déjà été génétiquement modifiées. Commandités par Monsanto, des chercheurs du ministère de l'Agriculture du Canada, à Winnipeg, travaillent à disséquer le génome du blé pour créer une variété résistante au *Round Up*. Busch affirme qu'il semble tout à fait improbable qu'on travaille aussi sur un chou-fleur et des germes de soja améliorés. La papaye résistante aux virus, fièrement claironnée par le APHIS, est vraiment une anomalie. Busch écrit dans son livre, *Plants, Power and Politics*, qu'il est difficile d'imaginer qui s'occupera des cultures mineures dans l'avenir.

De plus, la nouvelle accentuation du financement privé encouragera la concentration de la recherche biotechnologique scientifique dans quelques États solidement établis dans le domaine. Avant l'apparition de la biotechnologie, chaque État pouvait avoir son programme de reproduction végétale conventionnelle — de fait, il y était contraint en vertu des programmes de subventions. Toutefois, ce ne sont pas tous les États qui pourront se doter d'un programme complet de biotechnologie végétale. Une enquête menée en 1988 auprès des institutions subventionnées montrait que le fonds de départ attribué à chaque membre de la faculté membre du département de biotechnologie pouvait s'élever jusqu'à 25 000 $, c'est-à-dire presque le double de ce qui est accordé aux autres départements de la faculté d'agriculture. Les stations expérimentales agricoles des États ont rapporté que chaque projet de biotechnologie coûtait au moins 100 000 $ par année. Et les salaires de départ des généticiens étaient sensiblement plus élevés que dans les autres domaines universitaires. Le réseau de recherche agricole avait été conçu pour répondre aux besoins des fermiers de chaque région à travers le pays; il semble qu'il ait été dévié de sa fin par la biotechnologie.

Le soutien du secteur privé semble affecter aussi les relations traditionnellement transparentes et égalitaires entre scientifiques. Quand le secret des sociétés d'affaires prime, la circulation de l'information entre les scientifiques est évidemment entravée. Souvent, les chercheurs doivent reporter les discussions publiques de leurs travaux ou de leurs conclusions jusqu'à ce que le commanditaire les ait revus ou qu'un brevet ait été accordé. Busch écrit que même des scientifiques soutenus par des fonds publics hésitent à parler de leurs travaux ou de leurs idées de recherche; ils craignent qu'une firme ne leur coupe l'herbe sous le pied. Il est difficile de prévoir les effets de cette limitation de l'information, mais les scientifiques considèrent eux-mêmes que l'accentuation du secret est très dommageable à la contribution scientifique.

Il est tout à fait évident que les visées de l'intérêt public et de l'entreprise privée sont diamétralement opposées. Voici un exemple parmi d'autres. La commission chargée de promouvoir les graines de soja a dépensé 100 000 $ pour commanditer le collège agricole de Ridgetown de l'Ontario pour une recherche visant le développement de variétés à faible teneur en acide linolénique. L'institution a vendu les droits exclusifs mondiaux d'exploitation du gène à Pioneer Hi-Bred en 1996; par conséquent, les fermiers canadiens n'ont pas pu bénéficier immédiatement de la recherche que la commission de promotion avait financée. En fait, ils ne verront la couleur de ces nouvelles variétés de graines de soja que si la firme américaine décide de les introduire au Canada et, le cas échéant, qu'au moment où elle le décidera.

La biotechnologie semble aussi accélérer un virage, qui s'est amorcé en 1920, à savoir le passage de la sélection des variétés de cultures du secteur public au secteur privé. Actuellement, la chose peut paraître étrangement vieux jeu, mais, jusqu'à 1923, la USDA distribuait gratuitement aux fermiers qui voulaient en faire l'essai des semences qu'il recueillait dans diverses régions du globe. De nos jours, la propagation des variétés de semences relève essentiellement du contrôle de grosses semencières et de gros fabricants de produits agricoles assez solides pour investir dans la compétition biotechnologique.

Plus important encore, les universités, jadis engagées dans la poursuite d'un savoir accessible à tous, conduisent de plus en plus de recherches au profit du secteur privé. Un des effets de cette situation est que des brevets privés sont accordés pour les travaux effectués dans ces universités et que le public finit par payer deux fois pour le même produit, d'abord par les taxes avec lesquelles il subventionne ces institutions, ensuite par l'achat des produits biotechnologiques qui y sont développés.

Les énormes sommes d'argent que le monde des affaires met à la disposition des institutions d'enseignement forcent ces dernières à revoir leurs valeurs. La question doit être posée : Les scientifiques qui y travaillent font-ils de la recherche et du développement biotechnologique pour accroître le savoir scientifique ou pour servir l'intérêt public ? Ou le font-ils en espérant que des découvertes se traduisent au bout du compte par quelque forme d'allocations, de cadeaux, ou de gloire ?

En janvier 1998, des chercheurs de Toronto ont publié un rapport dans la revue médicale *New England Journal of Medicine*, rapport qui jetait un certain éclairage sur les effets du financement privé de la recherche sur les chercheurs. Ces derniers s'étaient penchés sur une controverse médicale autour des bloqueurs de canaux calciques utilisés dans le traitement de la haute pression artérielle et des maladies cardiaques. En 1995, le National Heart, Lung and Blood Institute avertissait les médecins que ces bloqueurs pouvaient augmenter le risque d'attaques cardiaques fatales. Ayant analysé 70 articles traitant de la question, ils ont trouvé que la totalité des scientifiques qui avaient publié des textes favorables à ces médicaments controversés avaient des liens d'ordre financier avec des fabricants de produits pharmaceutiques. Seulement 43 % de ceux qui ont critiqué ces produits avaient une relation avec ces sociétés. « Les liens financiers » ont pris la forme d'allocations de voyage, d'honoraires de conférence, de fonds de recherche, de programmes de formation ou, plus directement, d'embauche. De tous les auteurs de ces 70 articles, seulement deux ont divulgué leurs relations avec des sociétés commerciales.

De nos jours, les universitaires ont appris à adopter une « sensibilité aux affaires » que leurs prédécesseurs n'ont jamais connue. Ils savent comment rédiger des projets de recherche qui vont leur mériter des allocations des firmes qui travaillent dans le domaine des sciences de la vie. Ils savent préférable de mener des recherches sur les cultures majeures, car elles sont susceptibles d'attirer l'attention du secteur privé. Les efforts de création d'une meilleure banane sont voués à l'oubli ou, au mieux, à la recherche publique de seconde zone.

Le détournement des rares ressources en recherche a une conséquence. Plutôt que de concentrer son attention sur une mauvaise gestion des récoltes, source de problèmes en agriculture, la recherche universitaire, axée sur la biotechnologie, tente de contrôler les symptômes. « Pour un marteau, tout ressemble à un clou et pour une communauté qui voit dans la génétique la cause des problèmes agricoles, le génie génétique peut sembler la meilleure ou, peut-être, la seule solution », lisait-on dans le rapport de 1997 de la Organic Farming Research Foundation (Fondation de recherche en agriculture biologique) intitulé *Searching for the O-Word*. Ce groupe de recherche à trouvé que seulement 34 des 3 000 projets subventionnés par la USDA en 1996, soit environ 1,5 million de dollars sur un budget de 1,8 milliard, pouvaient être rattachés à l'agriculture biologique.

Ann Clark affirme que de chercher à résoudre des problèmes au lieu de tenter de les éviter a éloigné les universités des fermiers eux-mêmes. « Nous avons redéfini la communauté agricole sous la forme de quelques grosses firmes pharmaceutiques. »

L'idéalisme qui a conduit Clark dans le monde universitaire s'est affadi. Elle est dans la quarantaine, c'est-à-dire au sommet de sa carrière. Mais, à l'instar d'autres institutions, le virage vers la recherche biotechnologique de prestige qu'a opéré l'Université de Guelph lui laisse de bien maigres perspectives d'avenir. Elle est prête à parler contre la biotechnologie, car elle pense n'avoir rien à perdre — elle sait qu'elle ne bénéficiera d'aucun des avantages distribués au compte-gouttes dans la communauté universitaire. Elle ne s'intéresse pas au prestige de la manipulation génétique, ni aux louanges du secteur des affaires; elle ne tient pas davantage à ce que son nom soit associé à un brevet. Elle commence à se rendre compte que, au moins, d'autres membres de son département partagent ses vues, quoique discrètement, car ils ne sont pas prêts à prendre publiquement une position impopulaire. Mais plus important encore, Clark dit que l'accent mis sur la biologie moléculaire a fait que la recherche fondamentale s'est éloignée de ce qui aurait pu être utile aux fermiers. « À long terme, le legs le plus important de la biotechnologie sera la perte d'une génération de scientifiques et de l'attention qu'ils portaient aux véritables problèmes de l'agriculture. »

Récemment, quelques nouvelles intéressantes sont parvenues du gouvernement canadien. Peut-être pour affirmer le rôle de la recherche, les 15 % qui avaient été retranchés des budgets du Conseil national de recherche en sciences et en génie et du Conseil national de recherche ont été réintégrés en 1998 et Ottawa a établi un fonds canadien d'innovation de 800 millions de dollars. Le seul irritant, et il n'y a pas de quoi se surprendre, est que les chercheurs doivent s'adresser au gouvernement avec, en poches, la garantie de fonds privés équivalents à leur demande. Ce gouvernement semble penser que le secteur des affaires a un rôle certain à jouer dans la recherche et, peut-être, dans le contrôle de la biotechnologie.

NOTES

1. Ce campus universitaire de l'Ohio a été à l'avant-garde de la contestation de l'implication des États-Unis dans la guerre du Viêt-nam, contestation qui y a été sévèrement réprimée.

Les affaires d'abord 11

L e soleil de ce matin de juin 1996 commence à peine à déployer
ses rayons obliques dans la salle de bal de l'hôtel Bessborough
de Saskatoon. Roy Romanow, premier ministre de l'une des
provinces canadiennes grandes productrices de céréales, s'arrache de
son siège. Il doit s'adresser à quelque 700 scientifiques et dirigeants de
l'industrie biotechnologique venus d'aussi loin que l'Australie et
l'Indonésie pour participer au premier congrès international de
biotechnologie agricole à se tenir en Amérique du Nord. Peu de gens
savent à quel point le gouvernement de la Saskatchewan cadre bien
dans le décor; Romanow savoure l'occasion qui lui est offerte de
paraître sur la scène internationale. Il sert aux participants ce qui est
devenu le mantra de la biotechnologie : « Les terres arables se faisant
plus rares et les bouches à nourrir de plus en plus nombreuses,
l'agrobiotechnologie offre le moyen de satisfaire les besoins du monde
entier. » Et, ajoute-t-il, « il s'agit là d'une parfaite illustration de l'esprit
investigateur de l'homme et de sa détermination à répondre aux
besoins des habitants de cette planète. »

Romanow reflète le langage et les attitudes qu'on trouve chez la
plupart des représentants des gouvernements de l'Amérique du Nord.
En tant que chef d'un gouvernement néo-démocrate, il n'est pas dans
ses habitudes de promouvoir la grande entreprise. Dans ce cas, on peut
le comprendre : Saskatoon est le conte de fée de la réussite de la
biotechnologie au Canada. Il n'y a pas si longtemps, Saskatoon était
une petite ville isolée d'une province pauvre des Prairies; elle peut
maintenant se vanter d'être l'un des cinq plus gros centres
d'agrobiotechnologie au monde.

Tous les gouvernements de l'Amérique du Nord font la promotion
de la biotechnologie... et, en même temps, en assurent le contrôle. Cet
évident conflit d'intérêt n'est pas sans conséquences. La plupart des
consommateurs prennent pour acquis que leurs gouvernements

mettent toute l'énergie requise pour leur assurer une alimentation sécuritaire. De fait, les politiques aiment dire que « le Canada a un des réseaux alimentaires les plus sécuritaires au monde ». Mais les consommateurs ne savent pas que les contrôles exercés par les gouvernements de l'Amérique du Nord sur les végétaux et animaux transgéniques sont des plus superficiels. Ils s'occupent bien davantage de promouvoir la nouvelle technologie.

Dans les milieux politiques nord-américains, l'industrie bio-technologique est vue comme un commerce de premier ordre. Ce secteur d'activité économique ne loge pas dans des installations industrielles qui polluent l'air de leur fumée ou les rivières de leurs effluents; on les retrouve dans des immeubles de bureaux. Les travailleurs de cette entreprise ne portent pas des casques mais des sarraus; ils ne sont pas membres de syndicats mais d'associations professionnelles. La biotechnologie est perçue comme moderne et aguichante, comme un tremplin vers le paradis du savoir. Et, par-dessus le marché, elle prétend servir une noble cause, à savoir nourrir une population grandissante et affamée.

Plusieurs consommateurs pensent sans doute qu'ils n'ont pas à analyser les risques et bénéfices de la biotechnologie, ils sont sûrs que le gouvernement s'en occupe. Toutefois, alors que le gouvernement canadien fait la promotion des aliments transgéniques, il ne s'assure pas que les fermiers tirent profit de toute nouvelle variété de culture modifiée. Sa responsabilité s'arrête à veiller à l'efficacité de ce végétal de laboratoire. Il ne se demande pas « Avons-nous besoin d'une autre culture résistante aux herbicides ? », mais « Donne-t-elle le rendement promis ? »

C'est à un rythme effréné que l'appât du gain pousse vers l'avant le monde de la biotechnologie; ce rythme est si rapide que les gouvernements ont peine à suivre. Avant que des aliments issus de la biotechnologie soient cultivés ou élevés, manufacturés ou importés au Canada ou aux États-Unis, ils doivent être approuvés par un réseau complexe d'organismes gouvernementaux. Aux États-Unis, l'Animal and Plant Health Inspection Service (APHIS), une division du ministère de l'Agriculture, joue un rôle de premier plan; mais l'Environmental Protection Agency (EPA) et la Food and Drug Administration (FDA) ont aussi leur mot à dire dans l'appréciation des aliments transgéniques. Au

Canada, c'est l'Agence canadienne d'inspection des aliments (ACIA), dont le personnel est largement composé d'anciens dirigeants du ministère de l'Agriculture (Agriculture Canada), qui coordonne le processus d'approbation, et ce avec la participation des ministères de la Santé (Santé Canada) et de l'Environnement (Environnement Canada).

Selon le ministre de l'Agriculture et de l'Agroalimentaire du Canada (MAAC), au moment où la nouvelle Agence canadienne d'inspection des aliments a été établie, soit le 1er avril 1997, elle avait deux mandats, à savoir « la protection des consommateurs et la promotion du commerce canadien ». Le but était de mettre sur pied un « système national flexible fondé sur des normes harmonisées ». L'expression « normes harmonisées » veut sans doute dire que la nouvelle agence doit faire de son mieux pour se conformer aux exigences américaines du commerce. Quant au terme « système flexible », il fait penser à un organisme de contrôle qui ne fonctionne pas selon des règles préétablies. Chose certaine, il n'y a rien là pour inciter le public à croire que son alimentation est sécuritaire.

Le bulletin *The Ram's Horn* s'affiche comme un organe d'analyse des réseaux alimentaires. Il a examiné les organigrammes du *Manuel d'information sur la réglementation de la biotechnologie agricole* publié en 1995 par le Service de la Coordination de la biotechnologie agricole d'Agriculture Canada (le précurseur de l'ACIA). Ironiquement, les analystes ont souligné que ces graphiques montraient que « toutes les voies menaient à la commercialisation, sans égard pour la façon dont on répondait aux questions en cours de route ». On assume que tous les produits seront approuvés, affirmait le bulletin, concluant qu'aucune norme ne permet de conclure à un échec.

Le ministère de l'Agriculture et de l'Agroalimentaire du Canada a été un des premiers à promouvoir la biotechnologie et il continue d'en être un fidèle et aveugle défenseur. Même si ce ministère a été incorporé à la nouvelle agence canadienne d'inspection des aliments, sa publication promotionnelle, *Biotechnology in Agriculture — Science for Better Living* (La biotechnologie en agriculture — La science au service du mieux-être), était encore diffusée au début de 1997. Selon le gouvernement, la biotechnologie est synonyme d'« une meilleure qualité et d'un plus grand choix » et elle étonne par « ses cultures améliorées [...] ses produits alimentaires à valeur nutritive ajoutée [...]

ses meilleurs animaux en meilleure santé ». Le discours de cette publicité étatique fourmille d'expressions telles « meilleur », « amélioré », « rehaussé », qui ne peuvent que réjouir les sociétés biotechnologiques.

Les autres ministères sont tout aussi enthousiastes. Même le Conseil national de la recherche (CNR), qui a déjà été le premier moteur de la recherche au Canada, est devenu le commanditaire de la Conférence biannuelle de la biotechnologie industrielle, un congrès qui se veut une occasion pour les gens d'affaires d'établir des « réseaux » et des « biopartenariats ». Qu'on troque la recherche pure pour un rôle plus pragmatique ne semble pas déranger le CNR. On pouvait lire dans sa publicité : « Le CNR regarde maintenant le transfert de technologie du point de vue plus dynamique de l'esprit d'entreprise et il joue un rôle important dans le développement d'une économie inventive fondée sur le savoir. »

Quand il est question du commerce de la biotechnologie, le gouvernement verse dans l'inflation verbale. Il a donné une interprétation beaucoup plus étroite de sa responsabilité. Les organismes de contrôle canadiens n'exigent pas que des analyses indépendantes soient menées pour vérifier les prétentions des firmes qui demandent l'approbation de leurs produits, et ils n'en mènent pas non plus. Ils affirment plutôt que la sécurité alimentaire peut être définie comme « un niveau de risque acceptable ». Ce qu'est en fait un risque acceptable n'est pas précisé.

La direction dans laquelle les processus de contrôle devaient être appliqués en Amérique du Nord a été donnée en 1992, à savoir quand la FDA a statué que l'ADN recombinant n'était pas un additif alimentaire. Partant de là, les aliments issus du génie génétique sont considérés comme essentiellement pareils aux aliments naturels aussi longtemps qu'ils n'incluent pas une substance allergène ou que leur composition ne diffère pas sensiblement d'aliments connus. On ne vérifie pas si les aliments naturels sont sécuritaires ou nutritifs; comme ils se retrouvent sur la table à manger nord-américaine depuis des siècles, on assume qu'ils le sont. Le principe d'une « équivalence substantielle[1] » signifie que les aliments génétiquement manipulés sont analysés du point de vue du produit fini, non du processus de production. Par exemple, en autant qu'une betterave sucrière génétiquement modifiée pour résister aux herbicides ressemble à une betterave sucrière cultivée de façon naturelle, on l'évalue à partir du rapport sommaire fourni par la firme qui souhaite la voir approuvée.

Depuis l'analyse détaillée effectuée pour la tomate *Flavr Savr*, la FDA n'a pas cru nécessaire de conduire des analyses scientifiques complètes des aliments issus du génie génétique. L'agence s'attend plutôt à ce que les inventeurs de nouveaux aliments la consultent quant aux aspects sécuritaire et réglementaire. Des analyses particulières ne sont menées que si des questions spécifiques de sécurité sont soulevées, par exemple si on projette d'introduire une substance toxique connue ou une substance potentiellement allergène dans un aliment, comme un gène d'arachide dans une tomate.

L'approche européenne est bien différente. Les organismes de contrôle s'intéressent au processus de production de l'aliment, non à l'aliment dans sa version achevée. Et au Japon, tous les aliments et toutes les récoltes issus de la technique de l'ADN recombinant sont soigneusement analysés.

Selon le biodéontologue Arthur Schafer, l'approche plus libérale de l'Amérique du Nord reflète notre conception des rapports sociaux. Les consommateurs d'ici voient les réglements comme des dérangements, comme d'inutiles obstacles au progrès et à la liberté individuelle. « La société nord-américaine ne voit aucune prudence dans le fait de réglementer, d'entreprendre des actions collectives au nom de l'intérêt public et d'avancer lentement en réfléchissant à son action », affirme-t-il. En comparaison, il est de la culture européenne d'accepter que leurs gouvernements assument la surveillance et la prévention de la fraude. « Plus que nous, ils pensent que le gouvernement peut contribuer à la création d'une meilleure société », a déclaré Schafer dans une interview, ajoutant qu'« ici, on pense plutôt que gros gouvernement est synonyme de mauvais gouvernement ». Les Canadiens se sont longtemps perçus comme différents de leurs voisins du sud, mais une valeur culturelle fondamentale relie maintenant les deux sociétés, à savoir que les principes commerciaux doivent primer et que seule compte vraiment la liberté du consommateur en tant qu'individu.

Dans ce contexte, il n'est pas surprenant que le Canada et les États-Unis adhèrent à la logique qui veut que la surréglementation compromette la compétitivité de l'industrie. En 1993, c'est parce que le gouvernement américain pensait en ces termes que le APHIS a décidé d'autoriser des essais sur le terrain sur simple avis. Au Canada, le virage vers la déréglementation a été plus secret.

Durant 15 ans, D^{re} Michèle Brill-Edwards a été responsable de la réglementation des médicaments d'ordonnance à la division de la protection de la santé du ministère fédéral de la Santé. Son attitude illustre bien le type de fonctionnaire qu'elle a été jusqu'à son départ de la fonction publique en 1996. Comme elle parle doucement et gentiment, c'est presque un choc de l'entendre dire sans ménagement qu'elle a quitté parce qu'elle ne pouvait plus tolérer que la recherche du profit prenne le pas sur les considérations de sécurité publique.

Brill-Edwards affirme que, contrairement à ce qui s'est passé aux États-Unis, où s'est tenu un débat public et politique sur la déréglementation, l'administration gouvernementale canadienne a choisi de déréglementer sans bruit ni débat. « Ça a presque été un processus silencieux dans lequel les lois n'avaient plus d'importance. Nous n'avons dit à personne que le filet de sécurité était en train de disparaître. Nous n'avons que cessé d'appliquer les règlements, très progressivement. Maintenant, les compagnies savent qu'il leur est de plus en plus facile de contourner les exigences de sécurité. »

Un exemple de déréglementation a toutefois attiré l'attention des médias. En 1997, le gouvernement a discrètement fait connaître son intention de fermer six laboratoires alimentaires s'occupant de nutrition, d'additifs et de toxines alimentaires et d'abolir 123 emplois à Santé Canada, ce qui signifiait une économie annuelle de 6 millions de dollars. Ottawa souhaitait confier à contrat une grande partie du travail fait jusque-là dans ses murs. Toutefois, cette décision a éveillé de telles craintes qu'environ 75 scientifiques de la Direction de l'alimentation de la division de la protection de la santé ont décidé d'alerter les élus. Ils ont signé une pétition, l'ont estampillée « urgent et important » et l'ont déposée au bureau du Ministre de la Santé. Ils avertissaient ainsi les autorités politiques que ces compressions auraient des « conséquences désastreuses sur la santé et l'économie » et que la responsabilité de la recherche sur les aliments et les médicaments s'en trouverait transférée aux fabricants. « La recherche scientifique n'est ni un luxe ni une réflexion venant justifier après coup une orientation gouvernementale donnée mais, de fait, le fondement de toute politique censée et de toute norme. » Ces scientifiques fonctionnaires n'étaient pas les seuls à s'inquiéter. Dans une lettre envoyée au premier ministre, Dennis Fitzpatrick, directeur du département des aliments et de la nutrition de l'Université du Manitoba, déclarait qu'avec la fermeture de ces laboratoires « le pire des cauchemars devenait réalité ».

Le ministre de la Santé Allan Rock a réagi rapidement. Il a annoncé un moratoire sur les compressions qu'il avait prévu de faire, déclarant : « Une alimentation sécuritaire est la clé de voûte de la santé et de la sécurité des Canadiens. J'ai entendu plusieurs groupes représentant les consommateurs et le monde scientifique; ils m'ont fait part de nombreuses préoccupations concernant les compressions dans le secteur de l'alimentation. Je ne permettrai pas que des considérations financières viennent mettre en péril la sécurité des produits alimentaires consommés par les Canadiens. »

Brill-Edwards affirme que la menace de compressions n'a été qu'un exemple connu du type de déréglementation qui avait insidieusement cours au ministère de la Santé. Même si elle n'a pas travaillé dans le service d'analyse des aliments génétiquement modifiés, elle n'a pas craint d'affirmer que l'atmosphère était la même partout au ministère. « Le nouveau standard pour toute réglementation est la liberté de s'y soumettre ou pas. C'est la folie furieuse. Mais c'est ce que veut l'industrie. » Sa position a été mise en évidence quand six scientifiques du service des médicaments vétérinaires ont protesté contre des pratiques de travail déloyales, alléguant qu'on les avait poussés à approuver la somatotropine bovine et d'autres médicaments pour animaux qui, selon eux, comportaient des risques pour les humains. « La pression ne résulte pas nécessairement d'un acte illégal délibéré, affirme Brill-Edwards, mais de la tendance du gouvernement à prendre des risques rentables. Au gouvernement, on croit que la biotechnologie, c'est la poule aux oeufs d'or, que cette industrie sait ce qu'elle fait. »

Malgré l'évidence d'une application relâchée des règlements, l'industrie biotechnologique prétend que la réglementation canadienne est encore trop rigide. Dans leur analyse annuelle de l'industrie biotechnologique, les consultants en gestion Ernst & Young présentent

« le complexe environnement réglementaire canadien » comme un obstacle à la croissance. L'approbation gouvernementale est obligatoire et, au Canada, disent-ils, le temps requis pour le processus est plus long qu'aux États-Unis ou qu'en Europe, notamment dans le domaine agricole. Ces récriminations étaient sans doute prévisibles car, depuis ses débuts, l'industrie biotechnologique a exigé une réglementation plus « efficace », c'est-à-dire moins contraignante.

Les lamentations de l'industrie semblent cavalières pour qui prend en compte tous les efforts déployés par le Canada pour promouvoir le commerce de la biotechnologie. Le Canada aime vanter l'ampleur et la compétitivité de son industrie biotechnologique. Selon certaines estimations généreuses, il y avait au milieu des années 1990 plus de 25 000 personnes travaillant dans 700 firmes biotechnologiques. Mais, en réalité, durant les dernières années du XXᵉ siècle, l'industrie canadienne était d'abord un produit de l'imagination. Cette activité économique était modeste, dispersée et mal financée, à peine présente sur le marché mondial. Sur le territoire canadien, la biotechnologie était pratiquement confinée à un embryon d'industrie biomédicale au Québec et à des essais en agriculture à Saskatoon.

Au Canada, malgré le soutien promotionnel du gouvernement, la biotechnologie a connu des débuts comparativement lents, et ce largement à cause de l'absence de capital-risques et de l'esprit d'entreprise qui caractérise le monde des affaires américain. À la fin des années 1980, il existait très peu de véritables firmes biotechno-logiques au Canada, soit à peine quelques modestes tentatives au Québec et à Saskatoon. Les fruits de l'industrie biotechnologique sont apparus sur le marché canadien en 1996, l'année où des semences génétiquement modifiées ont été offertes aux fermiers et où des aliments transgéniques ont commencé à apparaître sur les rayons de l'épicerie. Toutefois, le gouvernement canadien, les autorités provinciales et les associations de lobby de l'industrie ne peuvent réclamer quelque mérite à la chose. Aucune de ces denrées génétiquement modifiées n'avait été produite par l'industrie canadienne; elles provenaient de vastes multinationales telles Monsanto, AgrEvo et Novartis.

Quoique l'industrie canadienne de la biotechnologie était encore modeste, Ernst & Young ont souligné 1996 comme l'année où elle atteignait sa majorité. Dans la quatrième d'une série d'analyses des commerces biotechnologiques en développement, les consultants ont qualifié d'« impressionnante » la croissance de l'industrie de 1994 à 1996. Le rapport faisait état de 224 firmes au pays oeuvrant principalement ou exclusivement en biotechnologie, une augmentation par rapport aux 121 commerces identifiés dans l'enquête de 1994. Le rapport signalait aussi que, durant ces deux mêmes années, les revenus de l'industrie étaient passés de 353 millions à 1,1 milliard de dollars. Mais, en termes de revenu total, l'industrie canadienne de la biotechnologie était encore menue comparée à celle des États-Unis, soit 5,6 % de la taille de cette dernière. Il s'agissait d'une augmentation par rapport à 2,9 % en 1994, mais on traînait encore loin derrière la proportion qu'on attribue par convention à l'activité économique du Canada, soit 10 % de celle des États-Unis.

La disproportion tient à la très petite taille des entreprises canadiennes. En 1995, le Comité consultatif canadien de la biotechnologie a trouvé que 58 % des firmes avaient moins de 25 employés. De nos jours, les entreprises de plus grande taille ayant plus de 135 employés ne totalisent que 11 % de l'industrie. En comparaison, 31 % des firmes américaines de biotechnologie comptent parmi les grandes ou « les plus prestigieuses » compagnies, à savoir celles qui comptent plus de 300 employés.

La seule exception notable est Saskatoon, la star de la biotechnologie au Canada. On y trouve des emplois de haute technologie et les profits auxquels les politiques aiment rêver y sont réels. L'industrie de la biotechnologie agricole y est en pleine expansion, comptant près de 1 400 employés répartis dans près d'une centaine d'organismes gouvernementaux et de firmes privées. En 1996, les compagnies d'agrobiotechnologie de Saskatoon ont généré environ 30 millions de dollars en produits vendus; on s'attendait à ce que ces ventes se chiffrent dans les 300 millions de dollars au début du XXIe siècle. La zone de recherche de l'Innovation Place de l'Université de la Saskatchewan accueille les filiales et les bureaux canadiens de certaines des plus grandes firmes mondiales de biotechnologie, telles Monsanto et AgrEvo. Les dirigeants du ministère fédéral de la diversification économique de l'Ouest canadien ont conclu que l'agrobiotechnologie de Saskatoon était la seule « grappe de firmes technologiques de stature internationale de l'Ouest canadien ». Peter McCann, conseiller municipal et porte-parole de la bioindustrie, blague à peine quand il fait remarquer que « c'est un très bon moment pour acheter des terrains à Saskatoon ».

La réussite de Saskatoon est d'autant plus remarquable qu'elle s'est produite dans une région par ailleurs mal en point économiquement. L'intense industrie agricole qui a caractérisé la Saskatchewan n'avait plus sa taille d'antan, les revenus ayant suivi ce déclin. Plusieurs des petites villes qui avaient soutenu une vie rurale florissante étaient disparues de la carte; les services et les équipements ont été concentrés dans les grands centres. Pendant des années, des milliers de personnes — souvent jeunes et très instruites — ont quitté la province pour des « pâturages plus verts ». De 1990 à 1996, 29 000 éléments d'une population d'un peu moins d'un million d'individus se sont déplacés vers d'autres provinces.

Saskatoon a été le centre d'une région de cultures céréalières. De ville isolée d'une province pauvre, elle s'est transformée en un fournisseur important du supermarché mondial de la biotechnologie, et ce en suivant une recette relativement simple. Il a suffi de former une pâte de scientifiques et de la faire lever avec une généreuse mesure d'argent gouvernemental. La Saskatchewan était nantie d'une importante communauté de chercheurs scientifiques en agriculture bien avant qu'il ne soit question de biotechnologie. Forte de ses travaux en développement de cultures et en médecine vétérinaire, l'Université de la Saskatchewan, fondée seulement deux ans après l'entrée de cette province dans la Confédération, abritait l'école de recherche en agriculture la plus grosse et la plus importante des Prairies canadiennes. Le ministère de l'Agriculture du Canada avait établi une station de recherche à Saskatoon, comme l'avait fait le Conseil national de la recherche. C'est là où avait été créé un blé résistant à la maladie de la rouille. Et c'était là aussi où, dans les années 1960, Keith Downey et d'autres experts du croisement des plantes ont transformé le modeste colza en un canola rentable.

La transformation de Saskatoon en un centre de biotechnologie relève d'un choix mûrement réfléchi, choix qui a été soutenu par un ensemble de gouvernements provinciaux aux allégeances politiques diverses. En 1980, le gouvernement néo-démocrate d'Allan Blakeney s'est associé à l'Université de la Saskatchewan à Saskatoon pour créer une zone de recherche sur le campus. L'Innovation Place a débuté avec seulement deux édifices, cinq firmes et un vague désir d'attirer la technologie, que ce soit en industrie aérospatiale, en communication, en pêcheries, en électronique ou en d'autres champs de l'activité économique. La stratégie s'est précisée en 1984, à la faveur de la création d'un groupe d'études par le conservateur Grant Devine. Ce groupe a indiqué que l'agrobiotechnologie était la voie de l'avenir en technologie et qu'elle convenait parfaitement à une ville autrefois caractérisée par l'agriculture.

Mais tout n'était pas parfait. Les banques et les institutions prêteuses se sont montrées réticentes à fournir des fonds de départ à ces embryons de firmes biotechnologiques. Le coût très élevé de l'équipement technologique et une rentabilité longue à établir ont justifié ces hésitations. Le gouvernement de Devine est intervenu, créant l'Ag-West Biotech, une agence sans but lucratif dotée d'un fonds de neuf millions de dollars devant servir à la capitalisation ou à des prêts aux firmes de biotechnologie. L'agence s'est engagée dans le lancement de ce qui était alors une industrie embryonnaire.

Murray McLaughlin, un dirigeant de Dow Elanco embauché pour diriger les destinées de l'Ag-West, voulait faire davantage que de financer des firmes locales développées dans la région. Il a parcouru le monde pour faire de Saskatoon un centre international de bio-technologie. Il lui a fallu commencer par le commencement; il rapporte qu'on lui a souvent demandé : « Saskatoon, c'est où ? » et « Comment prononcez-vous Saskatchewan déjà ? »

Les firmes internationales les plus importantes ont vite fait de s'installer à Saskatoon : American Cyanamid, Monsanto, Plant Genetic Systems, Limagrain et Pioneer Hi-Bred. Le gouvernement de la province, alors sous la gouverne des Néo-Démocrates, a continué de financer la biotechnologie par le biais d'une panaplie d'agences et de ministères. Et il a convaincu le gouvernement fédéral d'avoir la même générosité envers la biotechnologie de la Saskatchewan. (Ce qui n'a pas nui, c'est que le ministre fédéral de l'Agriculture d'alors, Ralph Goodale, ait grandi à Régina, en Saskatchewan.) Par exemple, en 1995, les deux gouvernements ont paraphé une entente créant le Fonds d'innovation en agroalimentaire, un fonds qui, en l'an 2000, aura investi 91 millions de dollars en Saskatchewan.

En 1998, la zone de recherche de l'Innovation Place était devenue un incubateur d'entreprises, accueillant 94 firmes et organisations reliées à la biotechnologie. Et on n'a rien ménagé pour leur faire encore plus de place. En 1999, une extension était en cours, à savoir la construction d'un édifice à bureaux polyvalent — la vingtième installation du genre dans la zone de la recherche — et un énorme ajout aux serres et aux laboratoires. Et McLaughlin affirme que les leçons de géographie et de prononciation ne sont plus nécessaires. « Nous n'avons pas du tout à traîner de l'arrière en recherche et en acquis scientifique, et ce à Saskatoon ou ailleurs au Canada. Maintenant, dès que vous mentionnez Saskatoon, les gens disent tout simplement, oh !, c'est le centre mondial de l'agrobiotechnologie. »

De 1991 à 1993, le commerce de la biotechnologie en Saskatchewan a augmenté de 286 %. En comparaison, durant la même période, l'Ontario a vu son industrie n'augmenter que d'un maigre 6 %. Qu'une province pauvre accueille l'essentiel du commerce de l'agrobiotech-nologie a manifestement indisposé la plus importante et la plus prospère des provinces du Canada. En 1994, le Conseil ontarien de la biotechnologie a demandé à un groupe d'étude de définir une stratégie industrielle pour que la province fournisse à l'industrie ce dont elle avait besoin. Lorn Meikle, directeur du groupe d'étude, a écrit dans le bulletin *Research Money* (L'argent de la recherche) : « La Saskatchewan a réussi à attirer des firmes biotechnologiques ontariennes par la ruse et il semble que la bourse de Romanow soit sans fond. »

En fait, les agences gouvernementales de la Saskatchewan ont investi de grandes sommes d'argent des contribuables pour attirer les joueurs qu'elles pensaient importants pour la réussite de la stratégie industrielle du gouvernement, incluant des offres de financement à de grosses entreprises multinationales. Par exemple, en 1997, Ag-West Biotech et le Ministère de la diversification de l'économie de l'Ouest du Canada a versé 400 000 $ à Mycogen Corporation pour convaincre cette firme américaine de créer dans l'Innovation Place un laboratoire de cultures de microspores destiné à la recherche sur la canola (colza).

Achetée peu de temps auparavant par Dow Elanco, Mycogen ne semblait pas avoir un urgent besoin d'incitatifs financiers. Mais elle a tout de même accepté l'offre.

Quand Hoechst, le plus gros fabricant de produits chimiques en Europe, a choisi Régina pour étendre ses activités en Amérique du Nord, le ministère fédéral de la Diversification économique de l'Ouest lui a versé 1,6 million de dollars. L'argent a été affecté à un « projet » dans lequel Hoechst devait créer des variétés de cultures tolérantes à un herbicide non sélectif, un projet qui devait en fin de compte rapporter des millions de dollars à la firme. De ces profits, peu sont retournés aux gouvernements commanditaires. Et les fermiers ont dû payer un surplus pour une nouvelle technologie qu'ils avaient déjà financée par leurs taxes.

En 1985, Plant Genetics Systems, installée à Gand, en Belgique, a fait la manchette en produisant le premier végétal transgénique résistant aux insectes. Ag-West a amené PGS à Saskatoon en lui promettant environ un million de dollars. (En 1996, PGS a été achetée par AgrEvo, firme créée en collaboration par Hoechst et Schering. Ainsi, AgrEvo a bénéficié de 2,6 millions de dollars provenant des contribuables canadiens.)

Les dépenses gouvernementales en biotechnologie sont rarement contestées par les médias ou par la députation de la Saskatchewan. La science qui génère de nouvelles formes de vie semble bénéficier du plein soutien des habitants de la province, plusieurs d'entre eux ayant grandi sur des fermes et étant ainsi capables d'apprécier la valeur de la recherche sur les plantes et les animaux. C'est uniquement dans une province où l'appui public était indéfectible qu'un ensemble de gouvernements, d'allégeances politiques opposées, pouvaient financer à un tel niveau l'industrie biotechnologique. Faisant face à une diminution de la population et à l'érosion de l'infrastructure industrielle, les tenaces habitants des Prairies ont dû voir une lueur d'espoir dans cette nouvelle entreprise de haute technologie.

Les autres gouvernements provinciaux ont éprouvé de la difficulté à imiter cet engagement financier et politique inébranlable en faveur du secteur privé. Malgré les limites de ses propres entrées fiscales, la Saskatchewan confirme avoir dépensé au moins 31 millions de dollars en subventions, prêts et capitalisations de 1984 à 1996. Ce niveau de soutien est exactement ce qu'il faut faire pour gagner la faveur des grandes multinationales qui dominent le commerce de la biotechnologie. Toutefois, n'importe où ailleurs que dans cette province, des contributions à une industrie controversée sont difficiles à justifier alors qu'on demande aux responsables des soins de santé, des services sociaux et des institutions artistiques de se débrouiller avec moins d'argent.

Le gouvernement fédéral canadien a officiellement adhéré à la biotechnologie au début des années 1980, déclarant qu'elle constituait « une technologie stratégique essentielle au maintien de la compétitivité canadienne sur le plan international ». En 1983, ces paroles se sont concrétisées par l'annonce de la première Stratégie canadienne en matière de biotechnologie, la création d'un comité consultatif et l'établissement d'un système de réseaux de recherche et de développement à travers le pays.

Toutefois, à la fin des années 1990, il semblait que pour ce qui est de la biotechnologie, le Canada n'allait jamais devenir vraiment compétitif sur le plan international. Une analyse de Ernst & Young disait que même si le Canada pouvait compter sur d'importantes ressources en recherche, les scientifiques n'étaient pas familiers avec le monde des affaires et n'avaient pas l'habileté requise pour transformer l'innovation en produits commerciaux. L'industrie manquait donc de bons gestionnaires. Et on concluait en affirmant : « Il existe peu de dirigeants d'entreprises canadiennes qualifiés pour avoir vécu le cycle de développement d'une firme biotechnologique; les compagnies du domaine doivent donc trouver ailleurs ce type de talent éprouvé ».

De plus, si on fait exception du noyau de Saskatoon, le commerce canadien de l'agrobiotechnologie semble dissiminé sur tout le territoire. Aux États-Unis, 57 % des emplois sont générés par 19 « grappes » industrielles. Au Canada, Jim Stewart, de la firme de consultants KPMG, affirmait dans une interview que seule Saskatoon, où étaient groupés 40 % des firmes d'agrobiotechnologie, pouvait être considérée comme une concentration de haute technologie de niveau mondial.

S'appuyant sur leurs propres groupes de lobbying, les régions et les secteurs semblent parfois poursuivre des intérêts opposés, s'arrachant les occasions d'affaires et se livrant une guerre d'image. Aux États-Unis, la Biotechnology Industry Organization (BIO) parle d'une voix unique très efficace. Le rapport de la Ernst & Young dit à ce sujet : « Jusqu'à maintenant, le Canada a tiré avantage d'associations régionales et nationales, mais aucune n'a l'impact de la BIO, qui fait pression sur tous les gouvernements pour qu'ils augmentent leurs subventions et changent leurs politiques de taxation et d'exportation. »

Toutefois, il semble que le plus grand obstacle à l'existence d'une industrie de la biotechnologie canadienne mondialement compétitive soit les restrictions financières des années 1990. Il faut de l'argent pour bâtir une industrie de haute technologie et, durant cette période, les gouvernements n'en avaient pas. Les consultants d'Ernst & Young font remarquer qu'en 1992, les États-Unis ont investi 4,6 milliards de dollars en soutien et en prime d'encouragement aux firmes biotechnologiques. En contraste, la même année, les divers gouvernements du Canada n'ont offert que 175 millions de dollars.

Non seulement est-il difficile pour les autorités provinciales et fédérales d'entrer en concurrence pour obtenir les faveurs des firmes multinationales, mais les compressions des dépenses gouverne-mentales ont amené des compagnies d'ici à se disputer d'autres sources de financement. Rien ne décourage davantage les jeunes firmes que d'avoir à constamment chercher des capitaux à des taux d'intérêt raisonnables. Pour la plupart des petites compagnies, la seule porte de sortie est de bâtir des alliances avec d'autres compagnies, ce qui, de nos jours, se traduit souvent par des firmes canadiennes qui cherchent aux États-Unis le capital dont elles ont besoin.

La marché financier canadien est rarement une bonne solution; les firmes biotechnologiques canadiennes n'ont accès à des capitaux externes que si elles en sont à l'étape des essais de leurs produits ou à celle de leur commercialisation. Même si des firmes prospères de Saskatoon, telles Philom Bios et Biostar ont réussi à se mériter une réputation internationale, en 1998, elles étaient encore la propriété d'individus. À la fin des années 1990, aucune des firmes travaillant à développer des aliments et des produits agricoles biotechnologiques n'était officiellement inscrite en bourse.

Si le destin ne s'acharne pas trop sur ces firmes, elles se retrouveront englouties dans de plus grandes compagnies étrangères. Ironiquement, dans l'univers de la biotechnologie canadienne, il s'agit là d'un critère de réussite. La firme Allelix constitue le parfait exemple des restrictions et des réussites canadiennes. Installée en Ontario, elle a été créée en 1983 grâce à un capital de 90 millions de dollars réunis par John Labatt Ltée, l'agence canadienne de développement et le gouvernement ontarien. Il s'agissait d'une des premières et des plus remarquables percées canadiennes en biotechnologie. Toutefois, en 1990, au lieu de commercialiser les hybrides de canola (colza) sur lesquels elle travaillait, elle a vendu son fonds de commerce à Pioneer Hi-Bred International. Ce qui avait été une firme florissante employant plus de 200 travailleurs est devenu une petite filiale de recherche de l'arrière-pays.

L'histoire de la firme Allelix en dit long sur les efforts du Canada en biotechnologie. Des observateurs de cette industrie s'entendent pour dire que le nouveau secteur de biotechnologie fera vraiment sa marque en commercialisant ses produits. Au moment où les firmes biotechnologiques passent de l'étape de la recherche à celle de la mise en marché de leurs produits, les habiletés en gestion d'entreprise et en commercialisation, une expertise qui semble rare au Canada, jouent un rôle plus important. Si les firmes canadiennes continuent à vendre leurs acquis dès qu'elles réussissent, le Canada perdra les emplois qu'il a sollicités avec tant d'ardeur, et les fermiers et les consommateurs canadiens auront à racheter des technologies originellement développées ici.

Au printemps de 1997, le gouvernement fédéral et l'Association canadienne de l'industrie de la biotechnologie ont créé un programme pour aider les firmes à developper les habiletés de gestion commerciale nécessaires à la mise en marché de leurs produits biotechnologiques. Le gouvernement de l'Ontario a annoncé la création de GUARD, une agence ayant pour mandat de commercialiser les technologies développées par les chercheurs de l'Université de Guelph et d'autres et de servir de lien entre l'université et la communauté des affaires. La brochure annonçant la naissance de l'agence affirmait l'évidence : « On dit des Canadiens qu'ils sont parmi les meilleurs au monde pour développer de nouvelles technologies [...] mais parmi les pires pour les transformer en emplois. Tellement peu de firmes canadiennes ont réussi à sortir la recherche du laboratoire et à l'amener sur le marché que de nouvelles technologies nous glissent souvent entre les mains au profit de compagnies étrangères. »

Même à Saskatoon, on entretenait l'inquiétude que les firmes à la recherche de nouveaux produits n'arrivent pas à dépasser le rôle de bonnes filiales de recherche pour devenir des sociétés multinationales. Plus tard, la satisfaction pourrait faire place à la frustration quand les scientifiques des laboratoires publics de recherche de Saskatoon se rappelleront le rôle qu'ils ont joué en aidant AgrEvo ou Monsanto à créer le tout dernier d'une série d'hybrides de canola (colza) génétiquement manipulés. « Nous devons passer de la recherche et du développement à la commercialisation », affirmait Murray McLaughlin. « Nous avons constaté un début de commercialisation. Je pense que le moment fatidique est arrivé; nous devons entrer dans le nouveau siècle par ce biais. »

Quoi qu'il en soit, vers la fin du millénaire qui vient de s'achever, la biotechnologie canadienne était loin de constituer une quelconque force sur le marché financier, et encore moins sur le marché commercial. Alors que les aliments génétiquement élaborés commençaient à apparaître sur les rayons de l'épicerie et que les plantes agricoles manipulées germaient dans les champs des fermiers, l'industrie canadienne de la biotechnologie était largement demeurée un rêve onéreux loin de produire les emplois et les profits tellement recherchés. Même Saskatoon, le symbole du succès, risque d'être perçu comme un îlot de recherche et non comme un centre de production.

À la fin des années 1990, les consommateurs canadiens étaient bien plus préoccupés par le caractère sécuritaire des aliments que par le développement d'une nouvelle industrie. Ils avaient vu des bulletins de nouvelles montrant des jeunes gens atteints de la maladie fatale de Creutzfeld-Jakob parce qu'ils avaient mangé des hamburgers faits de boeuf « anglais » ou des sacs de poulets morts ou agonisants le long des routes alors que les autorités de Hong Kong tentaient de se débarrasser d'une grippe du poulet dévastatrice. Plus proche de chez eux, il était question de hamburgers toxiques, de volaille infectée par des salmonelles et de vignobles irrigués d'eau contaminée par des bactéries fécales. Les consommateurs voulaient pouvoir faire confiance à leurs gouvernements pour qu'ils empêchent tout aliment génétiquement élaboré de produire le même type de dommage.

Au milieu de 1998, l'industrie et le gouvernement s'entendaient pour admettre que la biotechnologie ne passait pas la rampe chez toute la population. Par exemple, à l'automne 1998, le gouvernement fédéral a fait connaître une nouvelle stratégie concernant la biotechnologie, cette dernière remplaçant la première version datant de 1983. Cinq mois de consultation à travers le pays ont convaincu le comité responsable qu'un débat public était requis. Il a pressé le gouvernement de créer un comité consultatif indépendant composé d'experts en science, en éthique, en environnement et en d'autres domaines touchés par la biotechnologie. Toutefois, la déclaration d'intention marquait déjà clairement la direction : « Rehausser la qualité de vie des Canadiens sur les plans de la santé, de la sécurité et de l'environnement, et favoriser le développement social et économique en faisant du Canada un chef de file mondial de la responsabilité en biotechnologie. »

Même si sa visée était d'encourager la croissance de ce secteur d'activité, le rapport issu du Comité national consultatif sur la biotechnologie en 1998, *Leading in the Next Millennium*, pressait le gouvernement « de faire en sorte que tous les Canadiens débattent de la question de la biotechnologie ». Ce rapport citait une enquête menée par les Producteurs d'aliments et d'autres produits de consommation du Canada : « Les consommateurs ne se contentent pas de références; ils veulent des garanties quant à la nature des firmes avec lesquelles ils transigent et aux représentants de ces firmes. »

Et il y a d'autres signes de changement. Le lobby du commerce, l'Association de l'industrie de la biotechnologie du Canada, a mis sur pied un comité d'éthique chargé d'examiner des enjeux moraux plus larges. Pour ce qui est des fermiers, dans une lettre envoyée au rédacteur en chef du journal *Ontario Farmer*, un producteur agricole se demandait s'il était approprié pour une association industrielle, soit la Fédération ontarienne de l'agriculture, « de mettre au rancart son rôle de défenseur des fermiers pour chouchouter les firmes des sciences de la vie de discours ronflants et d'accolades chaleureuses ».

Michele Brill-Edwards reconnaît que les consommateurs deviennent lentement plus conscients des conséquences possibles de la biotechnologie. Mais, affirme-t-elle, ils n'ont pas encore compris que leur gouvernement n'a à peu près aucune règlementation en place pour les protéger de dommages éventuels et qu'ils sont à la merci de l'industrie mondiale de la biotechnologie. Elle affirme aussi que les gens ont tendance à penser que le manque de contrôle qui a mené aux horreurs des implants mammaires en silicone endommagés et aux infections au VIH ou à l'hépatite C par du sang contaminé ne sont que des accidents de parcours. « Ils croient que ces incidents sont des pépins d'un système qui autrement fonctionne bien », ajoute-t-elle. « Ils ne comprennent pas qu'il s'agit plutôt des résultats prévisibles d'un système qui s'affaiblit. » Et d'une voix douce mais autoritaire, elle livre un sinistre conseil aux consommateurs concernant ceux qui produisent et contrôlent les aliments génétiquement modifiés : « Ne leur faites pas confiance. Point. »

NOTES

1. La sécurité des biotechnologies a été évaluée depuis le début des années 1980 par l'Organisation de Coopération et de Développement Économique (OCDE), le Food and Agricultural Organization (FAO) et l'Organisation mondiale de la santé (OMS). C'est ainsi que fut inventé le concept d'équivalence en substance (ES) utilisé depuis pour déterminer la sécurité des OGM. Il semble que ce concept soit appliqué et nommé différemment selon les pays. En France, l'ES suppose une parenté moléculaire entre le produit génétiquement modifié et le produit d'origine, indépendamment de son apparence. Aux États-Unis et au Canada, on utilise aussi les expressions équivalence substantielle ou similitude substantielle, et le concept réfère davantage aux aspects extérieurs du produit fini.

J uin 1997. Dans les vastes étendues du Midwest américain, les cosses de soja commencent à grossir, poilues et bourrées de graines. D'ici quelques mois, leur couleur passera à l'ocre, signal du début de la récolte. On pressera les graines pour en tirer de l'huile ou en faire des aliments, puis elles passeront tout simplement dans la diète nord-américaine. Vraisemblablement, cela se fera sans réflexion, sans hésitation, sans inquiétude. Personne ne se demandera si ces graines de soja ont été modifiées en laboratoire à l'aide du gène d'un autre organisme. Il semble que les Américains et les Canadiens ne se soucient guère que le génie génétique ait pu jouer un rôle dans la production de cette légumineuse.

De l'autre côté de l'Atlantique, dans la ville marchande d'Amsterdam, les choses sont bien différentes. Au centre RAI, le nouveau lobby de l'industrie biotechnologique représentant 540 firmes et organisations tient son premier congrès général. La rencontre est privée; on n'a pas cherché à attirer l'attention de la presse. De fait, suivant en cela les conseils de ses consultants en relations publiques, EuropaBio a veillé à ce que l'événement ne soit pas médiatisé, justement pour ne pas inciter les groupes environnementaux à contester. Ces conseillers ont averti le groupement industriel : « Sans ces précautions, EuropaBio allait mettre la table et Greenpeace mangerait le lunch ».

Toutefois, malgré tout le soin mis à éviter cette situation, la rencontre attire tout de même l'attention inopinée et intempestive de Greenpeace. En Amérique du Nord, un tel congrès ne susciterait rien de plus qu'une timide protestation par une poignée d'étudiants. À Amsterdam, les activistes environnementaux de toute l'Europe arrivent à bord d'un lourd camion semi-remorque. Avec le panache coutumier des interventions de Greenpeace, ces activistes déversent 10 tonnes de graines de soja en tas sur le boulevard longeant le centre de conférence.

Cette manifestation de nuisance très publique traduit très concrètement l'objection de Greenpeace à l'importation en Europe de graines de soja génétiquement rendues résistantes aux herbicides. Selon Greenpeace, les aliments transgéniques n'ont pas leur place dans le régime alimentaire, conviction que semble partager la majorité des consommateurs européens.

D'autres pays se sont aussi opposés au régime alimentaire transgénique que les sociétés biotechnologiques nord-américaines souhaitent exporter dans le monde entier. En 1997, les détaillants japonais ont réuni un million de signatures demandant qu'on étiquette les aliments génétiquement modifiés. Et, à la fin de 1998, le gouvernement envisageait d'assurer cet étiquetage. Le Brésil a banni la production et l'importation des graines de soja transgéniques tout à la fois, et ce même s'il se privait de l'approvisionnement américain, jusqu'alors sa principale source de soja. Mais nulle part qu'en Europe trouve-t-on une réaction aussi vigoureuse et déterminée au génie génétique.

Pourquoi les graines de soja *Roundup Ready* de Monsanto suscitent-elles une réaction si différente en Europe et en Amérique du Nord ? Les deux continents partagent des modes de vie similaires issus d'une économie de marché industrialisée axée sur l'abondance. Des immigrants en provenance des pays européens forment le pivot de la diversité ethnique de l'Amérique du Nord. Et le commerce continue de lier l'économie des deux continents.

Toutefois, l'Europe est indéniablement distincte de l'Amérique du Nord. Malgré une population urbaine toujours croissante, l'Europe n'a pas perdu son lien avec la terre. Les fermiers y sont encore considérés comme des acteurs essentiels de l'imaginaire, de l'économie et de la culture, et ce même dans les pays les plus urbanisés de l'Europe. Quand les fermiers de France s'objectent à la réduction des subventions gouvernementales, leurs protestations, bétail et camions à l'appui, sont bien accueillies dans les rues de Paris. Au royaume de la gastronomie, le goût et la qualité des aliments sont de la plus haute importance. Et même s'il existe des supermarchés partout, plusieurs Européens — que ce soit en Allemagne ou en Italie — préfèrent passer prendre leur souper (dîner) à la boulangerie ou à la boucherie du coin; la fraîcheur de la nourriture demeure importante.

L'environnement naturel est vénéré en Europe, historiquement et culturellement. Sans doute que la perte occasionnée à travers les siècles par l'agriculture et l'augmentation constante de la population l'a rendu encore plus précieux. Tchernobyl a été vu comme une attaque contre des centres de l'Europe de l'Ouest; durant les premières années de 1980, la pluie acide a été perçue comme un affront aux forêts bien entretenues de l'Europe. En Europe, les changements climatiques et le réchauffement général de la planète sont des enjeux moraux. Il n'est pas surprenant que l'activisme environnemental y soit largement apprécié. Le mouvement vert, qui pourrait susciter la dérision en Amérique du Nord, se voit offrir des sièges parlementaires, une nette indication de son influence.

Mais, selon le biodéontologue Arthur Schafer, ce qui est sans doute encore plus important, c'est que les Européens ont un sens communautaire qui échappe à la compréhension des Nord-Américains. Ils sont prêts à sacrifier une partie de leur liberté individuelle en faveur d'un système de réglementation qu'ils croient en mesure de les protéger. « Ils voient davantage le gouvernement comme un agent important d'une société meilleure. » Même si les Nord-Américains croient que leurs gouvernements les protégeront contre des torts qui pourraient leur être infligés, ils ne veulent pas d'une lourde réglementation qui pourrait limiter leurs efforts ou leur revenu. Ils croient en une culture du commerce et ils sont prêts à l'exporter.

Dès qu'il est question d'une manipulation quelconque de leur nourriture ou de leur environnement, les Européens deviennent très émotifs. Cette caractéristique aurait pu déclencher à elle seule le déversement protestataire d'un monceau de 10 tonnes de graines de soja au centre d'Amsterdam. Mais l'énorme levée de boucliers contre les aliments transgéniques a été provoquée par un seul événement, à savoir la plus grande peur alimentaire qui ait frappé le continent, une peur qui a miné les fondements du régime alimentaire des Britanniques, la peur d'une viande de boeuf toxique.

Au milieu des années 1980, un peu partout en Angleterre, des vaches ont commencé à manifester des symptômes d'une nouvelle maladie inquiétante se traduisant par des troubles nerveux impossibles à traiter, toujours fatals. Les vaches atteintes ont commencé à tituber, à baver, à grincer des dents et à manifester une agressivité inhabituelle envers les autres animaux. On a examiné leurs cerveaux après leur décès et constaté qu'ils étaient traversés de canaux ressemblant grandement à ceux d'une éponge. La maladie a été décrite comme étant une variété d'une catégorie de maladies appelée « encéphalopathie spongiforme transmissible ». Cette nouvelle version propre à la vache a été nommée « encéphalopathie spongiforme bovine » (ESB) ou, dans le langage courant, maladie de la vache folle.

Des scientifiques ont finalement trouvé que l'épidémie bovine s'était répandue par un cannibalisme animal forcé par l'homme, ce dernier ayant alimenté des animaux de hachis d'autres animaux. Dans les années 1980, l'industrie agricole a commencé à « transformer » ou à bouillir des parties d'animaux impropres à la consommation humaine pour en faire un mélange de protéines bon marché. Ces protéines préparées étaient pressées pour en faire une denrée favorisant une augmentation considérable du poids et du rendement laitier, et on en a nourri les animaux élevés dans ces fermes usines de plus en plus populaires. Il semble que des moutons atteints de la tremblante, une autre forme d'encéphalopathie spongiforme transmissible, avaient été transformés en nourriture et distribués au bétail. On présume que les vaches malades ont elles-mêmes été transformées en une nourriture qui s'est ensuite retrouvée dans les auges à bétail.

En 1990, la maladie de la vache folle était passée d'une vague curiosité vétérinaire à une épidémie affectant 120 000 animaux. La longue période d'incubation de la maladie — jusqu'à huit ans chez le bétail — laissait supposer que d'innombrables animaux infectés mais non diagnostiqués ont pu passer à l'abattoir pour servir à la consommation humaine.

Durant la même période, des gens ont commencé à mourir de ce que des scientifiques ont décrit comme une nouvelle forme de la maladie de Creutzfeld-Jakob. La MCJ est une maladie rare qui s'attaque habituellement aux gens âgés, détruisant les cerveaux des victimes en y creusant des trous microscopiques semblables aux interstices de l'éponge et à ceux que provoque l'ESB. Toutefois, dans le cas de cette « nouvelle variante », des gens autrement en santé, quelques-uns à l'adolescence, étaient inexplicablement handicapés par une maladie vorace, impossible à traiter et inéluctablement mortelle.

La forme que prenait cette maladie dévastatrice chez l'animal et chez l'humain a incité à penser que l'épidémie de la vache folle passait des bovins aux humains par le biais d'une viande contaminée. Un professeur de l'Université de Leeds, Richard Lacey, est allé jusqu'à affirmer que l'Angleterre « pourrait perdre toute une génération ». La peur a été exacerbée quand Sir Bernard Tomlinson, le plus important neurologue du pays, est apparu à une émission de la British Broadcasting Corporation et y a déclaré craindre l'existence d'un lien entre la maladie de la vache folle et la MCJ. « En aucun cas, je ne mangerais de hamburgers au boeuf ou du pâté de boeuf en croûte; on ne connaît pas leurs effets sur les humains », a-t-il affirmé.

De plus en plus de consommateurs ont tenu compte de ce conseil et commencé à se tenir loin de ce qui avait longtemps été l'aliment de base du régime alimentaire anglais. Des parents inquiets ont poussé des centaines d'écoles à éliminer le boeuf de leurs menus. L'hôtel Four Seasons de Londres a cessé de servir du boeuf et les hôpitaux ont exprimé leur embarras à en nourrir leurs patients. Le marché du boeuf connaissait une baisse radicale chaque fois que quelqu'un émettait l'hypothèse d'un saut de la maladie de la vache folle chez les humains. Au début des années 1990, il avait déjà plongé de 25 %.

Tout ce temps-là, les éleveurs, leurs organisations et le gouvernement s'en tenaient à la position officielle : il n'existait aucune preuve scientifique que la mystérieuse maladie soit passée des vaches aux humains. Toute affirmation contraire était rejetée comme tirée par les cheveux et ridicule et tout scientifique qui la faisait était jugé vieux jeu ou menteur. Les partisans de la ligne officielle ont lancé une campagne d'information scientifique savamment orchestrée pour rassurer le public inquiet. Le comité consultatif du gouvernement maintenait que jamais une vache atteinte de la maladie ne franchirait les portes de l'abattoir. L'Institute of Food Science and Technology, une association de conseillers de l'industrie alimentaire, a émis ce qu'elle a appelé un avis indépendant et objectif dénonçant l'alarmisme « des experts et supposés experts ».

Sans doute pour reconnaître la contribution de l'industrie à l'économie, le gouvernement a continué de maintenir que le boeuf anglais était absolument sécuritaire. En décembre 1995, la ministre de l'Agriculture Angela Browning a affirmé à des journalistes que la position de son gouvernement en était une d'« extrême prudence », accusant les médias « sans scrupules » de tenter de « créer la panique dans la population alors qu'il n'y a rien là ». D'autres ministres du gouvernement ont fait leur part en se montrant à la télévision, sourire aux lèvres et hamburger à la main. Même le premier ministre John Major a fait partie de la mise en scène. « Aucune preuve scientifique ne permet d'affirmer que l'ESB peut être transmise aux humains », a-t-il affirmé à la Chambre des Communes britannique. Le caractère sécuritaire du boeuf, a-t-il dit, « n'était pas en cause ».

Le 20 mars 1996, il n'y eut toutefois aucun signe de ce type de bravade chez les ministres du gouvernement logés à la première banquette de la Chambre. L'air honteux, le ministre de la Santé Stephen Dorrell, celui-là même qui avait maintenu que l'ESB ne posait aucun risque pour les humains, s'est levé pour admettre publiquement que la maladie de la vache folle était « pour le moment, l'explication la plus probable » pour « les 10 cas de MCJ constatés chez des gens de moins de 42 ans ».

Du jour au lendemain, le marché britannique du boeuf s'est effondré. L'Europe a réagi en bannissant toutes les importations de boeuf anglais. Le goût pour la viande rouge est tombé dans toute l'Europe, notamment en France et en Allemagne. Les gens ont mangé du porc, de la volaille, du poisson et même de la viande de cheval, n'importe quoi sauf du boeuf. À la fin de 1997, l'industrie allait subir un autre coup; un comité consultatif gouvernemental a affirmé qu'il avait cerné un risque que l'ESB se retrouve dans la chaîne alimentaire par le biais de faisceaux de cellules nerveuses rattachées à la structure du squelette. Le premier ministre Tony Blair a joué de prudence en bannissant la vente de toute viande de boeuf adhérente aux os. Adieu les steaks d'aloyau et les rôtis de côtes. On ne savait même pas si certains os pouvaient être utilisés pour produire de la gélatine.

L'industrie britannique du boeuf et les coutumes tournant autour du rôti du dimanche étaient anéanties. On ne toléra aucune exportation de vaches ou de viande bovine. Plus de 1,7 millions de vaches, de génisses, de bouvillons ou de taureaux âgés de plus de 30 mois ont été tués. Les procédés de transformation qui avaient acheminé des moutons et des vaches infectés dans le réseau alimentaire ont été arrêtés.

Petit à petit, les mesures défensives se sont montrées fructueuses. Durant les deux pires années, soit en 1992 et 1993, 3 000 nouveaux cas d'ESB étaient enregistrés chaque mois; en 1997, ce nombre n'était plus que de 500. Toutefois, l'esprit britannique était profondément atteint. Les Anglais, et leurs voisins de l'Europe, se retrouvaient dans un monde où ils ne pouvaient plus être certains de l'innocuité de leur alimentation. À cause de la longue période d'incubation, les gens craignaient d'avoir attrapé la MCJ des années auparavant et de ne pas le savoir. À la fin de 1998, le taux de mortalité était de 29.

La Canadienne Michele Brill-Edwards a affirmé que le désastre causé par la maladie de la vache folle était le résultat de la déréglementation du système alimentaire amorcée en 1970 sous le gouvernement de Margaret Thatcher. Malheureusement, les consommateurs ont appris à la dure qu'ils ne pouvaient faire confiance ni aux organismes de contrôle ni à leurs dirigeants politiques.

Forcés de confronter leurs peurs essentielles, les consommateurs anglais ont commencé à assumer une plus grande responsabilité quant au caractère sécuritaire de leur alimentation. La peur de la maladie de la vache folle leur avait appris qu'ils devaient être des consommateurs avertis même dans l'achat de nourriture. Même si les ventes de viande étaient encore plutôt basses en 1998, environ 50 % du boeuf à l'étalage était étiqueté « nature intacte ». Cela signifie qu'en pratique, les bouchers racontaient l'histoire complète du morceau de viande qu'ils offraient aux consommateurs, cette histoire parlant d'élevage responsable ou d'alimentation de ferme.

La Grande-Bretagne a joint l'Europe dans son goût pour les aliments biologiques. Parmi les pays européns, le Royaume-Uni a longtemps été le pionnier d'une agriculture intensive de haute technologie. À la fin des années 1990, la demande de ses habitants pour des produits biologiques augmentait de 20 % par année, dépassant de beaucoup l'offre. Il s'agissait d'un monde nouveau pour les Anglais; au moins 70 % de ces produits ont dû être importés.

Une autre conséquence psychologique s'est fait sentir, cette fois dans toute l'Europe. La crise de la vache folle a miné la confiance de la population envers l'autorité morale du gouvernement. Cette attitude est ressortie d'une enquête menée par la London School of Economics et le Science Museum auprès de 16 000 Européens à l'automne 1996, six mois après qu'on ait confirmé le lien entre la maladie de la vache folle et la MCJ chez les humains. On a demandé aux répondants s'ils croyaient pouvoir faire confiance à leurs gouvernements pour assurer le caractère sécuritaire des aliments génétiquement modifiés. Ils ont répondu non à 90 %. Moins de 30 % pensaient que l'industrie biotechnologique pouvait assumer le contrôle requis. Le Parlement européen n'a pas non plus échappé au verdict. Les répondants voulaient même que toute l'affaire soit traitée par les plus hautes instances politiques, à savoir l'Organisation mondiale de la santé.

Monsanto a été la première firme à sentir la colère de consommateurs qui avaient perdu leur viscérale confiance dans le caractère sécuritaire des aliments. Tom McDermott, directeur des relations publiques de la compagnie pour l'Europe, a été chargé de la difficile tâche de préparer la voie à des graines de soja génétiquement modifiées. En janvier 1998, d'un air piteux, il a déclaré à la presse : « Nous arrivons en Europe après une peur alimentaire généralisée qui a miné l'autorité du gouvernement dans son rôle de protection des citoyens contre les dangers d'ordre alimentaire. La crise de la vache folle est probablement le facteur le plus important. »

Quand, en novembre, la première cargaison de graines de soja *Roundup Ready* récoltées aux États-Unis est arrivée sur le cargo *Ideal Progress* (Progrès parfait) à Hambourg, en Allemagne, l'attitude des Européens était nettement au scepticisme. Et quand les activistes de Greepeace ont tenté de bloquer l'avancée du cargo en disant : « Ils disent que c'est sécuritaire. Mais comment pourrions-nous les croire ? », ils prêchaient à des convertis.

La Commission européenne, le pouvoir exécutif de l'Union européenne, avait déjà donné le feu vert à Monsanto pour qu'il apporte ses graines de soja manipulées sur le continent. Plusieurs scientifiques s'entendaient pour dire qu'elles ne posaient pas de risque particulier pour l'environnement ou pour la santé humaine. Et, bien sûr, elles avaient tout à fait l'air de graines de soja ordinaires qui seraient pressées et moulues pour finalement disparaître dans la margarine, le chocolat et les mélanges à crêpe. Mais aussi inoffensives que ces graines aient pu paraître, les consommateurs européens s'étaient faire servir une dure leçon. Si le boeuf pouvait vous tuer, une graine de soja génétiquement modifiée ne pouvait-elle pas en faire autant ? Une chose était certaine; ils étaient certains qu'on ne devait pas faire confiance aux promesses de l'industrie ou du gouvernement. Les graines de soja génétiquement modifiées et cultivées aux États-Unis allaient être le premier objet de la résistance à la vague de denrées biotechnologiques qui s'annonçait et la cible d'innombrables protestations.

N'eût été la peur inspirée par l'ESB, la réaction de l'Europe aux graines de soja apparemment inoffensives aurait pu surprendre. Les Européens ne sont pas des êtres rétrogrades et superstitieux qui craignent les nouvelles technologies. Certains des plus gros fabricants de produits pharmaceutiques et chimiques, tels Bayer, BASF et Hoechst, ont leur siège social en Europe. On a certainement recours aux techniques de la biotechnologie dans les laboratoires de ces sociétés. L'Europe a aussi connu la création de Dolly, le premier mammifère à être cloné à partir d'une cellule adulte.

Dans son étude intitulée *Benchmarking the Competitiveness of Biotechnology* (Évaluer la compétitivité de la biotechnologie), un groupe de l'Université de Sussex a dit fonder de grands espoirs sur la nouvelle science. Il a prédit que la biotechnologie deviendrait le moteur premier de la croissance en Europe, qu'elle allait y créer trois millions d'emplois. L'étude estimait le marché potentiel des produits reliés à la biotechnologie dans l'Union européenne à 280 milliards de dollars en 2005. En 1997, le Royaume-Uni, patrie de la vache folle, accueillait sur son territoire la plus grande industrie biotechnologique de l'Europe, réunissant environ 200 firmes. L'Allemagne, les Pays-Bas, la France et la Suède étaient les autres chefs de file de cette industrie. Toutefois, presque toute cette activité économique était orientée vers les domaines pharmaceutiques et médicaux. Les consommateurs européens avaient été clairs quant à ce qu'ils pensaient des aliments issus de l'épissage de gènes; l'investissement en agriculture traînait donc loin derrière les accomplissements d'une industrie agrobiotechnogique américaine bien établie et bien soutenue.

Les dirigeants politiques de l'Union européenne ont cherché à stimuler la création d'une industrie biotechnologique compétitive en subventionnant les travaux de 130 laboratoires sur l'ensemble du continent. Toutefois, ces efforts ont porté sur la production d'aliments fonctionnels, tels des tomates enrichies de bêta-carotène. Les chercheurs espéraient que leurs légumes « tonifiés » seraient accueillis par des Européens par ailleurs effrayés par le concept même d'aliments transgéniques.

Toutefois, l'Europe a toujours contré les pressions de l'industrie biotechnologique mondiale. En 1994, après que Monsanto ait introduit l'hormone de croissance bovine aux États-Unis, l'Union européenne s'est fait un point d'honneur de bannir le stimulateur de rendement laitier, statuant qu'il ne serait pas vendu sur son territoire avant l'an 2000. Malgré un lobbying incessant de l'industrie sur plus d'une décennie, l'Europe a continué de refuser que des brevets soient accordés pour des organismes vivants, et ce jusqu'à la fin de 1997, année où elle a finalement plié sous la pression.

Toutefois, les consommateurs à travers l'Europe n'étaient pas prêts à céder aux initiatives de l'industrie ou du gouvernement. Le revue *Nature* a rapporté qu'une enquête menée au printemps de 1997 avait montré que, même si les Européens craignaient l'impact que pourrait avoir la biotechnologie sur leur santé et l'environnement, leur premier souci était d'ordre éthique : Était-il moralement justifié de transformer les aliments naturels en quelque chose d'autre ? La revue laissait entendre que les équipes de relations publiques et les fonctionnaires perdaient peut-être leur temps à essayer de gagner l'adhésion des consommateurs par des preuves scientifiques de l'innocuité des nouveaux aliments.

L'enquête menée en 1996 par la London School of Economics et le Science Museum avaient aussi révélé, notamment chez les Britanniques, les préoccupations morales de la population envers le génie génétique et la modification des formes de vie. Environ 60 % des répondants ont dit croire que la reproduction traditionnelle des animaux de ferme devait être maintenue. Et, dans un jugement global sur l'industrie biotechnologique, la plupart des répondants ont dit penser que, de toute façon, le génie génétique n'était pas nécessaire.

La voix du peuple a retenti dans toute l'Europe. En Autriche, une proportion record de 1,2 millions d'individus représentant 20 % de l'électorat ont signé une pétition en faveur du bannissement des aliments créés en laboratoire et contre la libération délibérée dans la nature d'organismes génétiquement modifiés et le brevetage de formes de vie. Les aliments génétiquement modifiés ont aussi été rejetés par les répondants à une enquête populaire menée en Norvège et 95 % des consommateurs allemands les rejetaient aussi, selon le sondage d'un groupe activiste d'Allemagne.

Pour les Européens, l'insulte suprême a été que des aliments issus de l'épissage de gènes — par exemple, les graines de soja *Roundup Ready* — n'aient pas été étiquetés. Ces graines étaient cultivées sur des fermes américaines, cueillies et mêlées avec des graines de soja conventionnel dans les silos et les entrepôts des coopératives. L'industrie prétendait que toute tentative visant à stocker séparément les graines de soja génétiquement modifiées coûterait des millions de dollars, une dépense qui serait refilée aux consommateurs.

En Europe, la répugnance du consommateur à l'endroit du génie génétique avait eu un impact direct sur le secteur de l'épicerie. Au lieu de se ranger du côté des firmes biotechnologiques, les épiciers ont semblé plus enclins à écouter leur clientèle. En 1996, l'EuroCommerce, une association groupant des centaines de détaillants et de groupes commerciaux de 20 pays, a donné le ton en exhortant les gouvernements et les firmes d'y aller prudemment. Hans Kroner, le secrétaire général de l'association, a supplié Monsanto d'isoler ses graines de soja *Roundup Ready* : « Je dis aux exportateurs américains de satisfaire notre demande quant à ces produits; si vous êtes sages, vous n'expédierez pas ce soja en Europe; vous pourriez déclencher une réaction qui pourrait durer. »

L'opposition aux aliments transgéniques a créé un secteur commercial parallèle très actif. Il y avait du travail en perspective pour des firmes telles TNO Nutrition des Pays-Bas, qui prétendait pouvoir déceler des traces même infimes d'organismes génétiquement modifiés dans les aliments. Les fabricants de denrées préparées en usine, tels Unilever et Nestlé Deutschland, ont promis de ne jamais utiliser de soja génétiquement modifié. ASDA, une chaîne de supermarchés présente en Grande-Bretagne et en Islande a annoncé qu'elle allait bannir les aliments génétiquement modifiés non étiquetés même si l'Union européenne autorisait leur importation. Et, en novembre 1997, des détaillants du Royaume-Uni ont affirmé que si l'Union européenne n'imposait pas ses propres règles, ils prendraient l'initiative d'étiqueter tous les produits contenant du soja et du maïs génétiquement modifié.

La profonde crainte qu'inspiraient les aliments modifiés a continué de générer des nouvelles de fin de journée dans les médias. Environ 500 tonnes de Toblerone, le chocolat suisse le plus connu, ont été retirées des rayons des magasins parce qu'une vérification de routine a révélé qu'il contenait du soja génétiquement modifié. Au grand amusement des observateurs, aucun aliment génétiquement modifié n'a été servi à la Chambre des Communes britannique, une décision relevant du directeur de l'approvisionnement et non des députés. Plusieurs prisonniers des institutions pénitentiaires britanniques ont défendu leur droit à une alimentation exempte d'aliments transgéniques. Et une jeune femme a été arrêtée à Londres alors qu'elle appliquait sur plusieurs paquets d'aliments surgelés des étiquettes autocollantes avertissant la clientèle qu'ils pouvaient contenir des organismes génétiquement manipulés.

Pour satisfaire le goût pour les aliments naturels, des firmes européennes se sont tournées vers du soja et du maïs dont on pouvait garantir l'intégrité génétique. En collaboration avec Greenpeace, un courtier autrichien a garanti sur cinq ans la livraison d'un million de tonnes de soja naturel pour le marché européen. La production de soja de l'Amérique du Sud a augmenté de presque 12 % en 1997, en partie pour répondre à la demande européenne de soja naturel. Des producteurs de soja ontariens confrontés à des règles spéciales garantissant l'origine naturelle de leur produit ont été récompensés par une augmentation assurée des prix et des ventes. Kim Cooper, experte en marketing de la commission ontarienne de promotion du soja, déclarait au journal agricole *Farm and Country* : « Nous devions répéter aux fabricants alimentaires que notre région était petite, que nous n'arriverions jamais à fournir tout le soja dont ils avaient besoin. »

Comme les instances réglementaires nord-américaines irritaient déjà les sociétés biotechnologiques, on peut imaginer leur totale exaspération face à l'enchevêtrement européen de processus légaux et aux perpétuels changements du climat politique. Des efforts ont été tentés pour appliquer une loi cohérente à travers l'Europe, mais ils ont régulièrement été minés par des interventions politiques. En théorie, tous les aliments ou ingrédients alimentaires génétiquement manipulés doivent être évalués à partir de normes européennes uniformes. Toutefois, les procédures réglementaires de l'Union européenne sont si complexes et si soumises aux caprices de la politique qu'au début de 1998, seulement deux organismes génétiquement modifiés (OGM) pouvaient être légalement importés. Il s'agissait du soja *Roundup Ready* de Monsanto et du maïs tolérant à un herbicide spécifique et supplémenté de la *Bt* de Ciba-Geigy (maintenant Novartis). Toutefois, comme l'ont appris les deux firmes, l'approbation de la Commission européenne n'entraînait pas automatiquement l'acquiescement des gouvernements, des consommateurs ou des activistes environnementaux européens.

La directive 90/220 de la Commission européenne (CE) définit les conditions que doivent rencontrer les produits agricoles modifiés pour recevoir la sanction environnementale. Elle spécifie qu'un OGM est un organisme dont le matériel génétique a été modifié autrement que par multiplication ou par recombinaison naturelle. À l'instar des réglementations nord-américaines, on y fait référence au concept d'équivalence en substance (ES). Toutefois, les organismes de contrôle européens interprètent cette expression du point de vue du processus de production plutôt que de celui de l'apparence du produit. Sous cet angle, même si le soja *Roundup Ready* a l'air d'un soja naturel et réagit comme tel, il n'est pas considéré comme équivalent en substance.

En mai 1997, en complément à la directive 90/220, la CE a approuvé une série de règles concernant les « aliments nouveaux ». Ces règles visaient à préciser quand et comment les OGM pouvaient être considérés comme sécuritaires pour la santé humaine. Les sociétés biotechnologiques se sont réjouies de ce qui leur a paru un pas vers la cohérence. Le lendemain de l'annonce de ces règles, AgrEvo a rempli les papiers officiels concernant son colza résistant aux herbicides. Toutefois, selon Margaret Gadsby, directrice du service de réglementation de la compagnie pour l'Amérique du Nord, ces règles n'étaient accompagnées d'aucune procédure de demande. Au début de 1998, c'est-à-dire après deux récoltes en Amérique du Nord, la demande était encore empêtrée quelque part dans le processus réglementaire. (Les obstacles réglementaires ont été levés plus tard dans la même année.)

Si une firme veut cultiver ou vendre un produit agricole génétiquement modifié en Europe, elle doit d'abord s'assurer l'appui d'un pays particulier. Ce pays transfère ensuite la demande à la Commission européenne. Cette dernière prend la décision, avec la contribution du Conseil des Ministres, du Parlement européen et des 15 pays membres. Enfin, c'est de cette façon que les choses sont censées se dérouler. Mais, en Europe, les règlements, les procédures, les lois et les attitudes semblent changer d'une semaine à l'autre.

Ce qu'a vécu la firme Ciba-Geigy concernant son maïs résistant au glufosinate d'ammonium et supplémenté de *Bt* est représentatif de ce qui se passe dans cet environnement politique changeant. La France a d'abord appuyé sa demande et cette dernière a ensuite reçu l'approbation de la CE en mars 1995. Mais, quand la demande a été transférée aux pays membres pour ratification, le Danemark, la Suède, la Grande-Bretagne et l'Autriche ont refusé de donner leur aval et plusieurs pays se sont abstenus. Puis le Parlement européen est entré dans la danse. Par une majorité écrasante de 402 voix contre 2, il a blâmé la commission d'avoir autorisé le maïs transgénique, exigeant que toute importation soit suspendue pendant le réexamen de la demande.

Même si la France avait originellement appuyé la demande, elle a ensuite interdit à tous les fermiers français de cultiver le maïs transgénique. Ce fut un dur coup pour les sociétés biotechnologiques, car ce pays est le plus gros producteur de maïs de l'Europe, avec une récolte record de 16 millions de tonnes en 1997. Mais la nouvelle du bannissement a été bien accueillie par l'organisation des producteurs français de maïs, qui a déclaré qu'« une crise de l'ampleur de celle de la vache folle était à craindre. » Toutefois, le bannissement a amené Axel Kahn, le directeur de la Commission du génie biomoléculaire de France, un organisme indépendant qui avait analysé et louangé le maïs, à démissionner en déclarant, indigné, que la recherche scientifique montrait clairement que le maïs manipulé était absolument sans danger. À la fin de 1997, on assistait à une autre volte-face. Cette fois, le gouvernement français pressait les fermiers de semer des graines génétiquement modifiées pour que la France conserve sa position compétitive sur le marché mondial. À travers tous ces hauts et ces bas, en principe, Ciba-Geigy avait obtenu une approbation légale complète. Elle pouvait importer son maïs.

Même si la loi accordait à la Commission européenne l'autorité requise en matière d'OGM, certains pays tels l'Italie, l'Autriche et le Luxembourg se sont moqués des règles imposées par l'Union européenne. Ils ont invoqué l'article 16 de la directive, cette dernière leur permettant de bannir entièrement les OGM pour une période de trois mois en argumentant qu'ils pouvaient « constituer un danger pour la santé humaine ou pour l'environnement » et que « les conséquences de leur libération dans l'environnement pouvaient être irréversibles ». En 1998, la Commission européenne cherchait encore un moyen pour forcer les pays rebelles à rentrer dans le rang.

Les produits approuvés ne passant déjà pas la rampe facilement, on tolérait encore moins que des OGM qui ne l'avaient pas encore été ne se retrouvent dans le réseau alimentaire. Par exemple, le ministère de l'Environnement des Pays-Bas avait permis à Monsanto d'effectuer des essais au champ de sa betterave sucrière *Roundup Ready*. Mais la firme n'avait pas l'autorisation de l'Union européenne de vendre son produit. En novembre 1997, elle a expédié par erreur environ deux tonnes de betteraves provenant d'une ferme expérimentale à une usine de raffinage, le sucre qu'on en a extrait ayant été ainsi mêlé à du sucre ordinaire. Monsanto a pris la responsabilité de l'erreur et en a averti le groupe alimentaire hollandais CSM avant que le sucre ne soit mis en marché. La firme a dû retirer et sceller 10 000 tonnes de sucre. Une enquête a été ouverte.

À la fin des années 1990, l'Union européenne s'est efforcée de trouver un équilibre satisfaisant entre les attitudes des consommateurs, les pressions de l'industrie et les pays membres qui refusaient de suivre les règles. Pendant un certain temps, la commission a pensé exiger des firmes d'importation qu'elles séparent les récoltes génétiquement modifiées des récoltes conventionnelles. Le projet a fait blêmir les sociétés biotechnologiques. Pour une récolte, l'industrie canadienne du canola avait séparé les versions biotechnologiques des variétés conventionnelles. Les coûts entraînés par le maintien des ententes avec les fermiers et la mise sur pied de services séparés de manutention et de distribution se sont élevés à quatre millions de dollars. L'industrie n'allait pas répéter l'expérience, jugée tout simplement trop coûteuse. L'industrie biotechnologique a renchéri en affirmant qu'il était trop onéreux et inutile d'appliquer ce système de ségrégation à toutes les récoltes. Comme le disait Margaret Gadsby d'AgrEvo, « tout le système de production alimentaire allait être progressivement paralysé ». À l'été de 1997, le lobby a persévéré et l'Union européenne a consenti à mettre en veilleuse son projet de ségrégation des récoltes.

À la place, a argumenté la Commission, la meilleure façon d'apaiser les consommateurs était d'étiqueter tous les grains et tous les produits alimentaires qui pourraient contenir des organismes génétiquement modifiés. Dans l'enquête de la London School of Economics et du Science Museum, environ 74 % des répondants avaient dit vouloir que les aliments modifiés soient étiquetés. En 1997, la Commission européenne a changé d'idée deux fois pour finalement retenir l'édiction de lignes de conduite forçant l'étiquetage de tous les « aliments nouveaux ». Toutefois, au delà du problème de relations publiques que la chose posait, l'application concrète s'est avérée bien plus difficile que la commission ne l'avait prévu. À quelle condition les aliments devaient-ils être étiquetés comme contenant des OGM ? Quand leur contenu avait été totalement modifié ? Ou modifié à 50 % ? Ou à 20 % ? Comment ces niveaux allaient-ils être déterminés ? Qui ferait l'évaluation ?

La réglementation européenne d'étiquetage a été mise en vigueur le 1er septembre 1998. Les fabricants de produits alimentaires devaient étiqueter tout produit contenant un quelconque aliment génétiquement modifié. On pensait que cette mesure allait grandement contribuer à augmenter la confiance du consommateur. Mais elle contenait une faille qui est devenue la cible des organisations activistes. Les firmes devaient indiquer si elles avaient utilisé du soja ou du maïs génétiquement modifié dans la fabrication de leurs produits alimentaires, mais la réglementation exemptait les aliments qui contenaient des dérivés de l'huile de soja ou de maïs, tels la lécithine utilisée comme épaississant, qui comptait pour 90 % des produits faits de soja.

Les règlements d'étiquetage de l'Union européenne sont entrées en vigueur le 1er septembre 1998. Selon ces derniers, les fabricants devaient étiqueter tous les produits contenant un aliment ou un ingrédient génétiquement modifié. On a cru que cette directive allait rebâtir la confiance des consommateurs envers ces produits, mais elle comportait une faille que les organisations activistes ont ciblée. Les compagnies devaient indiquer si du soja ou du maïs génétiquement modifié avait été utilisé dans la fabrication de leurs produits, mais la directive exemptait les dérivés d'huile de soja ou de maïs génétiquement modifiés, telle la lécithine utilisée comme épaississant. Ces dérivés composent 90 % des produits de soja.

L'Union européenne affirmait que 1 400 produits seraient étiquetés, mais des milliers allaient échapper à cette obligation. Adrian Bebb, un militant des « Amis de la Terre », déclarait au *The Guardian* que « les clients sont bernés par les gouvernants qui leur font croire que l'étiquetage leur permettra d'éviter les aliments transgéniques. Ce n'est pas le cas. » Selon l'édition du 1er septembre de ce journal, ces règles constituaient un méli-mélo. « Le consommateur ne devrait pas se sentir rassuré par le nouveau système d'étiquetage des produits génétiquement modifiés. Il s'agit d'une mesure ni chair ni poisson conçue par les gouvernements européens pour accommoder les puissants magnats de l'alimentation et les propriétaires terriens, mais qui prend acte des inquiétudes de la population [...] Comme toujours dans l'univers politique, il semble que les intérêts du monde des affaires aient triomphé et que le consommateur ait été floué ».

Les graines de soja apparemment inoffensives récoltées mécaniquement dans les champs du Midwest constituent une des plus grandes exportations agricoles des États-Unis vers l'Europe. Mais, ce qui est encore plus important, c'est qu'elles détermineront l'avenir du commerce de produits agricoles entre les États-Unis et l'Europe.

Les graines de soja *Roundup Ready* de Monsanto étaient mêlées à des graines naturelles et, à l'oeil nu, il était impossible de savoir si les graines contenues dans un cargo avaient été génétiquement modifiées ou non. Faisant fi des protestations de l'Union européenne, Monsanto s'est entêtée à défendre son droit de mêler ses graines transgéniques aux graines naturelles. Et elle a maintenu sa campagne de promotion d'un million de dollars visant à dire aux Européens qu'ils étaient bien égoïstes de nier à la population l'accès à la nouvelle technologie.

L'industrie était de plus en plus frustrée par les demandes des autorités européennes. Margaret Gadsby d'AgrEvo a averti l'Europe que si elle continuait de refuser son soutien aux multinationales, ces dernières devraient se tourner vers des pays plus accueillants. « Si l'Europe refuse de donner le feu vert, au diable l'Europe ! », a-t-elle déclaré.

Aux États-Unis, Monsanto, AgrEvo et Novartis sont de rudes compétiteurs qui, dans la lutte acharnée qu'ils se livrent pour dominer le marché américain, invoquent la loi sur les brevets et recourent à des procédures judiciaires. En Europe, ces rivaux sont prêts à travailler côte à côte pour atteindre un but commun, à savoir un libre accès au marché européen. Les firmes biotechnologiques ont expédié une lettre commune au président des États-Unis Bill Clinton avant le sommet du G7 à Denver en 1997. Elles lui demandaient d'user de son influence auprès des dirigeants des autres puissances.

Le gouvernement américain a donné suite à leur demande par des démonstrations de confiance dans cette industrie. Par exemple, à l'automne de 1997, le ministre de l'Agriculture Dan Glickman s'est présenté à un congrès du International Grains Council réunissant 44 pays à Londres et, profitant de cette tribune, il a lancé une attaque en règle contre les pays qui osaient restreindre la vente d'aliments génétiquement modifiés. « Aussi longtemps que ces produits s'avéreront sécuritaires, nous ne tolérerons pas qu'ils soient exclus », a-t-il affirmé. « La vérité, c'est la vérité. La science, c'est la science. »

La querelle s'est envenimée alors que des revendications et des contre-revendications étaient lancées de part et d'autre de l'Atlantique. Les États-Unis voyaient les tentatives des Européens d'étiqueter les aliments génétiquement modifiés comme des barrières douanières destinées à bloquer le commerce. En voyage en Amérique du Sud, Glickman a déclaré : « Nous nous opposons énergiquement à un étiquetage obligatoire ou à une ségrégation des produits génétiquement modifiés. Ces mesures rendraient pratiquement impossible de vendre quelque denrée que ce soit, par exemple, le blé ou le maïs, ou encore les graines de soja. » Si la dispute n'était pas réglée à leur satisfaction, les États-Unis demanderaient à l'Organisation mondiale du commerce de trancher. Après tout, 4,5 milliards de dollars d'exportations étaient en jeu.

Pour sa part, l'Europe est demeurée sur ses positions face à ce qu'elle décrivait comme l'impérialisme américain. Dans le passé, l'Europe avait accusé les États-Unis d'essayer de contrôler le commerce au delà de leurs frontières, entre autres en prenant des sanctions contre les pays qui faisaient du commerce avec l'Iran, la Lybie ou Cuba. Cette fois, le British Retail Consortium et huit autres associations de commerce ont livré bataille. Au printemps de 1997, ils ont signé une lettre ouverte à l'industrie céréalière américaine l'avertissant que plusieurs membre de l'Union européenne allaient exiger une totale différenciation des récoltes génétiquement modifiées si les États-Unis ne le faisaient pas de plein gré.

En 1998, il était évident qu'on n'allait pas sortir de l'impasse facilement. En dépit de fortes pressions de l'establishment biotechnologique, les consommateurs européens et leurs gouvernements restaient sur leur position.

Cette confrontation a aussi eu un impact sur le Canada. En 1996, la première année de récolte biotechnologique, le gouvernement canadien a cru qu'il ne lui prendrait que quelques mois pour convaincre les organismes de contrôle européens d'accepter l'introduction du canola génétiquement modifié en Europe. Cette année-là, le Canada avait séparé le canola modifié du canola naturel, et ce principalement pour apaiser le Japon, le plus gros acheteur de canola canadien. Un marché de deux millions de tonnes par année était en jeu. Au début de la saison de culture, le Japon n'avait approuvé ni les graines, ni la farine, ni l'huile de canola. Quand il l'a fait plus tard dans l'année, le Canada a cru que l'Europe allait suivre son exemple.

En 1997, s'appuyant sur cette conviction, les autorités canadiennes ont cessé d'appliquer le coûteux système de ségrégation des deux produits. Comme les approbations complètes n'avaient pas été obtenues pour toutes les variétés de canola, aucun canola n'avait été vendu à l'Union européenne à la fin de 1998. En 1995, le Canada avait vendu 425 millions de dollars de canola à l'Europe; quand il a produit du canola génétiquement modifié tout en le séparant du canola naturel, ses ventes totales ont chuté à 180 millions de dollars; en 1997, l'année où le canola naturel et le canola transgénique ont été mêlés, les ventes sont tombées à zéro. Bref, en refusant d'isoler leur canola transgénique des autres variétés, les producteurs canadiens ont perdu le marché européen.

Tirant leçon de l'expérience du canola, le Flax Council of Canada a affirmé qu'il continuerait de séparer le lin conventionnel de toute future variété qui pourrait être génétiquement modifiée. Environ 80 % du million de tonnes de lin produit au Canada est écoulé sur des marchés extérieurs, principalement en Europe.

Le gouvernement du Canada qui, en biotechnologie, avait suivi les traces des Américains, n'était pas disposé à prendre parti dans la guerre commerciale opposant les États-Unis et l'Europe. Charles Craddock, un expert en commerce du ministère de l'Agriculture, a déclaré au *Western Producer* que le Canada ne se rangerait pas du côté des États-Unis dans leur opposition à l'étiquetage de tous les OGM, incluant le maïs et les graines de soja transgéniques. « De notre point de vue, a-t-il affirmé, c'est une affaire d'étiquetage. Nous décidons des étiquettes en vigueur ici et ils ont le droit de faire la même chose. »

Même EuropaBio, le lobby des sociétés biotechnologiques qui avait attiré l'attention de Greenpeace à l'été de 1997, a compris qu'il valait mieux adoucir son message au marché européen. Les premiers communiqués et les premières représentations aux médias qui ont suivi étaient remplis de références à des considérations morales concernant le génie génétique. Tenant un discours rarement entendu en Amérique du Nord de la part des sociétés biotechnologiques, EuropaBio parlait d'établir un dialogue sur les questions éthiques soulevées par les biotechnologies modernes. Bien conseillée par le groupe Burson Marsteller, la plus grosse entreprise de relations publiques au monde, celle-là même qui avait géré les retombées de plusieurs grands désastres humains, telle l'explosion de produits chimiques toxiques aux installations de la firme Union Carbide de Bhopal, en Inde, EuropaBio a mis de l'avant des positions politiques « juste milieu » sur le clonage humain, le bien-être des animaux, la protection de l'information médicale, l'information du consommateur concernant les produits alimentaires et la conservation de la diversité génétique.

En ce début de XXIe siècle, l'ombre menaçante d'une véritable guerre commerciale alimentaire plane sur les relations entre l'Europe et l'Amérique du Nord . La façon dont seront levées certaines embûches politiques déterminera l'avenir du commerce international des aliments transgéniques. Une chose semble très claire : quel que soit le caractère modéré de la position des sociétés biotechnologiques nord-américaines, les attitudes des consommateurs européens ne semblent pas vouloir changer. Symboliquement parlant, le gouffre entre les visions européenne et nord-américaine est aussi profond que l'Atlantique est large.

La maladie de la vache folle a soulevé envers les organismes de contrôle et surveillance gouvernementaux une méfiance telle qu'elle n'est pas prête de s'estomper. Le discours qu'ont entendu les consommateurs britanniques de la part de scientifiques et de représentants gouvernementaux qui ont essayé d'étouffer leurs peurs de l'épidémie de la vache folle semble identique à celui qu'on tient aujourd'hui sur les aliments transgéniques.

Dans l'intervalle, les consommateurs nord-américains font montre de ce qui semble être une inébranlable confiance dans leurs systèmes de réglementation. Même alors que le marché anglais du boeuf se désintégrait et que le gouvernement du Royaume-Uni se proposait d'exterminer des millions de têtes du cheptel britannique, une enquête montrait qu'une majorité des Américains croyaient que leur gouvernement prenait les mesures appropriées pour prévenir un tel désastre chez eux.

Jusqu'en 1997, l'administration américaine s'est contentée de surveiller la situation en Grande-Bretagne. Même si cette position officielle semblait rassurer les consommateurs, la Food and Drug Administration (FDA) et le ministère de la Santé et du Bien-être du Canada demeuraient sur leurs gardes. En juin de la même année, les deux pays ont fait volte-face. Pour empêcher toute possibilité de migration de la maladie de la vache folle en Amérique du Nord, ils ont banni l'alimentation des ruminants à partir de produits faits de mouton ou de boeuf transformé. Même s'il n'y avait eu aucun cas documenté de maladie de la vache folle ou d'une nouvelle forme de la maladie de Creutzfeld-Jakob sur ce continent, la FDA déclarait : « L'information (disponible) soulève une inquiétude quant à la possibilité que l'encéphalopathie spongiforme bovine apparaisse chez le bétail américain; si, effectivement, l'ESB fait son apparition dans ce pays, l'agent responsable pourrait être transmis et amplifié par le fait qu'on nourrisse le bétail de produits faits de protéines de boeuf transformées, ce qui pourrait entraîner une épidémie. » Comme les périodes d'incubation des maladies spongiformes peuvent s'étendre sur des décennies, les consommateurs devront attendre avant de savoir s'ils ont vraiment été épargnés.

Les activistes de l'alimentation 13

Wayne Gretzky et les Rangers de New York sont au Saddledome de Calgary. Dans cette ville où le hockey est une tradition, il s'agit un événement important. Mais, en cette soirée de novembre 1997, une première apparition de l'hiver accompagnée de températures sous zéro et de bourrasques de vent a convaincu plusieurs fanatiques de ce sport de demeurer bien au chaud dans leurs foyers.

Malgré tout, quelque 150 personnes ont ignoré le temps inclément et les autres attractions offertes ce même soir pour s'assembler à l'auditorium de l'Université de Calgary, là où se donnent habituellement des représentations théâtrales. Ils sont venus pour rencontrer John Fagan, un biologiste moléculaire américain venu leur parler des dangers du génie génétique appliqué à l'alimentation. C'est un conférencier articulé et convaincant qui sait émailler son discours de métaphores. Le génie génétique est si imprécis, affirme-t-il, que cela revient à balancer une statue par la fenêtre d'une galerie d'art en espérant qu'elle atterrira exactement dans la position voulue sur le bon piédestal.

Mais Fagan prend aussi la peine de souligner que sa critique du génie génétique repose sur la logique et la science plutôt que sur l'émotion et la peur. D'allure jeune, il a presque l'air d'un gamin; il est vêtu d'un complet d'homme d'affaires qu'il semble porter pour asseoir sa crédibilité de scientifique universitaire. « Je ne viens pas à vous comme un luddite[1], pour empêcher le progrès. Je viens à vous comme scientifique », dit-il, les yeux tout pétillants. « Le problème, ce n'est pas la science. Continuons d'avancer en nous appuyant sur la science, non sur les affaires et la politique. »

Son apparence conventionnelle masque des antécédents controversés. Fagan a surpris la communauté scientifique internationale en retournant une subvention de 613 882 $ des U.S. National Institutes of Health (NIH), sa recherche biotechnologique sur le cancer ayant pu conduire à de dangereuses applications du génie génétique. Gradué de l'Université Cornell, Fagan utilisait le génie génétique en recherche médicale depuis plus de 20 ans. Durant une bonne partie de cette période, il a dirigé une équipe de recherche dans un des NIH. Mais il a développé la conviction qu'en génie génétique, des accidents pouvaient survenir et que leurs conséquences pouvaient être transmises d'une génération à l'autre. « J'ai voulu attirer l'attention de la population », affirme-t-il pour expliquer son geste. « Je ne dis pas que nous devrions cesser de faire de la recherche en génétique, mais que nous y mettons trop d'argent. »

Fagan est passé de l'épissage de gènes à une activité plus utile, à savoir la recherche en médecine traditionnelle, plus spécifiquement en médecine ayurvédique d'origine indienne. Dans son livre intitulé *Genetic Engineering: The Hazards; Vedic Engineering: The Solutions*, il a écrit : « On a mis une grande emphase sur les techniques de thérapie génique et ces techniques vont nous mener à la même place que l'énergie nucléaire — nous nous sommes détruits parce que nous n'avons pas pensé aux effets secondaires. » Il a fait appel à des collègues chercheurs, leur demandant d'endosser un moratoire de 50 ans sur les plus dangereuses applications du génie génétique et d'exiger une vérification complète de tous les aliments génétiquement manipulés.

Comme plusieurs des autres scientifiques qui ont osé s'élever contre la biotechnologie, Fagan s'est vu ridiculisé par ses pairs et par l'establishment de la biotechnologie. Ce soir, Maurice Moloney est présent pour lui donner la réplique. Moloney a déjà travaillé chez Calgene à titre de scientifique et il est présentement professeur à l'Université de Calgary; on lui doit la découverte d'une façon d'introduire dans le colza des gènes protéiques d'une grande valeur pharmaceutique (canola). Pour commercialiser cette technologie, il a créé une firme, SemBioSys; peu de temps après, la compagnie a reçu l'ultime reconnaissance, à savoir une importante mise de fonds de Dow Elanco. Moloney écoute le discours de Fagan avec une irritation à peine contenue. Quand le conférencier invite les gens à poser des questions, Moloney bondit, brandit un microphone et commence à arpenter le bord de la scène. Ses longs cheveux flottent au vent, son doigt accuse, il bafouille d'indignation.

Moloney attaque Fagan sur le plan scientifique. Une simple manipulation des gènes d'un plant de canola n'est pas transmise à l'huile tirée de ses graines. Dans sa réponse, Fagan affiche l'attitude empreinte de calme et de raison habituellement adoptée par ceux qui s'opposent à ses dires. Il concède que tous les aliments transgéniques ne sont pas dangereux, mais affirme qu'une évaluation plus complète doit être menée. L'épreuve de force entre les deux universitaires dégénère en un jargon scientifique que peu de gens de l'audience peuvent comprendre; les étudiants de Moloney étaient venus voir un spectacle mais, de toute évidence, ce spectacle n'aurait pas lieu. Fagan continue pendant que Moloney et ses supporteurs se retirent discrètement.

Fagan comptait sur cette empoigne. Il sait que sa crédibilité sera remise en question. Il a soulevé le scepticisme en s'associant au Parti de la Loi naturelle, un mouvement politique mineur qui prône tout autant l'engagement scientifique que des quêtes moins conventionnelles telles la méditation transcendantale et le yoga volant. Pour se faire le champion de la lutte contre la biotechnologie, Fagan a besoin du soutien financier et politique d'une organisation, affirme-t-il. « Un scientifique enfermé dans son bureau avec son téléphone ne peut rien faire. » Comme individu, dit-il, il ne pourra jamais se payer une tournée de conférences comme celle qui l'a amené à Calgary. « C'est un moyen de communication important », dit-il en parlant du parti. Toutefois, Fagan partage les vues non conventionnelles du Parti de la Loi naturelle. Il y a 12 ans, il a quitté les NIH pour occuper un poste de professeur à l'Université d'administration privée de Fairfield, en Iowa. Dans cette institution, les journées commencent et se terminent par des séances de méditation transcendantale. Fagan maintient toutefois : « Je suis un scientifique comme tous les autres scientifiques. »

Durant la Révolution industrielle, au début des années 1800, machinistes, forgerons et meuniers se sont élevés contre une nouvelle technologie qui déplaçait les gens des fermes familiales dans des villes manufacturières. On les appelait les luddites. De nos jours, le terme refait surface, délibérément utilisé par les sociétés biotechnologiques pour dénigrer l'opposition. Dans cette ère d'innovation kaléido-scopique, un « luddite », c'est quelqu'un qui ose remettre en question la marche du progrès technologique.

Dans l'Amérique du Nord de maintenant, les universitaires qui parlent contre la biotechnologie sont très rares, et ce principalement parce que leur crédibilité est constamment attaquée. S'ils s'adressaient à des Européens, ils seraient considérés comme des héros; mais, sur ce continent, ils sont habituellement écartés et considérés comme des êtres farfelus, des gauchistes, voire des imbéciles. L'establishment biotechnologique soutient que les individus et les organisations qui s'opposent à la biotechnologie sont des luddites obstructionnistes, c'est-à-dire des gens scientifiquement mal informés et émotivement dérangés. Les faits, non les émotions, disent les défenseurs de la génétique, constituent la seule façon d'évaluer la nouvelle technologie scientifique.

Certains chercheurs ont dit à Fagan qu'ils admiraient ce qu'il faisait, mais qu'ils craignaient de devenir la cible de firmes biotechnologiques ou de leur département. Ils sont convaincus que la censure peut revêtir des formes subtiles tel un rendez-vous raté ou la perte d'une occasion de recherche, mais aussi des formes plus directes tel le renvoi de l'université ou d'institutions publiques. « Ils me disent : je te respecte, mais j'ai une hypothèque à payer et les enfants doivent aller au collège », affirme Fagan.

Jane Rissler, de la Union for Concerned Scientists, un groupe d'action américain « sceptique quant aux avantages de la biotechno-logie qu'on met de l'avant », affirme aussi qu'un « coup de froid biotechnologique » s'est abattu sur plusieurs chercheurs de l'Amérique du Nord, là où la science a si bien pris racine. Toutefois, Rissler s'est habituée à ce qu'on la traite de luddite; elle ne se laisse pas emporter par les critiques dirigées contre elle. « Ça fait partie de ce qu'on doit endurer. Ça vient avec tout le reste. » Elle affirme qu'on a toujours dit des scientifiques qui osent parler qu'ils fondent leurs points de vue sur l'émotion. Par exemple, Rachel Carson, l'auteur de *Silent Spring*, le livre qu'on dit être à la source du mouvement écologique, a refusé d'admettre publiquement qu'elle avait un cancer du sein; elle craignait que ses découvertes soient écartées comme élucubrations d'une personne malade.

Les sociétés biotechnologiques laissent entendre que les gens sans études doctorales en science n'ont pas le bagage requis pour parler de biotechnologie. Ann Clark détient un doctorat, mais quand elle a affirmé qu'en tant que mère, elle était préoccupée des conséquences du génie génétique, elle a dit avoir vu le scepticisme apparaître dans les yeux de son auditoire.

Peu de scientifiques sont prêts à critiquer l'éthique actuelle, ce qui laisse tout le boulot aux groupes environnementaux, aux étudiants et aux activistes de l'alimentation. Ces organisations ont tendance à recourir à la passion et à la rhétorique pour faire valoir leurs points de vue et l'establishment biotechnologique a vite fait de les écarter comme des marchands de peur mal informés. L'opposition à la machine bien huilée de la biotechnologie est donc largement le lot d'un ensemble hétéroclite d'individus et souvent de groupes désorganisés et sous-financés. Le parti de la Loi naturelle de Fagan a mis la ferveur et l'argent de ses membres dans sa campagne pour le bannissement des aliments génétiquement modifiés, mais ses visées politiques plus générales minent malheureusement sa crédibilité.

Aux États-Unis, l'opposant à la biotechnologie le plus en évidence est Jeremy Rifkin, que la revue *Time* a qualifié d'« homme le plus haï du monde scientifique ». Rifkin a été durant 20 ans le critique qui s'est fait le plus entendre en Amérique sur différentes questions économiques, des dangers de la navette spatiale et de la consommation du boeuf à la fonction du travail à la fin des années 2000. Il a rédigé 13 livres, mais sa préférence va au style des activistes des années 1960, style autoritaire et implacable qui confond plusieurs dirigeants d'entreprise et plusieurs scientifiques. La stratégie de Rifkin est constituée de poursuites judiciaires, de boycottage et de démonstrations du type guérilla. Henry I. Miller, ancien directeur du Bureau de la biotechnologie de la FDA et maintenant à la Hoover Institution de l'Université de Stanford, a dit à Gary Stix de la revue *Scientific American*, « qu'on ne peut dire assez de mal d'un homme comme ça ». La Pure Food Campaign de Rifkin, rebaptisée en 1998 Campaign for Food Safety, est le plus vigoureux lobby d'opposition aux États-Unis. Les procès qu'il intente et le boycottage qu'il organise n'ont pas empêché l'arrivée d'un seul aliment transgénique. Toutefois, il a poussé le gouvernement fédéral à être plus attentif aux risques environnementaux.

Diverses autres organisations font connaître leur opposition à la biotechnologie quand la nouvelle science interfère avec leurs intérêts. Par exemple, les Family Farm Defenders des États-Unis parlent contre le génie génétique appliqué à la culture et l'élevage parce que la biotechnologie mine la ferme familiale. L'Environmental Defense Fund est préoccupé par l'impact sur l'environnement. Quant aux American Humane Societies, elles s'attaquent à la biotechnologie sous l'angle de ses effets sur les animaux.

Il arrive que les forces d'opposition convergent dans des groupes de travail sur la biotechnologie, mais on est loin du pouvoir financier et organisationnel de la Biotechnology Industry Organization (BIO), organisme qui sert de paravent aux sociétés biotechnologiques américaines.

Les nombreux groupes engagés dans la lutte contre la biotechnologie pourraient représenter une formidable force s'ils ne permettaient pas que des querelles et des rivalités insignifiantes les éloignent de leurs intérêts. Un environnementaliste s'est montré aussi méprisant pour John Fagan que les sociétés biotechnologiques : « Aussitôt qu'il se met à parler de méditation transcendantale, sa crédibilité fond comme neige au soleil. » Ce que la Pure Food Campaign a appelé les Global Days of Action du printemps de 1997 n'a rallié le soutien de Greenpeace, groupe international de pression pour l'environnement, que lorsque l'opération fut pratiquement terminée. Et quand la Pure Food Campaign a tenté de s'installer au Canada, des activistes canadiens ont refusé de travailler avec des activistes américains, à cause de leur style tape-à-l'oeil.

L'engagement dans la campagne est souvent changeant et morcelé, largement tributaire de l'action individuelle. Le lobby environnementaliste Pollution Probe a embauché un chercheur au Canada pour savoir quels essais de cultures expérimentales étaient effectués et où ils l'étaient. Mais les fonds se sont taris après un an, le chercheur a déménagé et le travail a été abandonné. Le lobbying contre l'introduction de l'hormone de croissance bovine au Canada a reposé en grande partie sur les épaules d'un individu membre du Council of Canadians, une organisation qui a d'abord été mise sur pied pour combattre le libre-échange avec les États-Unis. Après avoir consacré près de deux ans de sa vie à cette cause, il était évidemment épuisé et il s'est tourné vers des défis moins exigeants. La campagne s'est pratiquement désintégrée.

Un autre coup dur a été porté à l'activisme alimentaire quand Greenpeace, la première voix à s'élever contre le génie génétique en Europe, a subi aux États-Unis son plus important recul. À la fin de 1997, le groupe de pression international annonçait qu'il démantelait ses 10 succursales américaines, congédiant 335 de ses 400 employés. Une diminution du nombre des membres et une dette de 2,6 millions de dollars à mi-année l'ont forcé à cette décision.

Pour ce qui est de la Pure Food Campaign, elle a connu son apogée en 1994, quand l'hormone de croissance bovine et la tomate *Flavr Savr* sont apparues à l'horizon. Grâce à de généreuses contributions de la Foundation on Economic Trends, le travail du groupe de pression avait pu s'appuyer sur un personnel de 14 employés travaillant à son bureau de Washington. Cette année-là, le groupe a investi environ un million de dollars dans sa campagne contre l'HCB. Il a rénové le Co-op Hall de la petite municipalité de Finland, dans le nord du Minnesota, souhaitant modifier le bâtiment pour en faire un lieu de retraite où se donneraient des conférences de formation en activisme alimentaire durant les week-ends. Toutefois, à l'été de 1997, la campagne s'est écroulée. Le soutien financier était tombé de presque 75 %, les fondations charitables s'étant tournées vers d'autres causes. Le personnel de Washington a été réduit à cinq employés. La campagne ne pouvait plus se permettre des envois postaux à ses 50 000 membres.

De ce côté de la barricade, le problème des activistes alimentaires, aussi sincères et engagés soient-ils, est qu'ils ne constituent qu'un petit groupe qu'il est facile d'écarter en le taxant d'extrémisme. Leurs protestations et leurs arguments n'ont pas convaincu les gens dont ils ont besoin pour dresser une solide muraille contre les forces aveugles de la biotechnologie, une muraille constituée d'une armée de consommateurs ordinaires ayant de l'argent à dépenser.

Le contraste entre la réaction du consommateur nord-américain et européen envers l'activisme est vraiment remarquable. Les sociétés biotechnologiques aiment dire que les activistes effraient les consommateurs avec leur discours mal documenté et égoïste sur les aliments « Frankenstein ». En Europe, les consommateurs ont choisi de donner raison aux activistes. Un groupe de répondants de l'Union européenne a classé les organisations de consommateurs indépendantes, suivies des groupes de protection de l'environnement, comme étant les sources les plus crédibles d'information sur le génie génétique.

En Europe, Greenpeace, avec son type d'activisme zélé et sans détour, a battu la charge contre les graines de soja génétiquement modifiées et d'autres aliments transgéniques. Les organisateurs de Greenpeace ont tenté d'empêcher le cargo *Ideal Progress* de charger des graines de soja à la Nouvelle-Orléans en s'enchaînant à bord du navire. À Barcelone, ils se sont activés autour du port dans des canots pneumatiques pour empêcher un autre chargement de graines de soja. Des protestataires d'Allemagne sont arrivés en Iowa pour se faire photographier devant un champ de soja génétiquement modifié et, dans un anglais à l'accent très marqué, ont décrié le fait que la biotechnologie allait « ruiner la ferme familiale ». À Londres, vêtus de combinaisons blanches à capuchon et arborant un « X » tracé sur leurs figures peintes en blanc, les activistes de Greenpeace ont tenu une vigile sinistre et solennelle en face des quartiers généraux de la firme Unilever; le thème musical de *The X Files* (Aux frontières du réel) accompagnait la manifestation. Des manifestants ont paradé dans les rues européennes avec des Frankensteins gonflables. En Angleterre, des protestataires ont frissonné nus sur les toits. Et, en 1996, au Sommet mondial de l'alimentation de Rome, des protestataires ont criblé le ministre de l'Agriculture des États-Unis Dan Glickman de graines de soja génétiquement modifiées; ils se sont ensuite déshabillés, révélant des corps décorés de slogans tels NO GENE BEAN (pas de graines à gène ajouté) ou THE NAKED TRUTH (la vérité toute nue).

La destruction de champs d'essais de plantes génétiquement modifiées est devenue chose courante en Europe. Par exemple, quand, en 1997, Monsanto a semé près d'un demi-hectare de betteraves sucrières *Roundup Ready* près de Carlow, en Irlande, le Gaelic Earth Liberation Front (le front gaélique de libération de la terre) est apparu aux petites heures du matin pour détruire la plantation. Des actions de « libération » semblables sont survenues presque chaque fois que des consommateurs ont su que des chercheurs mettaient à l'essai des végétaux génétiquement modifiés. Ces protestations font vraiment partie des moeurs. À preuve, en 1998, une initiative communautaire appelée Genetix Snowball s'est répandue dans la campagne anglaise. Son action s'est inspirée du mouvement pacifiste Snowballs (balles de neige) des années 1980 qui avait conduit à l'arrestation de 2 000 personnes. Chacun des participants « snowball » invite deux autres personnes à joindre les rangs pour la prochaine action, augmentant ainsi la participation de façon exponentielle. Les participants informent la police et les fermiers de ce qu'ils s'apprêtent à faire puis, à chaque site visité, laissent un message personnel expliquant les raisons de leurs actions. Posant ainsi un geste public de désobéissance civile, les participants sont prêts à être arrêtés et à justifier leurs actions en cour de justice.

Gary Watson dirige la plus grande entreprise agricole en Angleterre. Il n'est pas ce qu'on peut appeler un guerrier, mais sa paisible ferme de la bucolique Buckfastleigh, dans le sud-ouest du pays, a été en première ligne d'une lutte de plus en plus amère. Il est allé devant le tribunal pour empêcher le National Institute of Agriculture Botany de faire une culture expérimentale de maïs génétiquement modifié sur une terre avoisinante. Watson a perdu son procès mais lui et sa ferme ont été l'objet de l'attention soutenue des médias.

Le génie génétique a aussi attiré le mépris de célébrités européennes, notamment celui du Prince de Galles. Le Prince Charles, un chaud partisan de l'agriculture biologique, a fait connaître son opposition à la biotechnologie en septembre 1996, à la conférence du Eve Balfour Memorial. Il a fortement préconisé la prudence dans l'introduction d'organismes génétiquement modifiés, de sorte que le bénéfice qu'on pourrait en tirer ne soit pas acquis au détriment de la sécurité et du bien-être des futures générations. Le Prince a fait remarquer que d'autres technologies nouvelles, telles le C.F.C., l'amiante, les pesticides et la thalidomide, ont entraîné des conséquences imprévues. Il a conclu en disant : « Je pense que nous sommes rendus à un tournant au delà duquel nous nous aventurons dans des domaines qui relèvent de Dieu, et de Dieu seul. » Le Prince Charles a continué sa campagne en créant un site Web à la fin de l'année 1998. Six millions de personnes l'ont contacté durant la première semaine de son existence.

En Amérique du Nord, où l'argent et la réussite individuelle ont souvent plus d'importance que le bien-être de la communauté, les activistes de l'alimentation sont en définitive cantonnés à expliquer pourquoi ils oseraient freiner le rythme du progrès technologique. Les firmes n'ont pas le fardeau de la preuve; on ne leur demande pas de fonder le recours au génie génétique. Ainsi, l'opposition doit tenter d'égaler les accents de sérieux et de scientificité des entreprises de biotechnologie. Coincée dans les paramètres du débat fixés par l'industrie, elle doit éviter de traiter des enjeux d'ordre éthique comme si les termes « morale » et « éthique » étaient à bannir. En Europe, les activistes de Greenpeace grimpent au sommet d'un édifice pour y déployer une bannière. De nos jours, dans cette Amérique du Nord conformiste qui n'a d'attention que pour les affaires, la Campaign for Food Safety (auparavant la Pure Food Campaign) en est réduite à convoquer une conférence de presse.

Pendant un certain temps, le lobby américain a adopté la stratégie de Greenpeace. On lançait des tomates pour protester contre la tomate *Flavr Savr* et on déversait du lait pour contester l'HCB. Ces démonstrations pittoresques ont valu aux activistes d'être condamnés par l'establishment biotechnologique et une certaine attention des médias, guère plus.

Toutefois, il y a quelques lueurs d'espoir à l'horizon pour l'activisme. Ronnie Cummins, l'inébranlable optimiste directeur de la Pure Food Campaign, affirme que la sombre situation financière du groupe est peut-être « au fond une bénédiction ». Le groupe repense son approche, tentant de l'ajuster à la réalité nord-américaine. Il en est venu à comprendre qu'il avait besoin du soutien des politiques, affirme-t-il, mais les membres du Congrès ne prendront pas position contre la biotechnologie jusqu'à ce qu'ils pensent que c'est ce que veulent leurs électeurs. Cela suppose que, dans chaque circonscription du Congrès, au moins 5 000 individus se donnent la peine d'écrire une lettre ou de faire un appel de protestation avant qu'on puisse s'attendre à ce que les dirigeants politiques prennent position. Et l'atteinte d'un tel objectif exige une organisation populaire.

Dans sa nouvelle tenue à la fois plus modeste et plus agressive, la Pure Food Campaign, maintenant la Campaign for Food Safety, prend exemple du monde des affaires américain. Par exemple, Cummins affirme que l'American Medical Association est capable, à 24 heures d'avis, d'organiser une réplique politique de 100 000 médecins à travers le pays. Cette association y arrive avec un personnel réduit de trois personnes et un réseau sophistiqué de courrier électronique.

Cummins prévoit qu'Internet deviendra la nouvelle arme qui permettra d'égaliser les chances dans la lutte contre la biotechnologie. Environ 20 % des foyers américains ont déjà une adresse électronique. En 1999, presque toutes les firmes et les associations biotechnologiques avaient un site Web international. La voix de l'opposition ne fait que commencer à se faire entendre. Un appel à l'action lancé par une nouvelle Campaign for Food Safety sensible à la communication électronique peut maintenant être fait à peu de frais. Des nouvelles pertinentes paraissent quotidiennement sur le site du groupe, ce procédé éliminant l'onéreuse production et distribution de bulletins et de communiqués de presse. Et l'organisation a l'intention de se pencher sur le succès des artisans du marketing direct qui ont trouvé le moyen d'annoncer un produit en utilisant des listes d'adresses. Et, dans un effort de coordination de ses actions, le groupe a tenu une nouvelle série de Global Days of Action à l'automne de 1997, cette fois avec le soutien de Greenpeace.

L'expérience de l'Europe montre que les consommateurs ont le pouvoir de ralentir le rythme de ce qui peut sembler être l'inéluctable marche de l'entreprise biotechnologique. Et elle fait ressortir que la logique scientifique n'est pas nécessairement l'outil le plus persuasif. Si les consommateurs nord-américains espèrent prendre une décision éclairée quant à la nouvelle technologie, ils doivent prêter l'oreille à des voix diverses, y compris celles des luddites.

NOTES

1. Qualificatif dérivé de Ludd, un personnage du XIXᵉ siècle qui, lors d'une des manifestations ouvrières contre la Révolution industrielle, aurait brisé des machines à tisser dans un accès de colère.

La nouvelle frontière 14

L'air environnant la ferme de Tony McQuail est rempli du bruit de milliers d'insectes se frottant les pattes les unes contre les autres. On leur a donné asile sur cette terre de culture biologique située au nord-ouest de Toronto. Du point de vue de McQuail, les cigales, les criquets et les coccinelles (bêtes à bon Dieu) sont tous des insectes utiles ayant un rôle dans l'écosystème. Dans l'étable, on trouve un pot de Dipel, l'appellation commerciale du pesticide biologique *Bacillus thuringiensis* (*Bt*), mais on ne le sort que s'il n'y avait vraiment pas d'autres moyens de contrer les chenilles du chou. Quand, avide, la larve rayée du doryphore apparaît sur les feuilles des plants de pommes de terre, elle est cueillie à la main et écrasée entre le pouce et l'index. Les pommes de terre *New Leaf* à insecticide intégré de Monsanto ne fleuriront jamais en ce lieu.

Au delà du havre qu'est la Place de la Rencontre (c'est ainsi que McQuail a appelé ses terres), le paysage que forment les fermes avoisinantes est planté de rangées bien découpées et bien ordonnées de maïs et de soja qui semblent s'allonger à l'infini, une image digne d'un poster sur l'agriculture moderne industrialisée. Comme l'avait prédit Rachel Carson il y a presque trois décennies dans son livre *Silent Spring*, un sinistre silence règne dans ces lieux. Dans le monde qu'elle avait imaginé, le D.D.T. et d'autres produits chimiques agricoles allaient vider le paysage rural de ses oiseaux et de ses insectes. Même si les pesticides utilisés de nos jours sont plus doux que ceux de son temps, les champs de l'agriculture du progrès sont étrangement silencieux.

Dans une perspective moderne, les 40 hectares de culture de McQuail constituent un vestige du passé. Faisant fi des enseignements de l'agriculture moderne, il cultive un peu de tout. Sur sa terre, on trouve le potager communautaire et le verger. Quelques têtes de bétail et quelques moutons mâchonnent l'herbe du pâturage; pas de fourrage en ballots pour ces bêtes. Les oies se pavanent dans la cour de la ferme, voletant de consternation chaque fois qu'un humain s'en approche. Et un attelage de chevaux belges à crinière blonde tiennent lieu de mécanique John Deere devant la charrue. Si nous nous reportons à ce que nous montraient les livres d'images de notre enfance, c'est ce que la plupart d'entre nous considéreraient comme une ferme.

« Cette ferme entretient beaucoup de bonheur », affirme McQuail. Lui et son épouse, Fran, et leurs deux enfants, semblent heureux de vivre en harmonie avec la nature, exactement comme l'ont fait leurs ancêtres, loin du leurre des franchises locales de restauration rapide. Chaque semaine, les membres du potager communautaire viennent cueillir leurs produits avec une bonne humeur empreinte de gaieté qu'on trouve rarement au supermarché urbain. Ils coupent leur laitue au milieu de l'été et, au plus fort de l'hiver, ils « cueillent » leurs pommes de terre dans une chambre froide. Pour célébrer la générosité de la terre, on organise une fête des fraises à chaque printemps et une épluchette de blé d'Inde (maïs) à chaque automne. Deux apprentis sont venus d'aussi loin que l'Allemagne pour apprendre comment, en ce XXIe siècle naissant, on peut faire fonctionner cette agriculture à contre-courant dans une Amérique du Nord industrialisée.

Devant un lunch de grosses tomates reluisantes et de chou-rave qui craque sous la dent, Tony et Fran racontent comment ils s'étaient laissés tenter par l'univers de l'industrie agricole. Chaque année, ils portent des boisseaux de pommes de leur verger à Goderich, près de chez eux, pour les faire cuire. Assaisonnée d'un peu de cannelle et d'une bonne portion de bicarbonate de soude, la compote se transforme en un beurre de pommes crémeux aussi consistant que du beurre d'arachide et aussi savoureux qu'une confiture fraîche. Le produit est scellé dans des pots et vendu sous l'appellation « Meeting Place Organic Farm Apple Butter ». Un client en amour avec cette tartinade crémeuse a dit aux McQuail qu'il pourrait l'introduire sur le marché japonais. L'idée d'un marché assuré, quoique lointain, les a tentés un moment. Puis les McQuail se sont rappelés que la production massive leur enlèverait justement ce qui rend le beurre de pommes intéressant. Les McQuail ne pourraient pas en même temps cultiver et produire leurs fruits biologiques et devenir le MacDonald d'une industrie mondiale de beurre de pommes.

Pour plusieurs citadins qui voient l'agriculture sous l'angle d'une nostalgie des temps passés, c'est ce que la ferme représente vraiment. Non pas la porcherie moderne avec ses énormes étables d'internement, ou ces productions commerciales où les espaces sans fin d'une monoculture sont inondés de pesticides synthétiques. Les gens de la ville ont de plus en plus de goût pour des produits tel le beurre de pommes des McQuail qu'on peut garantir exempts de produits chimiques et d'interventions biotechnologiques. La U.S. Organic Trade Association affirme que l'industrie biologique a connu une croissance annuelle de plus de 20 % durant les années 1990, et ce même si les produits biologiques sont plus dispendieux. En 1996, les Américains ont dépensé 3,5 milliards de dollars en aliments et en breuvages biologiques. Plus de 40 % des supermarchés conventionnels gardent des produits biologiques. Même le *New York Times* a emboîté le pas en déclarant, le 8 octobre 1997, que « l'industrie des aliments biologiques avaient atteint sa majorité ». Le gouvernement américain a reconnu la tendance en édictant de nouveaux critères de définition du produit « biologique ». L'industrie s'est réjouie de la chose jusqu'à ce qu'elle découvre qu'on avait omis de préciser que les aliments biologiques ne devaient pas être génétiquement modifiés. (Après la plus grosse campagne de lettres de l'histoire du ministère de l'Agriculture, le USDA a accepté de redéfinir ses critères.)

Mais, selon la façon de voir usuelle de l'agriculture moderne, l'entreprise des McQuail constitue une « ferme de subsistance », c'est-à-dire une utilisation de la terre pas tellement productive. Selon la bible de l'agriculture comtemporaine, les McQuail représentent un pas en direction d'un passé improductif. Au regard de la révolution de leur époque, ils sont des luddites, ils s'opposent au progrès.

Depuis la fin de la Révolution industrielle, le changement et l'élan vers l'avenir en sont venus à constituer l'essence même de notre temps. Le progrès scientifique, c'est la nouvelle religion, et elle livre réguliè-rement ses miracles. Il y a de tout : des ordinateurs à la fois plus puissants et plus compacts, des micro-ondes, des transactions bancaires instantanées, un univers de 500 canaux de télévision, un son digitalisé et un bain tourbillon à l'eau chaude. La biotechnologie nous dit qu'elle peut faire la même chose avec les aliments en appliquant les mêmes principes du progrès scientifique. Elle promet de produire de meilleurs aliments, de façon plus efficace et plus productive que les vieilles approches des McQuail.

Toutefois, il y a un côté sombre au progrès. L'effet de serre, le réchauffement global de la planète, une pollution chimique généralisée et des accidents nucléaires sont quelques-uns de ses plus sinistres effets secondaires.

Les signes de l'efficacité et de la productivité que sont les automobiles, les bombes aérosol, l'air climatisé et les produits chimiques agricoles donnent tous des résultats inattendus et indésirables.

Pour produire les aliments dont nous avons besoin, nous ne pouvons plus compter sur une agriculture industrialisée, ce modèle de l'efficience qui a défini la production agricole depuis la Seconde Guerre mondiale. Fondée sur les produits chimiques, la mécanisation et les nouvelles variétés de culture, la vieille formule qui avait si bien réussi à augmenter la production alimentaire sur près d'un demi-siècle ne fonctionne plus tellement bien. La production de grains a augmenté de 40 % par personne de 1950 à 1984. Mais, de 1984 à 1995, elle a baissé d'environ 15 %. Durant les deux dernières décennies, ni le rendement ni le nombre de personnes alimentées par hectare de terre agricole n'a augmenté aussi rapidement qu'il ne l'avait fait auparavant. Le plus important facteur du ralentissement de l'efficacité est la moins grande sensibilité du sol aux fertilisants chimiques; et qu'on en ajoute ne change pas grand-chose aux rendements de plusieurs pays. La révolution verte tire à sa fin.

Au sommet de la révolution verte, nous avons produit suffisamment de denrées pour nourrir le monde entier. Et pourtant, les nouvelles télévisées étaient remplies de reportages sur des famines dans de lointains pays africains. Le problème ne résidait pas dans la quantité de nourriture produite mais dans sa distribution.

Alors que plusieurs d'entre nous grandissions, nos mères nous poussaient à manger en nous rappelant les enfants africains qui mouraient de faim. Mais de nos jours, en Amérique du Nord, les familles jettent régulièrement assez de nourriture pour alimenter une famille de l'Éthiopie. Parce que la plupart d'entre nous n'ont jamais connu la faim, nous n'accordons que peu d'importance à ce gaspillage.

Selon le ministère de l'Agriculture des États-Unis, les Américains jettent de façon routinière des fruits non mangés, du pain vieux d'un jour et d'autres denrées, gaspillant ainsi un quart de tout l'approvisionnement alimentaire national, soit un total de 40 millions de kilos de nourriture. Au milieu des années 1970, les États-Unis produisaient tellement de grain qu'on gavait les animaux de boucherie du surplus pour les engraisser pour l'abattoir. À la fin des années 1980, il y avait tellement de surplus de lait que le Congrès américain a financé l'achat de troupeaux laitiers et a tué ou exporté 1,6 millions de vaches laitières.

L'enjeu ne se résume pas à la distribution des denrées aux pays en voie de développement; il consiste aussi à donner à manger à ceux qui ont faim chez nous. Si seulement 5 % des denrées nutritives et sécuritaires gaspillées étaient récupérées des restaurants, des épiceries et des cuisines résidentielles, on pourrait nourrir environ quatre millions de citoyens américains pauvres et sans-abri. Parallèlement à ce gaspillage irréfléchi, le USDA dépensait presque 38 milliards de dollars en 1996 en aide alimentaire pour les 45 millions d'Américains affamés.

Du côté du mur où règne l'abondance, les aliments sont bon marché, abondants et toujours disponibles. Nous pouvons nous plaindre de notre facture d'épicerie hebdomadaire, mais les Nord-Américains consacrent moins de leur budget mensuel à la nourriture que n'importe quelle autre société dans le monde. Il n'est pas étonnant que nous accordions si peu d'importance à quelque chose qui coûte si peu cher.

Toutefois, les défenseurs de la biotechnologie maintiennent que la nouvelle science est la seule façon de relancer la révolution verte. Dennis Avery, le plus récent défenseur d'une agriculture industrialisée, affirme dans son livre *Saving the Planet with Pesticides and Plastic* (Sauver la planète avec les pesticides et les plastiques), que les pesticides, la pierre angulaire d'une agriculture industrialisée à haut rendement, empêchent déjà l'exploitation de 26 millions de kilomètres carrés de terre sauvage pour la production agricole. Il prédit qu'en 2050, les pesticides et les fertilisants pourraient aider à préserver jusqu'à 78 millions de kilomètres carrés de forêts, de prairies et d'autres importants habitats sauvages.

Avery, et les autres disciples de l'agriculture industrialisée, prétendent que la biotechnologie est la façon d'augmenter la production alimentaire mondiale. Il est tentant de croire que la biotechnologie pourrait venir à la rescousse de millions d'individus affamés et d'un environnement assiégé. Mais, quand le sauveur est un monstre des affaires qui n'a de yeux que pour le profit et d'intérêt que pour des produits de luxe destinés à des clients fortunés, quelle est la probabilité qu'une telle chose arrive ? Nourrir une Éthiopie ou une Corée du Nord affamée ne rapporte guère.

Lester Brown, du Worldwatch Institute, qui a écrit abondamment sur la question de l'augmentation de la population et de la production de denrées, dit dans son livre *Tough Choices: Facing the Challenge of Food Scarcity* (Des choix difficiles : faire face au défi de la rareté alimentaire), que la biotechnologie « n'est pas une baguette magique qu'on peut agiter sur la rareté alimentaire pour qu'elle disparaisse. » Il affirme que la confiance en l'avenir vient de travaux tels ceux qui sont menés par des phytobiologistes de l'International Rice Institute des Philippines. Ces derniers s'appuient sur des techniques de reproduction traditionnelles pour développer un plant de riz au rendement nettement amélioré. Quoiqu'ils n'aient recours qu'à des technologies rudimentaires, ces travaux permettent d'espérer une augmentation de 20 % du rendement, c'est-à-dire un ajout suffisant pour prendre en compte l'augmentation de la population mondiale sur 30 mois. Donc, l'espoir est possible, mais pas du côté de l'engin du progrès biotechnologique.

L'accusation de Tony McQuail est encore plus catégorique : « La biotechnologie est la prochaine grosse erreur », déclare-t-il. L'ironie, c'est que l'agriculture industrielle a elle-même créé plusieurs des problèmes que la biotechnologie tente de résoudre. Par exemple, si un fermier choisit de transgresser les règles du bon sens et de semer la même plante dans le même champ année après année, le sol s'affaiblira et les mauvaises herbes apparaîtront partout. Les plantes génétiquement rendues résistantes aux herbicides constituent une solution chimique à un problème qui aurait pu être résolu par une élémentaire rotation des cultures. De la même manière, quand vous entassez des milliers de poulets dans une étable d'élevage intensif, ils deviennent irritables et maladifs et on doit couper leurs becs et les bourrer d'hormones et d'antibiotiques. Au lieu d'améliorer ces conditions intolérables, la biotechnologie propose de faire des oiseaux moins conscients d'eux-mêmes. Tout compte fait, la biotechnologie est appelée à la rescousse pour résoudre des problèmes créés par les technologies qui l'ont précédée.

La nature a prévu des mécanismes d'équilibre qui garantissent les frontières entre les espèces. Sous ce qu'on a appelé les conditions primitives de l'agriculture, le fermier rencontrait habituellement peu de problèmes d'insectes ou de mauvaises herbes. Même de nos jours, McQuail a rarement à faire face à des insectes ou des plantes nuisibles qui échappent à tout contrôle. Par ailleurs, ses voisins, qui ont consacré d'immenses superficies à une seule culture, sortent souvent le pulvérisateur de produits chimiques. L'industrialisation de l'agriculture entraîne les monocultures, qui ont belle apparence mais qui ne tirent pas profit des principes fondamentaux qui régissent le fonctionnement de la nature. Quand l'agriculture industrialisée ensemence de blé de vastes champs, elle fournit des conditions idéales aux insectes qui vivent de cette céréale. Comme Rachel Carson l'a écrit, l'agriculture industrialisée, « c'est l'agriculture telle qu'un ingénieur pourrait la concevoir ».

Il fut un temps où la culture par labourage, sarclage ou hersage constituait la principale stratégie de lutte contre les mauvaises herbes dans les champs de culture. Son application se résumait tout simplement à accrocher diverses pièces d'équipement agricole derrière le tracteur et à les traîner sur le sol. Cette façon de faire a fonctionné particulièrement bien avec les mauvaises herbes vivaces. La partie hors terre est ainsi perturbée et elles finissent habituellement par mourir d'inanition. Les mauvaises herbes annuelles étaient coupées indépendamment avant qu'elles ne puissent monter en graines.

De nos jours, une brume chimique assombrit le ciel de l'agriculture. Dans le Midwest américain, 99 % des cultures de maïs et de fèves sont arrosées d'herbicides. Même si la culture traditionnelle a fonctionné durant des siècles, depuis 1970, pratiquement aucune recherche agricole n'a porté sur les stratégies de contrôle des mauvaises herbes par des moyens mécaniques. À la place, la recherche a été orientée par des visées plus prestigieuses, à savoir les herbicides chimiques et, plus récemment, les plantes génétiquement rendues résistantes aux herbicides.

L'agriculture durable pratiquée par les McQuail peut représenter une voie d'avenir. Plutôt que d'essayer de dominer la nature, l'agriculture durable l'imite. La ferme de McQuail prouve que les fermiers peuvent produire une récolte sans les raccourcis que sont les produits chimiques ou le génie génétique. McQuail s'appuie sur une gestion éclairée de la rotation des cultures, sur un réapprovisionnement du sol à l'aide de fertilisants naturels, sur le fait qu'il sache que certains insectes sont utiles et sur la valorisation de la diversité et non sur des monocultures. Ce type d'agriculture vit au rythme de l'écosystème; il bâtit sur le passé, sans chercher à le faire revivre. Il y a là l'occasion de développer une agriculture qui réunit grands rendements, aliments sécuritaires et environnement sain, à savoir un avenir qui cajole la nature au lieu de l'attaquer. Tony McQuail nous amène à nous interroger sur la nature des problèmes que la biotechnologie entend résoudre.

L'agriculture durable peut-elle nourrir le monde entier ? Parce que les fermiers des pays en voie de développement ne peuvent pas s'offrir l'ajout de produits chimiques, ils suivent les mêmes rythmes que McQuail. Les pays en voie de développement doivent trouver des façons de faire qui conduisent à une agriculture durable à haut rendement qui peut leur procurer la nourriture dont ils ont besoin. Le monde industrialisé a un rôle à jouer dans cette voie, soit fournir du soutien de la recherche à ces pays. La biotechnologie et ses conditions déterminées par le profit n'est pas la solution. L'agriculture durable ne serait-elle pas la voie de l'avenir ?

Toute révolution a ses aspects négatifs. Quelle que soit votre optique, il serait naïf de croire que la révolution biotechnologique échappera à la règle. Toutefois, dans ce cas, quand les craintes deviendront réalité, il sera impossible de remettre le génie dans la bouteille. La biotechnologie propose de lâcher des formes de vie qui peuvent se reproduire par elles-mêmes. Ses opposants parlent de « pollution génétique » pour décrire un monde dans lequel la vie artificielle aura pris le pas sur la nature.

Ann Clark posent quelques questions fondamentales : Qui s'occupera de nettoyer les gâchis biotechnologiques qui pourront survenir dans l'avenir ? Les défenseurs des plantes génétiquement modifiées seront-ils tenus responsables ? « La société sera-t-elle encore une fois obligée d'assumer la responsabilité des répercussions d'organismes génétiquement modifiés sur l'environnement et sur la santé, tout en laisssant les propriétaires encaisser les profits sans assumer les risques ? », a-t-elle demandé lors de la conférence de la National Farmers Union à Saskatoon en 1997.

L'entreprise privée cherche à faire des profits le plus rapidement possible, fait remarquer Arthur Schafer. Quand les conséquences à long terme font leur apparition, il y a souvent longtemps que les firmes, leurs dirigeants et leurs actionnaires ont disparu. « Les choix cruciaux concernant notre santé et notre bien-être ainsi que la santé et le bien-être des générations futures sont faits par des entreprises multinationales du seul point de vue d'un profit immédiat. »

Même si les décisions peuvent être prises par le secteur privé, avec le consentement du gouvernement, les consommateurs ont plus de pouvoir sur le développement de la biotechnologie qu'ils ne peuvent l'imaginer. Les Européens l'ont prouvé. Comme le dit Schafer, « nous votons avec nos dollars ». Bien sûr, il est difficile pour les consommateurs de « voter avec leurs dollars » s'ils ne savent pas ce qu'ils achètent. En Amérique du Nord, l'étiquetage des aliments génétiquement modifiés n'est requis que si la valeur nutritionnelle ou le taux de toxicité est sensiblement altéré ou si l'aliment contient du matériel génétique provenant d'un allergène connu.

Sa politique du « pas d'étiquettes » a été à la base du succès de l'industrie biotechnologique. L'entreprise privée sait que si les aliments sont étiquetés « génétiquement modifiés », les clients vont probablement se diriger vers un autre paquet aussi à l'étalage. En 1994, Norman Bradsick, alors président de la firme Asgrow Seed, déclarait au *Kansas City Star* : « Si vous appliquez une étiquette sur les aliments génétiquement modifiés, vous pourriez aussi bien afficher le crâne et les os croisés sur ces denrées. » L'entreprise privée le sait sans doute, mais il est rare qu'elle l'explique de cette façon. Au début de 1998, lors d'une conférence agricole à Oxford, en Angleterre, le ministre de l'Agriculture des États-Unis, Dan Glickman, a dit aux Européens d'arrêter de « diffamer » les aliments produits dans son pays. « L'étiquetage obligatoire suppose qu'il y ait un risque potentiel pour la santé ou pour l'environnement. En l'absence de preuves d'un tel

risque, les étiquettes ne servent qu'à tromper les consommateurs. »
En d'autres mots, la lutte contre l'étiquetage rend service aux
consommateurs !

Ces consommateurs voient la chose d'un tout autre oeil. Enquête
après enquête, même celles menées par l'industrie, les consommateurs
disent qu'ils veulent des étiquettes. Au Canada, le parti de la Loi
naturelle a recueilli 10 000 signatures dans une pétition en faveur de
l'étiquetage. En 1997, un groupe d'éminents américains ont formé le
Consumer Right to Know (le droit du consommateur de savoir); Gillian
Anderson, qui tient un rôle important dans la série télévisée *The X-Files*,
a prêté son nom prestigieux à la cause.

En 1998, les sociétés biotechnologiques ont assisté, impuissantes, à
la décision de l'Union européenne de rendre l'étiquetage obligatoire
pour tous les OGM. De quelque manière, l'Europe avait réussi à
résister au puissant lobbying de l'industrie. Tout ce que le monde des
affaires pouvait faire, c'était d'espérer que le microbe de l'étiquetage ne
se répande pas dans son marché le plus important, celui de l'Amérique
du Nord. Sur ce continent, les aliments transgéniques étaient censés
apparaître au supermarché à pas feutrés, sans avis préalable.

Espérant contrer l'extension de la propension à étiqueter, les
sociétés biotechnologiques ont commencé à diriger leur attention vers
la Commission du *Codex Alimentarius*, c'est-à-dire là où se définissent
les politiques globales. Cet organisme des Nations-Unies est chargé de
proposer des lois internationales concernant l'étiquetage; il tient une
réunion tous les printemps au Canada. Tout au long des années 1990, il
s'est efforcé de trouver une solution au problème de l'étiquetage qui
pourrait satisfaire les 147 pays membres, confrontée qu'il était au
conflit entre les États-Unis et l'Europe. Adoptant la manière classique
de la diplomatie, il a évité les réponses rapides, et ce même après sept
ans de discussion. L'étiquetage des aliments génétiquement modifiés
deviendra-t-il un enjeu de l'avenir ?

Pendant ce temps-là, les consommateurs nord-américains continuent
de s'engager dans la révolution biotechnologique les yeux fermés.
Thomas Hoban, professeur associé et chargé de cours de sociologie en
formation continue à l'Université de la Caroline du Nord, a beaucoup
étudié la question de l'accueil que fait le consommateur à la

biotechnologie. Ayant fait la revue de cinq enquêtes nationales menées de 1992 à 1995, Hoban a trouvé que, malgré la couverture qu'en font les médias, la biotechnologie n'est pas très présente à l'esprit du consommateur. Cette situation est dangereuse, car l'entreprise privée a réussi à faire croire que si on ne peut prouver le contraire, la biotechnologie doit être considérée comme sécuritaire. En conséquence, le fardeau de la preuve revient à la population. Et cette « preuve » est difficile à cerner.

Il n'existe aucun moyen de prédire ce qui pourrait arriver dans l'avenir. On nous avait dit qu'il n'y avait pas de preuve que la pollution industrielle, l'énergie nucléaire, l'usage de produits chimiques et d'additifs alimentaires, et une série d'autres éléments indispensables de la vie moderne, pouvaient nous être néfastes. Dans son livre, *Living Downstream* (Vivre en aval), Sandra Steingraber écrit avec force qu'il n'y a pas de preuve que la dégradation de l'environnement soit à blâmer pour l'incidence du cancer chez l'humain. Elle affirme que, de nos jours, le vrai courage, c'est d'oser prendre des décisions à partir de preuves impartiales. Plusieurs chercheurs disent que ce « principe de précaution » qui, en gros, signifie que deux précautions valent mieux qu'une, devrait nous guider dans les décisions difficiles que nous avons à prendre en regard de la biotechnologie.

Le biodéontologue Arthur Schafer reconnaît qu'il est difficile pour une société de faire des choix en ce qui a trait aux aliments transgéniques, notamment si l'information scientifique est incomplète. « Les conséquences possibles ne sont pas seulement horribles; nous devons choisir alors qu'un voile d'ignorance nous cache la vérité », affirme-t-il. Les défenseurs du génie génétique disent que la biotechnologie ne concerne que les découvertes scientifiques, et non les questions morales, ou les émotions, ou les peurs de l'avenir. Si un débat d'ordre moral est soulevé, ils s'empressent de se réfugier sur un terrain plus confortable, sur ce qu'ils appellent les faits.

Quoiqu'il en soit, le pouvoir de manipuler la vie ne manque pas de poser des questions d'ordre moral qui dépassent le simple fait que cela fonctionne ou non. Ces questions, tous et chacun ont le droit de les poser : La biotechnologie transgresse-t-elle les vieilles interdictions de jouer avec la nature ? Manger un aliment contenant un gène humain relève-t-il du cannibalisme ? Un végétarien peut-il manger une tomate contenant un gène de flet ? La question de l'étiquetage des aliments transgéniques ne concerne-t-elle que notre liberté de choix ? Quelle valeur accordons-nous aux animaux en regard de notre propre bien-être ? Quelles sont les conséquences pour les générations futures de vivre dans un monde où l'alimentation est réglée par le génie génétique ?

Schafer affirme que tout nouvel aliment transgénique devrait être soumis à une analyse des risques et bénéfices : « Nous devons nous demander : Est-ce nécessaire ? Est-ce que cela fonctionnera ? Quels sont les risques associés aux bénéfices ? Qui en souffrira ? Qui en bénéficiera ? » Ainsi, bien des gens pourraient penser qu'un médicament transgénique qui guérit le cancer justifie les risques qui y sont associés. Mais ils pourraient réagir très différemment à propos du lait produit par des vaches auxquelles on a injecté une hormone de croissance si ce procédé ne présente aucun avantage évident, sauf pour les firmes pharmaceutiques qui la produisent.

Vue par certains, la biotechnologie est un train à haute vitesse dévalant sur la voie du prétendu progrès. Un déraillement semble inévitable. Michele Brill-Edwards affirme que ce type de déraillement a déjà eu lieu, et ce même dans le cas d'une technologie moins envahissante. Elle fait référence à la maladie de la vache folle et de son saut dans la population humaine. « La Grande-Bretagne avait l'habitude de dire qu'elle avait un des réseaux alimentaires les plus sécuritaires au monde. C'est ce type d'assurance désinvolte qu'offrent les ministres de nos gouvernements et, de façon générale, ça fonctionne. »

En science-fiction, Dr Frankenstein tire une leçon de l'orgueil démesuré qui l'a conduit à penser qu'il pouvait contrôler la nature et créer de la vie. Et la vie de désolation qu'Aldous Huxley décrivait dans *Le meilleur des mondes* porte à penser qu'un progrès scientifique débridé conduit nécessairement à un sinistre avenir.

Dans la vraie vie, la science a réussi à créer un univers plus fantastique que celui que les écrivains peuvent imaginer. Nous entrons dans un nouveau millénaire et une nouvelle révolution. La biotechnologie nous invite à y entrer, nous offrant le monde de nos rêves, ou un cauchemar d'horreurs. La nourriture, cet élément essentiel à la vie qui est au coeur de toute culture, semble devoir être changée pour toujours. Allons-nous nous précipiter ou faire preuve de prudence ?

Épilogue

Pour les esprits catastrophistes, 1999 annonçait un troisième millénaire inquiétant. La nature nous a servi un éventail de désastres; elle a déployé ses forces et détruit des édifices et des vies en Turquie; ses eaux ont gonflé et balayé les berges du fleuve Yangtze; son atmosphère s'est transformé en entonnoirs gris qui se sont abattus sur le Midwest américain.

Comme s'ils ne voulaient pas être en reste avec la nature, les humains y sont allés de cataclysmes de leur cru. La menace du bogue de l'an 2000 plane au-dessus de presque tous les aspects de la vie moderne informatisée. Et quand les humains et la nature se donnent la main, les simples plaisirs ne semblent plus être sans conséquences. Des centaines d'Européens ont senti des malaises après avoir bu un soda contaminé. À l'instar du boeuf, du porc et du poulet élevé en Belgique, le chocolat belge et tous les autres produits laitiers de ce pays ont été bannis partout dans le monde; une huile contaminée à la dioxine s'était retrouvée dans l'alimentation animale.

Dans le climat d'anxiété qui a marqué la dernière année du deuxième millénaire, on n'a sans doute pas à s'étonner que des consommateurs, et ce même en Amérique du Nord, aient enfin pris conscience de la révolution biotechnologique qui avait discrètement transformé leurs aliments. En 1999, le génie génétique a fait l'objet d'articles et de reportages dans tous les médias imprimés, du *Globe and Mail* de Toronto au magazine *Adbusters*. Les références à Frankenstein (*Frankenfood*) dans les gros titres sont devenus omniprésentes. Les textes décrivant l'impact de la science sur notre alimentation quotidienne ont contribué au développement d'un nouveau langage. L'acronyme GM pour génétiquement modifié et OGM pour organisme génétiquement modifié en sont venus à faire partie du langage courant.

Au fur et à mesure que les consommateurs se sont éveillés et se sont levés, des tremblements ont parcouru la planète. En Europe, notamment en Grande-Bretagne, l'anxiété a atteint un sommet inégalé. Les voyageurs revenaient d'Angleterre avec des histoires à propos du MacDonald de la rue Picadilly proclamant que la nourriture qu'il servait était exempte de GM ou que de grands-mères s'étaient métamorphosées en guerrières écolo pour mettre en pièces des terres d'essai de cultures génétiquement conçues. Charles, le Prince de Galles, a haussé d'un cran son attaque des politiques du Premier Ministre Tony Blair. Dans un article soumis au *Daily Telegraph*, il dénonçait la technologie qui altérait l'état naturel des aliments. En mai, les 115 000 membres de l'Association médicale d'Angleterre ont publié un rapport qui réclamait un moratoire sur les aliments génétiquement modifiés et déclarait que des analyses indépendantes supplémentaires étaient requises pour assurer leur innocuité. Même le médecin en chef du gouvernement et le conseiller scientifique ont fait appel aux membres du Cabinet pour qu'il crée une commission d'enquête chargée de vérifier si les OGM pouvaient causer des déformations congénitales et créer de nouveaux types de cancers.

Les gouvernements européens et les détaillants tiennent vraiment compte de l'appréhension des consommateurs. Les ministres de l'Union européenne se sont engagés à mettre en vigueur l'équivalent d'un moratoire de trois ans sur toute nouvelle approbation des semences et d'aliments génétiquement modifiés. Faisant leur le vieil adage « le consommateur a toujours raison », sept des grandes chaînes d'épiceries du Royaume-Uni ont éliminé les produits génétiquement modifiés de leurs marques. La purée de tomates Zeneca, qui s'était jadis très bien vendue, est disparue des rayons de l'épicerie. Unilever, le plus grand fabricant d'aliments en Angleterre, suivi de Nestlé et de Cadbury Schwepps, ont déclaré que leurs produits étaient exempts d'OGM.

En Amérique du Nord, l'année 1999 a débuté dans le même optimisme et le même enthousiasme qui avaient marqué les cinq premières années de commercialisation de l'agrobiotechnologie. Soixante pour cent des récoltes de canola étaient génétiquement modifiées; 25 % des graines de soja et 20 % des pommes de terre l'étaient aussi. Le Canada a continué d'autoriser des semences issues du laboratoire et, à l'automne, le nombre d'approbation était passé à 45. Et les gouvernements nord-américains ont continué d'exercer des pressions pour que, sous l'égide de l'Organisation mondiale du commerce et le Protocole de la biosécurité qui force les pays à accepter les aliments génétiquement modifiés, soient établies des règles internationales même si les consommateurs n'en veulent pas.

Mais, au milieu de 1999, alors que les récoltes mûrissaient dans les champs, la controverse européenne a connu des échos au delà de l'Atlantique. On a rapporté que des « jardiniers guérilleros » s'étaient rués faux à la main sur des essais au champ de plantes génétiquement modifiées. Les Mothers for Natural Law (Mères pour la loi naturelle) ont présenté à Washington une pétition d'un demi-million de noms demandant qu'on étiquète les aliments génétiquement modifiés. Des groupes comme le Conseil des Canadiens et le Sierra Club du Canada ont averti leurs clients qu'ils devraient s'habituer à voir à l'extérieur de leur épicerie des protestataires déguisés en légumes ou en animaux leur offrir des pamphets dénonçant le génie génétique. Et le magazine *Consumer Reports,* avec ses 4,7 milllions de lecteurs, a porté son adhésion à l'étiquetage et au droit des consommateurs de savoir à un nouveau niveau en listant dans son numéro de septembre les marques de croustilles *tortilla*, de mélanges de muffins et d'aliments pour bébés qui contenaient des ingrédients génétiquement modifiés.

L'anxiété des consommateurs a été accentuée par l'augmentation des cas d'impact du génie génétique sur la santé humaine, sur l'environnement et sur la vie animale. L'information la plus inquiétante est venue de Arpad Pasztai, un expert en toxines végétales qui a déclaré à la télévision britannique qu'il ne mangerait pas d'aliments transgéniques et qu'il était vraiment très injuste d'utiliser ses concitoyens comme cobayes. Chercheur au Rowett Institute d'Aberdeen, il parlait des effets dommageables des pommes de terre modifiées génétiquement sur les systèmes immunitaires et les organes internes de ses rats de laboratoire. Pasztai les avait nourri de pommes de terre modifiées par l'addition d'un gène tiré de la perce-neige et d'un promoteur viral largement utilisé, le virus de la mozaïque du chou-fleur.

Comme on ne fait pratiquement aucun test sur les mammifères et les humains, l'annonce de Pusztai à la télévision a provoqué une onde de choc sur toute la planète. Même si ce chercheur a oeuvré durent 35 ans au Rowett Institute et qu'il a signé 270 articles scientifiques, on a vraiment tenté de le discréditer. On l'a expulsé de l'Institut parce que ses découvertes étaient soi-disant confuses.

L'année 1999 fut le théâtre d'un débat entre opposants et défenseurs de la biotechnologie. Les résultats des recherches de Pusztai étaient en cause. Les premiers affirmaient que la manipulation génétique avait un impact imprévisible sur la santé et les seconds qu'elle ne pouvait en avoir. La Royal Society a formé un groupe spécial qui a condamné l'oeuvre du chercheur, déclarant qu'elle comportait des failles et que ses conclusions étaient sans fondements. À l'opposé, 20 scientifiques répartis sur la planète ont cosigné une lettre demandant la réintégration de Pusztai dans ses fonctions. À la fin de 1999, Pusztai en était réduit à défendre sa position sur Internet... et on n'avait pas entendu le fin mot de l'histoire quant à l'innocuité des pommes de terre génétiquement modifiées ou de tout autre OGM.

Cependant, on avait de plus en plus de preuves que la biotechnologie pollue l'environnement. Le cas le plus inquiétant a été signalé par un article scientifique du numéro de mai de *Nature*. L'auteur affirmait qu'il était évident que le maïs génétiquement modifié pouvait causer des ravages chez l'enfant chéri du monde des insectes, le papillon diurne monarque. Des chercheurs de l'Université Cornell ont rapporté que le pollen du maïs anti-insectes auquel on a ajouté un gène *Bt* et qu'on a répandu sur des plants de laiteron a tué presque la moitié des jeunes larves du monarque avant qu'elles ne se métamorphosent en papillons. Le laiteron, une mauvaise herbe commune que l'on trouve souvent autour des champs de maïs, est la seule source alimentaire des monarques. Les cherheurs à la solde de l'industrie en ont été réduits à dire que la recherche n'était pas concluante puisqu'elle avait été menée en laboratoire et que ses résultats pouvaient ne pas s'avérer dans les champs. Mais leur argumentation a paru creuse; bien de gens ont vu dans cette recherche la preuve qu'il s'agissait d'une attaque inutile contre leur papillon favori.

D'autres signes sont venus dire que le génie génétique constituait une menace pour la nature. Des chercheurs scientifiques ont rapporté que des abeilles pouvaient répandre le pollen porteur d'OGM bien plus loin qu'on n'avait prédit jusque-là, à savoir jusqu'à quatre kilomètres de la source. Au Canada, les fermiers avaient acquis un savoir qui venait appuyer ces découvertes. Par exemple, on a dit à des fermiers adeptes de l'agriculture biologique de ne pas se donner la peine de semer du canola biologique naturel puisqu'il allait être contaminé par les variétés modifiées semées dans tout l'Ouest canadien.

Pour ce qui est des animaux, les nouvelles abondaient en sombres présages. Ayant fait la manchette parce qu'elle était le premier mammifère à être cloné à partir d'un mouton adulte, la brebis Dolly ne vieillissait pas naturellement. Ses cellules avaient neuf ans; elle avait hérité de l'âge de sa « mère », qui s'est ajouté au sien propre.

En 1999, la BBC et le *Globe and Mail* ont rapporté qu'environ 20 porcs transgéniques avaient été transportés de la Grande-Bretagne au Canada. Leur pays d'origine avait banni les expérimentations de xénotransplantations d'organes. Le gouvernement canadien n'avait pas de politique concernant la transplantation chez les humains d'organes provenant d'animaux, et Santé Canada n'a pas examiné les porcs transgéniques à leur arrivée au pays. Qui plus est, le Canada a discrètement mené le travail expérimental que le Royaume-Uni avait interdit.

Les progrès de la biotechnologie ont été accueillis avec inquiétude. Cette information a eu des effets très concrets. Par suite d'enquêtes menées par Greenpeace, Gerber, fabricant d'aliments pour bébés et filiale de Novartis, une compagnie de biotechnologie européenne, a déclaré qu'elle allait éliminer tout ingrédient génétiquement modifié de ses produits. H.J. Heinz s'est empressé d'emboîter le pas : « Je veux que nos mères se sentent en sécurité », a affirmé à la presse Al Piergallini, président des activités de Novartis aux États-Unis. Semblant s'attendrir sur le sort des « mères » des rejetons à quatre pattes, Iams, le fabricant de nourriture d'animaux de compagnie, a dit qu'il n'utiliserait pas de maïs modifié non approuvé par les organismes de contrôle européens pour produire ses aliments pour animaux. En 1999, ceux qui s'étaient présentés comme d'ardents défenseurs de la biotechnologie ont peu à peu adouci leur rhétorique. Devant un auditoire à Washington, Dan Glickman, ministre de l'Agriculture, a tempéré sa position : les géants de la biotechnolgie devaient entendre les préoccupations des consommateurs et étiqueter volontairement leurs produits. Gordon Conway, le président de la Rockefeller

Foundation qui avait contribué à financer le développement de la biotechnologie, a alerté le conseil d'administration de Monsanto : ils ne pouvaient pas « gaver » les consommateurs d'aliments transgéniques. Puis le Canada et les États-Unis se sont retrouvés minoritaires lors des rencontres des pays du G-8. Les plus puissants dirigeants de la planète ont convenu que le monde des OGM devait être soumis à une enquête.

C'est également en 1999 que les marchés d'exportation ont de plus en plus fermé leurs portes aux semences génétiquement modifiées. Les pays comme le Japon, la Corée du Sud, l'Australie et la Nouvelle-Zélande ont tous annoncé qu'ils se joindraient l'Europe pour exiger que tous les aliments modifiés soient étiquetés. La ségrégation des cultures modifiées des variétés classiques est devenue une exigence du commerce. Le géant de l'agrobusiness Archer Daniels Midland a dit aux fournisseurs qu'ils devraient séparer leurs récoltes, quelques dérangeante et coûteuse que soit l'opération. Les firmes Consolidated Grain and Barge ont suivi l'exemple en disant à leurs entreprises de production que les chargements présentant une contamination par des OGM, si minime fut-elle, ne seraient pas vendus au prix fort.

Les acheteurs internationaux ont peu à peu éliminé les OGM de leur liste. Les lois japonaises sur l'étiquetage ne seront pas mises en vigueur avant avril 2001, mais les compagnies de ce pays ont déjà cessé de recourir à la manipulation génétique. Fuji Oil, le plus important fabricant japonais de produits composés de protéines de soja, a déclaré qu'il n'allait plus utiliser des graines de soja transgénique. La plus importante brasserie japonaise, qui occupe le troisième rang mondial, a affirmé qu'elle n'achèterait plus de maïs génétiquement modifié. La campagnie import-export Honda, une filiale appartenant entièrement au fabricant de voitures, a pris les choses en main; elle a créé en Ohio une installation de sélection et d'empaquetage de soja non génétiquemente modifié.

Pendant plusieurs années, les fermiers nord-américains ont été de vigoureux défenseurs de la biotechnologie mais, à la fin de 1999, ils ont pris conscience que les principaux marchés d'exportation leur étaient soudainement fermés et que les consommateurs de leur propre continent étaient de plus en plus hostiles à la manipulation génétique. L'Association américaine de producteurs de maïs a pris acte du changement et a avisé ses membres d'envisager l'utilisation de variétés conventionnelles de maïs. « Tant sur le plan du commerce que sur ceux de l'étiquetage, du contrôle, de la certification, de l'ouverture des marchés et de la concentration des entreprises agroalimentaires, les OGM étranglent les fermiers », lisait-on dans son bulletin.

Pour ajouter au malaise, les producteurs n'ont pas connu la satisfaction des récoltes exceptionnelles que leur avait promises les scientifiques de l'industrie biotechnologique. Charles Benbrook, consultant en environnement et ancien directeur du Comité d'agriculture de la National Academy of Science, a examiné les rendements des graines de soja aux États-Unis pour conclure que le rendement des variétés conventionnelles était d'environ 10 % supérieur à ceux ces variétés *Roundup Ready*, ajoutant qu'on avait utilisé jusqu'à cinq fois plus de produits chimiques pour les cultures résistantes aux herbicides que pour les variétés naturelles. Les fermiers déjà aux prises avec l'impact de la faible valeur marchande de leurs produits ont accueilli amèrement les rapports confirmant que la nouvelle technologie n'assurait qu'un maigre retour sur leur investissement. En 1999, la « science » des entreprises a commencé à s'enliser dans les sables mouvants de l'opinion publique. Les opposants qu'elle avait écartés en les traitant de luddites alarmistes ont semblé gagner la guerre de relations publiques dans le coeur des consommateurs. Les géants de la biotechnologie AstraZenecca et Novartis parlaient publiquement de démanteler leurs secteurs de biotechnologie agricole. Monsanto s'est retrouvé sous les feux de la rampe. Malgré des ventes exceptionnellement élevées d'un nouveau médicament contre l'arthrite, les actions de la firme ont chuté. En septembre 1999, une action de Monsanto se vendait 37 $ alors qu'elle valait 62 $ un an auparavant. L'influente institution financière allemande, la Deutsche Bank, a remis un rapport rédigé à l'intention des investisseurs dans lequel elle leur conseillait de se tenir loin de compagnies reliées aux végétaux génétiquement modifiés. L'auteur américain Tim Ramey a écrit : « Les OGM sont morts. Nous prédisons qu'alors qu'ils ont été considérés comme le moteur premier du secteur de la biotechnologie, les OGM seront désormais perçus comme des parias. »

Au début des années 1990, les scientifiques à la solde des firmes biotechnologiques claironnaient que la nouvelle technologie caractéri-sera le XXIe siècle. Même si, au début de 1999, l'industrie de la biotechnologie était encore fièrement en selle, à la fin de l'année, le monde du génie génétique semblait s'effriter. Les opposants ont juré de ne pas lâcher leurs attaques contre l'industrie. En Grande-Bretagne, par exemple, les activistes ne se sont pas satisfaits de bloquer la distribution vers les consommateurs; ils auraient comme prochaine visée d'arrêter l'utilisation des OGM dans l'alimentation animale.

Quoiqu'il ait soutenu l'industrie pendant des années, le gouvernement canadien a commencé à retraiter. En septembre 1999, Ottawa a financé le Conseil canadien des distributeurs de denrées et le Comité des normes pour les aider à définir les critères d'un étiquetage volontaire des aliments transgéniques. Lyle Vanclief, le ministre de l'Agriculture, a rompu avec la position antérieure de son administration : « Le gouvernement du Canada pense que les consommateurs ont le droit d'être informés sur la biotechnologie et l'alimentation. » Bien sûr, il était question d'étiquetage volontaire et non de l'obligation d'étiqueter.

Les activistes ont touché une corde sensible. Malgré la mentalité nord-américaine généralement favorable à la biotechnologie, des consommateurs ont finalement soulevé des questions qu'ils n'avaient jamais osé poser jusque-là. L'anxiété qui a assombri la dernière année du siècle dernier a semblé sortir plusieurs citoyens de leur léthargie. Il apparaît désormais que l'avenir sera caractérisé par les luttes des consommateurs pour reprendre le contrôle de leur plus important moyen de survie : leur nourriture. Si tant est que ces consommateurs tiennent à réussir, ils devront éviter de se laisser de nouveau endormir par la rhétorique d'une science axée sur le profit plutôt que sur l'amélioration du sort de l'humanité.

Index
des sujets